新媒介语境下争议性科技的风险沟通研究

岳改玲　著

国家社科基金西部项目（编号：13XXW007）结项成果

科　学　出　版　社
北　京

内 容 简 介

争议性科技的迅速发展以及随之而来的不确定性后果，是从个人、社会、国家到跨国家层面都必须面对的重要风险议题。本书从传播学等角度对我国的争议性科技风险沟通现状展开研究，既拓展了科学传播与危机传播的研究领域，也为新媒体环境下的风险沟通实践提供了理论方面的指导。

本书适合科普工作人员，科技记者，在核电、化工等行业从事新闻发布等风险沟通工作的从业者，风险沟通领域的研究人员，以及科技传播专业学生阅读和参考。

图书在版编目（CIP）数据

新媒介语境下争议性科技的风险沟通研究 / 岳改玲著. —北京：科学出版社，2021.7

ISBN 978-7-03-068745-6

Ⅰ. ①新… Ⅱ. ①岳… Ⅲ. ①科学技术-传播学-风险管理-研究—中国 Ⅳ. ①G206.2

中国版本图书馆 CIP 数据核字（2021）第 086213 号

责任编辑：王 丹 乔艳茹 / 责任校对：贾伟娟

责任印制：李 彤 / 封面设计：蓝正设计

科学出版社 出版

北京东黄城根北街 16 号

邮政编码：100717

http://www.sciencep.com

固安县铭成印刷有限公司 印刷

科学出版社发行 各地新华书店经销

*

2021 年 7 月第 一 版 开本：720×1000 1/16

2021 年 7 月第一次印刷 印张：14 3/4

字数：264 000

定价：98.00 元

（如有印装质量问题，我社负责调换）

目　　录

第一章 绪 论

第一节 转型期社会的风险景观

现代科技呈现出一种加速的发展态势，日新月异的科技深刻改变了人类的生产和生活方式，并在人、社会、自然的关系中发挥着日益强大的作用。现代社会中，科技的发展路径与样貌已和过去不同，最显著的差异是新科技及其相关风险的复杂程度及不确定性不断提升。就复杂程度而言，当代新兴科技皆已超出单一学科范畴，涉及多门学科、多个研究领域；就不确定性而言，当代新兴科技给社会等领域带来的影响越来越难以预料。上述情况导致科技的发展越来越难以掌控，伴随着新科技而来的风险也愈发难以估量。

随着科技对环境及人类生命、健康等领域的影响日益显著，现代社会越来越多地面临各种科技风险。“科技是一把双刃剑”成为常见的对于科技所带来的影响的形象化描述。从互联网病毒、核辐射到环境污染，从转基因食品到纳米科技，各类科技及其应用带来的风险已经成为广受关注的重要议题。风险社会理论指出，科学技术的不确定性、民族国家社会风险管理的失败以及全球化扩张带来的制度化风险和技术性风险，已经引发了普遍的风险意识。①

全球化的发展加速了科技风险在世界范围内的快速扩散。全球化时代到来，世界成为一个“地球村”，任何国家或民族都不可能对与科技相关的风险事项视而不见。全球范围内科技的迅猛发展，一方面使得我们必须参与全球科技领域的竞争，改变自身在全球科技领域竞争中所处的不利地位，同时要防范全球性科技风险的蔓延。

① 乌尔里希·贝克，郗卫东. 风险社会再思考[J]. 马克思主义与现实，2002(04)：46-51.

另外，传播新技术的发展带来了传媒系统的革命性变化。微博、微信等社交媒体平台的兴起打破了传统媒体对于话语权的垄断，为公众参与科学提供了多种可能性，并增强了他们的参与意识。公众逐渐具备借助各种新媒体渠道学习相关科学技术知识并参与科技政策制定的潜能。世界范围内，公众理解科学以及参与科学的运动渐渐兴起。

目前来看，我国面临的情况更为复杂。我国是世界上最大的发展中国家，许多科技的发展水平与发达国家相比还具有较大差距。现阶段的中国社会具有双重风险社会的特征，双重风险在我国社会转型期更是逐渐向多重风险演化。

20 世纪 80 年代，我国开始以经济建设为中心，以科技为第一生产力，在各个领域追赶发达国家，科技领域的进步和发展尤为迅速。同时，自改革开放以来，我国进入社会转型期，开始了由传统社会向现代社会的转型过程。在这样一个社会转型期，我国不但要面对全球蔓延的科技风险，还要应对其他国家的科技竞争。有学者指出，我国目前的社会风险主要表现为：历时态风险的共时性存在，结构性风险的过程化表现，复合型风险的并发性出现，累积性风险的突发性爆发。[①]在此背景下，科技风险与已有的各类社会风险混杂，我国进入了多重风险社会：一方面，科技争议逐渐进入普通公众的日常生活，甚至有部分科技争议与社会抗争紧密相连；另一方面，科技争议原来只是在科学社群的内部小范围存在，如今也步入普通公众的视野，吸引了他们的注意；另外，一些其他的影响因素（如科学界疏于应对公众关切等）叠加产生作用[②]，使得围绕着科技争议生发的风险逐步放大，我国社会承受着更大的风险，以至于当下很多"低风险"的科技项目引发了社会公众的"高风险"感知，并呈现出独特的风险社会景观。[③]

这些风险社会景观涵盖众多的社会领域，如环境、科技发展、公共安全、健康、食品安全等，涉及的科技及其社会应用包括垃圾焚烧发电、PX（p-xylene，化工原料"对二甲苯"）项目、核电站建设、转基因科技、纳米科技、低频电磁辐射等等。许多科技议题，如转基因科技，所带来的风险关涉的领域不仅包括科技风险，同时也涉及健康风险、环境风险等等，具有极强的争议性。

上述争议性科技议题关乎民生，涉及公众的切身利益，因此往往会促使公众

① 杨伟宏. 风险社会背景下我国社会主义和谐社会的构建[J]. 探索与争鸣, 2008(08): 47-49.

② 苗伟山, 贾鹤鹏. 科学传播：化解现实争议及其研究前景——科学传播热点对谈录[J]. 新闻记者, 2016(12): 44-51.

③ 曾繁旭, 戴佳. 中国式风险传播：语境、脉络与问题[J]. 西南民族大学学报(人文社科版), 2015, 36(04): 185-189.

的风险意识及参与意识快速增长。然而，现阶段，我国许多领域的科技风险沟通观念革新程度不够，科技风险沟通体制和机制建设与科技发展和公民风险意识提升的步伐有一定差距，也相对缺乏公众参与的渠道和途径，上述种种原因导致我国社会正在由科技风险隐匿的状态转向科技风险的大规模集中爆发。科技争议所引发的风险不断放大，局部地区甚至发生了一些群体性事件。

在众多的争议性科技风险议题中，近年来引发我国社会广泛关注的当属与 PX 项目选址等相关的一系列抗议活动。PX 项目曾在厦门、大连、宁波、彭州、昆明等地引起广泛争议，公众担心大型化工项目的安全与环境污染等风险，当地政府、企业等则力证其安全，各方展开了激烈的话语争夺。

近年来核电项目在我国的发展过程中也遭遇了类似的问题。相关数据显示，截至 2019 年 1 月 20 日，我国在运核电机组达到 45 台，装机容量 4590 万千瓦，排名世界第三。①然而，全国各地反核电建设的运动曾经此起彼伏，近年发生的就有山东公众反对乳山红石顶核电项目（2007 年）、安徽公众反对江西彭泽核电项目（2012 年）、山东荣成居民反对石岛湾核电项目（2012 年）、广东公众反对江门核燃料项目（2013 年）等多起事件。特别是在 2011 年日本福岛核泄漏事故发生之后，国内反对核电建设的呼声高涨。在公众压力之下，多个核电项目暂停建设。虽然专家（中国科学院院士、中国原子能科学研究院研究员王乃彦）指出，“我国内陆核电厂放射性物质排放‘近零’”②，我国拟建的湖南桃花江、湖北咸宁和江西彭泽三个内陆核电厂的前期工程已经投入了很多经费，但内陆核电建设曾“暂无时间表”③，经历了 2016 年、2017 年连续两年“零审批”。

还有与垃圾处理科技相关的垃圾焚烧场的选址和建设的争议。2009 年 9 月，出于对环境污染风险的担忧，广州番禺区居民抗议在当地兴建垃圾焚烧厂，最终导致在当年 12 月番禺区宣布停止该项目；2014 年，杭州欲建垃圾焚烧厂，大量公众聚集抗议；2016 年，浙江海盐垃圾焚烧项目，以及天津蓟县（2016 年 6 月，撤销蓟县，设立天津市蓟州区）垃圾焚烧项目均引发大量争议。最终上述多个项目被停止。

与上述主要局限在某一地区并引发当地公众抗争的各类科技不同，转基因科技虽然也具有一定的争议性，但是目前为止并没有引起广泛的、激烈的社会抗争。

---

① 佚名. 我国核电装机达 4590 万千瓦，世界排名第三[N]. 中国电力报, 2019-01-30.

② 王乃彦. 我国内陆核电厂放射性物质排放“近零”[J]. 紫光阁, 2017(06): 85.

③ 李彪. 我国核电机组总数 4 年后世界第二，内陆建设暂无时间表[N]. 每日经济新闻, 2017-03-24.

然而，部分公众对于转基因食品的回避态度，以及一些反对转基因人士的言论和行为也影响到了我国高层的决策。2018 年全国两会上，中华人民共和国农业部（简称农业部，现农业农村部）新闻发言人表示，我国目前只批准了转基因棉花、番木瓜商业化生产，没有批准转基因粮食作物商业化种植。①

除了上述科技风险议题，我国公众比较关心的还有低频电磁辐射是否会造成孩童面临健康威胁等。西方国家较多讨论的如纳米科技的风险等科技风险议题目前还未在我国国内引起社会各界的关注。在上述由科技争议所引发的一系列风险事件背后，有许多值得关注的议题。

首先，专家和公众对争议性科技的风险感知之间存在巨大的落差。以江门市民反对鹤山核燃料加工项目为例，2013 年，江门鹤山的核原料厂建设项目引发江门、鹤山等地公众的质疑和大规模抗议，并最终在公众的反对声中下马。但专家对此项目的风险评估显示，核燃料加工生产基地的任务是将天然的燃料经过各种工艺过程加工制成燃料组件，供核电站使用，并不涉及核反应和核裂变环节，因此完全不存在高辐射风险。②广东大亚湾核电站、岭澳核电站核安全咨询委员会时任副主席李焯芬在第九届广东大亚湾核电站、岭澳核电站核安全咨询委员会第二次会议上称核燃料厂“不存在风险”，“因为它（核燃料厂）不牵涉到任何核分裂的作用在内，做好燃料棒后，你拿着燃料棒，都不会受到辐射影响”。③在以此为代表的许多案例中，专家对于科技风险的认知与公众的科技风险感知之间存在很大不同。现阶段的科技风险评估多由技术理性主导，和公众对科技的风险感知之间存在较大的鸿沟。这一问题成为现阶段科技风险沟通过程中难以调和的矛盾之一。

其次，在围绕科技争议所形成的舆论场中，不同的风险话语之间相互竞争，并逐渐分化竞合，形成多个话语空间的严重分裂状态。某些地方政府、企业以及科技专家等也尝试通过各种渠道与公众进行沟通，但沟通效果不佳，较难获得公众的信任。在反对 PX 项目的事件频发背后，虽有众多化工领域的专家为 PX 正名，甚至爆出“清华化学工程系学生昼夜捍卫 PX 百科词条”事件，但国内许多地方的 PX 项目仍陷入“一闹就停”“一闹就缓”“一闹就迁”的困顿局面。④ 大量重大的化工项目或者缓建或者停建，严重影响了相关产业的发展，对于地方经济

① 信娜. 农业部: 中国尚未批准转基因粮食作物商业化种植[N]. 新京报, 2018-03-07.
② 刘进, 胥柏波, 李婷婷. 江门“核争议”的台前幕后[N]. 南方日报, 2013-07-12.
③ 邓少军. 做好的燃料棒，拿着都不会受到辐射影响[N]. 江门日报, 2013-07-12.
④ 刘建华. 广东茂名 PX 事件调查[J]. 小康, 2014(05): 70-72.

甚至整体社会经济的发展都带来了不利影响。

最后，在围绕特定科技所进行的风险沟通过程中，信任和共识始终难以达成，呈现出各方互不信任、各说各话的尴尬局面。在涉及转基因科技的议题中，信任缺失的情况更为显著：挺转方与反转方各执一词，公众不信任专家，专家不信任媒体……在信任严重缺失的状态下很难进行有效的科技风险沟通。以至于有学者认为，“转基因问题堪称当代中国观感最差的公共话题之一”。所谓观感差，指转基因争论持续时间久、参与者众多、争论激烈，同时各种谬误大行其道，甚嚣尘上。①

第二节 研究现状

一、主要概念界定

（一）争议性科技

现代社会中，科学技术除了变得更加复杂与不确定，也与社会的各个层面和领域产生更为紧密的联系，或是造成更大程度的冲击，因此被称为“争议性”或“社会性”科学议题（socio-scientific issue，SSI）。②争议性源于多元观点的存在，并且这些观点呈现为彼此对立、竞争的状态。然而，仅社会意见的不统一并不足以使事件具有争议性，在认知、伦理和道德层面被带出的根植在事件深层次和非琐碎细节上的不一致，才真正为事件赋予了争议性。③同时，争议性并非永恒不变，而是处在不断发展过程之中。原因在于，与争议性密切相关的几个方面，如公众的知识体系、真理的标准、批判的标准和验证程序等，都在不断变化与发展。④

因此，一项科技被称为争议性科技，通常在于此科技应用于社会的结果挑战了社会规范目前所能接受的范围，或者人们必须承担不确定的冲击背后所出现的

① 陈鹏，张林. 互联网时代科学传播如何自洽和有为——以转基因、PX项目的科学传播为例[J]. 中国科学院院刊, 2016, 31(12): 1395-1402.

② Millar R. Science education for democracy: What can the school curriculum achieve?[C]. In Levinson R, Thomas J. Science Today: Problem or Crisis? New York: Rutledge, 1997: 87-101.

③ 杨洸，郭中实. 新闻内容、理解与记忆：解读争议性事件报道的心智模型[J]. 新闻与传播研究, 2016(11): 35-50.

④ Dearden R. Theory and Practice in Education[M]. London: Routledge & Kegan Paul, 1984. 转引自杨洸，郭中实. 新闻内容、理解与记忆：解读争议性事件报道的心智模型[J]. 新闻与传播研究, 2016(11): 36-51.

风险。[①]同时，围绕此项科技的社会观点（涉及社会认知、伦理道德等层面）呈现为彼此对立和竞争的状态。

本书所讨论的“科技争议”并非指科学系统的内部争论，而是指科学议题外溢至公共空间所形成的争端。在探讨科学共同体内部成员之间的争论时，本书倾向于使用“科学争论”进行表述。科学家之间的理论争论是科学界的重要组成部分，科学家之间的互相批判构成了科学进步的引擎。[②]另外，虽然从其发展史来看，科学和技术产生于不同的起点，有着不同的发展历程，但是，在现代社会，科学与技术的发展紧密缠绕在一起：科学研究的发展依赖技术的不断更新，技术的进步也几乎全部建立在科学的发展之上。因此，在术语的使用上，本书并不强调科学和技术之间的区分，而是使用科技一词来对二者进行指称。

争议性科技议题涵盖的主题很广，凡是科学或科技进展、研发、应用所引发的争议性事件都属于此类范畴，比如转基因科技、核科技引发的健康、生态上的隐忧等。争议性科技所涉及的议题或事件可能是地方性的也可能是全球性的，涵盖的领域包括政治、经济、社会、环境等，因此按照争议性科技议题的属性可以将其划分为健康、生态、伦理等争议类别。与这些科技相关的议题最终如何被协商、处理，不仅是目前社会健康发展所面临的挑战，更是整体社会成熟与否的象征。

在风险沟通过程中，争议性科技议题自身所具有的特殊属性，是首先需要加以厘清的问题。罗宾·米勒（Robin Millar）曾指出，就社会性科学议题来说，科学家们也常常难以就某种科学技术的应用达成共识；由于人类认知的局限性，与许多科技争议相关的证据或数据经常是不完整、不明确的，因此没有所谓绝对的、肯定的结论。[③]借鉴米勒的观点，本书归纳概括了伴随着科学或科技的进步而生的争议性科技具有的复杂特质。

第一，不确定性（uncertainty）是争议性科技最重要的特质。不确定性指相应科技的安全性、它们对于生态的影响、对于人体健康的影响等问题并没有确定的、明确的答案。“不确定性”是几乎所有科技的共同特质，然而，其在争议性科技

---

① Kolstø S D. Scientific literacy for citizenship: Tools for dealing with the science dimension of controversial socioscientific issues[J]. Science Education, 2001, 85(3): 291-310.

② Birrer F. Counter analysis: Toward social and normative restraints on the production and use of scientific and technological knowledge[C]. In Brante T, Fuller S, Lynch W. Controversial Science: From Content to Contention. New York: State University of New York Press, 1993: 41-56. 转引自贾鹤鹏，闫隽．科学争论的社会建构——对比三种研究路线[J]．科学与社会, 2015, 5(01): 91-103, 90.

③ Millar R. Science education for democracy: What can the school curriculum achieve?[C]. In Levinson R, Thomas J. Science Today: Problem or Crisis? New York: Rutledge, 1997: 87-101.

领域表现得最为明显。众多科学家在对某些科技议题经过长期的研究和不断的验证后，会达成一些科学共识（scientific consensus），比如像“尼古丁会危害人体健康”“长期吸入 $PM_{2.5}$ 会损害人体健康”“核辐射会造成癌症发病率的上升”等。科学共识是某个学科领域的科学家群体共同做出的判断、共同的立场及意见，是对某些看法的普遍认同，但不一定是毫无异议的绝对真理。教科书中的科学知识，多是此类已经被广泛认可的科学共识。这些科学共识类似于“成熟的科学”，而“争议性科技”与之不同。“争议性科技”多为“发展中的科学”，较多涉及仍然处于发展中的科学论述或主张。由于该类科技议题发展的时间不够长、牵涉的范围广，且具有复杂程度高、跨领域等特质，虽然科学家们有了一定的共识，但是仍然需要用更长的时间进行反复地验证和沉淀，而且目前所取得的共识也有可能会被后来的研究和观察所推翻。围绕着此类由“发展中的科学”的种种不确定性所衍生的科技争议，科学家们尚未达成共识，或者仅达成了部分共识，各自援用自己认可的数据来佐证自己的论点。包括核废料处理、低频电磁辐射、转基因科技、全球变暖等议题，均具有这种不确定性的特质。或许在数年后，围绕这些科技议题会达成更多具有共识性的见解，然而在现阶段，它们都还存在着较强的不确定性与无法回避的争议性。

第二，争议性科技的研发和推广具有社会及伦理价值层面的高度争议。争议性科技以科学及技术为主体，但牵动着政治、经济、文化等社会各个层面，其所引发的争议除了涉及科技本身，也直接冲击到社会的价值与实践。在以研究科学与社会之间的关系而知名的科学社会学家多萝西·内尔金（Dorothy Nelkin）看来，正是随着科技进步而增长的公众对其威胁社会、道德或宗教内涵的担忧，对环境价值和技术发展之间矛盾的不安，担心新兴技术的健康危害以及公众对科学家和公共机构信任度的下降导致了公共领域的大量科学争议。[①]特定的科技热点事件是争议性科技的表征，在其表征背后隐含的是深层的道德、伦理规范、社会价值争议等本质。想了解其表征、把握其本质，就需要认知和判断等思维活动的介入。认知和判断等思维活动体现了人类的主观能动性，具有多元化和多样性等特质，不存在所谓“标准答案”。因此在争议性科技的表征和其深层本质之间存在解读和认知多元化的“争议场”。针对我国国内的各种争议性科技，如“PX 争议”，

---

① Nelkin D. Science controversies: The dynamics of public disputes in the United States[C]. In Jasanoff S, Markle G, Petersen J, et al. Handbook of Science and Technology Studies. Thousand Oaks: SAGE Publications, 1995: 444-456.

还有转基因科技的开发和应用等，人们的认知和解读更是多元化，其对于社会及伦理价值等层面的影响巨大，更考验着社会的承载度。

第三，争议性科技及其所带来的风险凸显了科学理性或专家理性的相对性和局限性。首先，由于争议性科技涉及科学内部和外部相当多的领域，又由于人类认识上的局限及科技发展过程中所具有的不确定性，以至于对于科技相关议题，单一学科无法提供充分的解释，这些议题也难以单纯地依靠科学家或是专家的力量得到解决，需要融合各领域、各学科的智慧和知识展开探寻和诠释。例如，有关“手机电磁辐射是否伤害人体”的议题，牵涉手机、电磁波及人体等领域，物理学家了解电磁波的生成及传播原理，分子生物学家了解人体的基因组成，医学工作者了解人体的健康状况，但这些局限于某一学科领域的了解都仅仅涉及此科技的某一侧面，很难确定谁才是足以回答这一复合性问题的真正的科学家。然而普通公众在面对争议性科技议题时，很少能了解与理解此类科技所具有的不确定性、复杂性等特质，可能会采取一些较为消极的应对方式。

其次，科技争议缘起于科技潜在的风险性，在发展为大范围的社会争议之后，争议内容本身已经远远超出科学的范畴，受个体社会经济地位、态度、价值观及政治、人文和社会环境等诸多因素影响。在这些领域，科学证据及科技理性所能够发挥的作用极为有限。内尔金认为，在大多数科技争议案例中，科学证据仅发挥了有限作用。四组矛盾围绕着科技争议大规模展开：效率与公平，利益与风险，监管与选择的自由，科学与传统价值。内尔金发现，虽然声称是有关科技的争论，但是许多辩论其实跟科学毫无关系，只是人类尊严或宗教信仰问题；价值与事实在许多争论中很难被区分开，带来了争端解决的困境；在有关科学的争论中，公平和平等的陈述是占统治地位的政治标准，然而科学精神强调客观而非平等。①

第四，争议性科技所具有的高度不确定性以及其对各领域所产生的冲击和影响，不再局限于特定地域，而是随着全球化的发展扩及世界各地，从而形成全球化的风险过程。又由于这一影响与不同社会、不同历史、不同文化脉络相互缠绕，因此，争议性科技的风险沟通实践体现出鲜明的地域化色彩，呈现为全球化风险与地方性风险相伴生的样态。

总的来说，争议性科技具有“高度不确定性”“价值高度争议”等特点，被视为体现了“后常态科学”的转向。相对于常态科学而言，后常态科学指在科学

---

① 贾鹤鹏，闫隽. 科学争论的社会建构——对比三种研究路线[J]. 科学与社会, 2015, 5(01): 91-103, 90.

的部分。也就是说，“风险由两部分组成：一是物理性的、较为实际有形的、可被量化的部分，二是精神性的、被建构的部分”。①

这是一种传统的风险观，与之相应的，解决新兴科技所带来的风险的传统方法经常包括进行更好的技术分析，以及尽力避免科技工作者的疏忽。而上述行动所涉及的仅仅是少数群体，如科技工作者群体，他们被赋予在风险管理的技术领域基于理性创造“可靠的科学”的任务。这是与传统的风险观念所对应的风险管理理念。然而，一些组织，如英国国家经济和社会研究委员会（Economic and Social Research Council，ESRC），认为科学无法提供最完整可靠的（definitive）答案，因此，“这一依赖‘可靠的科学’的方针本身就不‘可靠’”，特别是在一些不确定性一直存在的领域，比如某些争议性科技领域。②

从 20 世纪 90 年代开始，谢尔顿·克里姆斯基（Sheldon Krimsky）和多米尼克·戈尔丁（Dominic Golding）等学者开始了对于“真实风险”或“客观风险”等概念的反思。他们认为，风险是一种社会建构，对不同的人具有不同的含义，也无法脱离特定的思想和文化来进行风险测量或风险评估。风险具有情境依赖性和文化依赖性。什么是恰当的什么是不恰当的，什么是好的什么是坏的，什么是危险的什么是不危险的，这些问题都经常被协商或被重新定义。③当然，要想做出恰当的风险决策，技术层面的分析必不可少，但是如果仅仅致力于提供更多的科技方面的措施来应对特定争议性科技所带来的风险，而不考虑风险的情景依赖性和文化依赖性，可能会恶化现有冲突。④贝克对于上述现象也进行过描绘，他将其视为科学理性和社会理性在应对风险或危机时的“裂隙和落差”（fissures and gaps），即认为双方的对话并没有处于同一层面：风险管理者没有回答公众所提出的问题，风险管理者提供的答案也没有触及公众所关心的议题的核心，更没有抚平公众的焦虑情绪。⑤

---

① Stevens I. The government as risk communicator: Good communication practices in the context of terrorism. Online proceedings 58th annual ICA conference, 2008[EB/OL]. https://biblio.ugent.be/publication/419320 [2021-03-12].

② Gaskell G, Allum N. Sound science, problematic publics? Contrasting representations of risk and uncertainty[J]. Notizie di Politeia, 2001, 17(63): 13-25.

③ Fleising U. Public perceptions of biotechnology[C]. In Moses V, Cape R E. Biotechnology: The Science and the Business, Amsterdam: Harwood Academic Publishers, 1999: 89-102.

④ Slovic P, Gregory R. Risk analysis, decision analysis, and the social context for risk decision making[C]. In Shanteau J, Mellers B A, Schum D A. Decision Science and Technology: Reflections on the Contributions of Ward Edwards. Berlin: Springer, 1999: 353-365.

⑤ 乌尔里希·贝克. 风险社会[M]. 何博闻译. 南京：译林出版社, 2004: 31-39.

贝克认为，技术和制度两种风险都是工业社会内部的必然产物，同时也与现代性相伴而生。他提出，与传统社会中的风险相比，现代社会生成的各类风险具有人为性、影响的不确定性、建构性等特性。[①]在贝克论述的基础上，结合上述对于争议性科技的分析，本书认为，现代社会中与争议性科技相关的风险呈现出以下鲜明特性。

第一，人为性因素增强。人为风险超过自然风险成为争议性科技风险的主要组成部分，风险的主要来源逐渐变成了人的行为、决策等。

第二，中性的风险。跟风险相对应的有“秩序”“治理”等概念。争议性科技风险伴随着不确定性，造成既有秩序的混乱，为科技治理带来挑战。但同时，争议与风险也可以带来对现有科技治理理念与实践的反思，从而提供更多的可能性、更多的选择和自由空间，为建构新的、更加安全的秩序提供了机会，因而兼具积极与消极意义。

第三，时空延展性。随着社会的一体化以及全球化趋势的不断发展，整个世界已紧密联系在一起。在时间上，科技风险不仅传递的速度加快，其所带来的影响也更具有持续性，不囿于当下，牵涉人类的长远发展。在空间上，现代风险的影响超越了地域的界限，呈现出全球化发展的态势。由于现代信息传播科技的高度发达，科技风险及其所导致的恐惧感和不信任感将通过现代传播手段迅速传播到全社会。

第四，混杂性。在现实社会中，科技风险并不是作为单一风险存在，总是与其他类型的风险共生，缠绕发展。科技风险与环境风险、健康风险等密切联系，且可能转化为环境、健康等领域的风险，而环境、健康等领域的损害通常是系统性的且不可逆的。

第五，风险影响的不确定性。这一不确定性既源于科技风险事件与行为本身的随机性，也源于人类对科技风险影响理解与把握的不确定性。争议性科技的风险与其他类型风险共生，其影响也涉及社会各个领域，波及社会生活的方方面面。这些后果远不止科技风险造成的直接伤害，还包括一些严重的间接影响，如公众对某些地方政府、企业、科学家信心的丧失，对科技类事物的排斥等。这些间接影响很难被确切地感知，也难以观察、难以预测。

第六，风险的建构性。争议性科技的风险既是一种客观实在，也是社会建构

① 乌尔里希·贝克. 风险社会[M]. 何博闻译, 南京: 译林出版社, 2004: 31-39.

的产物，与各社会阶层的风险感知和社会文化等因素密切相关。“客观”“真实”的科技风险是一种自然科学评估意义上的存在，科技风险也持续存在于公众等群体间分散的、流行的话语之中，包含了人们对科技影响的担忧，是一种事实（fact）与价值（value）的混合。同时，不同的文化群体对科技风险的界定不同，他们将各自的价值观念附加其上，并把相应的风险议题编入不同的社会和政治议程中。

与风险相关的概念有“危险（danger）”“危机（crisis）”等。三者之间有联系也有区别。一般认为，“危险”是自然界中的不可抗力所产生的事物及后果，它由自然力量引发；而“风险”多由人类活动引发，是人为制造的，体现了人的因素。同时，风险具有长期、潜在、不可逆、全球化以及非个人所能承担等特点。[①]“危机”是风险的具体展现，它使得风险所具有的危险特质具象化，生发成为一起灾难事件。风险是危机的前兆，是潜在的和可能会发生的危机。风险进入公共空间之后，大规模的社会公众感知到风险，公开表达并采取相应的行动，风险就可能会转化成危机。但是，风险与危机之间并不是简单的由此及彼的线性关系。风险可能会在人类活动的干预下逐渐消退，最后无危机产生；而危机也可能由多种不同类型的风险共同酝酿形成；某种危机发生后可能会产生新的风险因素，这些新风险因素与其他社会因素相结合，进而形成新的危机，而新危机在特性、规模、影响力等方面都会与原来的风险和危机完全不同。危机和风险构成了一条循环往复、逐渐放大或渐渐消退的链条。[②]也就是说，在其他社会因素的作用下，处于社会情境中的风险可能会演变成危机，危机中仍然包含着新的风险因素，这些因素可能会不断恶化和加剧，转变成新的危机，也可能会向好的方向发展，呈现不断消散的态势。

总的来说，争议性科技所带来的风险是一种复杂的现象，既有技术性、不确定性、概率性，还承载了一定的价值观。风险沟通实践，从风险的识别、感知到治理，每一个环节都是客观事实与主观价值的综合。科技风险是多元的，对其进行单纯的“科学计量”或完全的“客观评价”都有违客观事实，也可能会带来危险的后果。

---

① 李子甜. 青年群体的媒介曝露、争议性感知与第三人效果——以转基因食品议题为例[J]. 东南传播, 2017(05): 25-30.

② 张洁, 张涛甫. 美国风险沟通研究: 学术沿革、核心命题及其关键因素[J]. 国际新闻界, 2009(09): 95-101.

（三）风险沟通

风险沟通对应的英文为“risk communication”，国内有不少研究者将其称为“风险传播”或“风险交流”。①

学界对于风险沟通的定义多种多样，如风险沟通是“由精英向普通公众传递科学和技术信息的过程”。②风险沟通是“将风险信息告知公众、协助决策制定和冲突解决的沟通行为”。③风险沟通是“一种机构、个人、团体的公关策略，研究焦点在于如何运用媒体来达成自我宣传，即如何在媒体上使用适宜的传播修辞来说服大众、维护自身形象、有效达成宣传目的等”。④上述首个概念将风险沟通看作由精英群体自上而下向普通公众传递科技信息的过程，认为风险沟通的内容仅涉及科学和技术信息，相应信息由专业人士向非专业人士单向传送。风险沟通的目的被简化为告知、说服或教育公众，使他们按照专家提供或认可的方式去认知和理解与风险相关的问题或接受某种风险。建立在这一理念上的风险沟通实践遵循的是DAD模式，即决定、宣布、辩护（decide、announce、defend）⑤，也有研究者称其为“技术统治论路径”（technocratic approach），即将科学和技术视为绝对正确、不容置疑的存在，公众被排除在风险决策过程之外，在进行风险决策的过程中，仅注重风险技术层面的因素，而不考虑公众所持有的价值观，以及公众情绪和意见等。⑥第二、第三个概念与第一个概念类似，同属DAD模式，然而第三个概念将风险沟通视为个体或组织达成自我宣传目的的公关策略，并强调媒体在风险沟通过程中所起的重要作用。

还有概念从受众参与的角度出发，认为风险沟通主要是为公众提供充分的风险情境信息与背景数据，让大家有能力参与关于潜在风险的对话，甚至加入风险决策；而风险沟通的最终目的则是创造一个具有参与性的、理性的、有问题解决

---

① 如：转基因生物新品种培育重大专项重大课题计划“转基因生物技术发展科普宣传与风险交流”（2016ZX08015002）等。

② 张洁，张涛甫. 美国风险沟通研究：学术沿革、核心命题及其关键因素[J]. 国际新闻界，2009（09）：95-101.

③ Boholm S. Speaking of risk: Matters of context[J]. Environmental Communication, 2009, 3（03）: 335-354.

④ William A. The role of media relations in risk communication[J]. Public Relations Quarterly, 1992, 37（4）: 28-32. 转引自郭小平. 风险传播的“公共新闻学”取向[J]. 兰州学刊，2008（08）：178-180.

⑤ 张洁，张涛甫. 美国风险沟通研究：学术沿革、核心命题及其关键因素[J]. 国际新闻界，2009（09）：95-101.

⑥ Grabill T, Simmons M. Toward a critical rhetoric of risk communication: Producing citizens and the role of technical communicators[J]. Technical Communication Quarterly, 1998, 7（04）: 415-441.

能力的合作群体。[①]这一概念纳入了受众参与，认为风险沟通传递的信息并不仅限于科学和技术信息，同时包括风险情境信息和背景信息，并将风险沟通的目的拓展为赋权给受众，以及建立参与的、理性的合作群体。

风险沟通研究致力于观察风险信息在专家、风险管理部门、利益团体和公众之间的流动，尤其强调"专家如何将真相告知公众"，其最终目的在于引导政府、企业与公众之间建立新的伙伴关系，并促成良性对话。[②]此定义明确了风险沟通的目的为"促成新伙伴关系"和"形成良性对话"，而风险沟通的主体包含专家、风险管理部门、利益团体和公众四种类型。

作为一种实践，风险沟通是一些机构或组织的重要工作内容之一，因此，除了上述定义，许多机构或组织对风险沟通进行了详细的说明和介绍。

1989 年，美国国家研究委员会（National Research Council，NRC）出版《改善风险沟通》（*Improving Risk Communication*）一书，指出风险沟通不应是聚焦于风险信息之上的单向传输，而是"个人、群体和机构之间的信息和观点的交互活动，……不仅传递风险信息，还包括各方对风险的关注和反应，以及发布官方在风险管理方面的政策和措施"。[③]基于这一观点，美国国家研究委员会建立了风险沟通的"NRC 模型"。

世界卫生组织（World Health Organization，WHO）与联合国粮食及农业组织（Food and Agriculture Organization of the United Nations，FAO）的风险沟通观念又有不同：风险沟通是"在风险分析全过程中，风险评估人员、风险管理人员、消费者、企业、学术界和其他利益相关方就某项风险、风险所涉及的因素和风险认知相互交换信息和意见的过程，内容包括风险评估结果的解释和风险管理决策的依据"。[④]

美国国家研究委员会和世界卫生组织对风险沟通的定义被我国学术界引用的

① 郭小平. 风险社会的媒体传播研究：社会建构论的视角[M]. 北京：学习出版社，2013. 转引自曾繁旭，戴佳. 中国式风险传播：语境、脉络与问题[J]. 西南民族大学学报（人文社会科学版），2015, 36(04)：185-189.

② 曾繁旭，戴佳. 中国式风险传播：语境、脉络与问题[J]. 西南民族大学学报（人文社会科学版），2015, 36(04)：185-189.

③ National Research Council. Improving Risk Communication[M]. Washington: National Academy Press, 1989. 转引自曾繁旭，戴佳. 中国式风险传播：语境、脉络与问题[J]. 西南民族大学学报（人文社会科学版），2015, 36(04)：185-189.

④ FAO，WHO. 食品安全风险分析：国家食品安全管理机构应用指南[M]. 陈君石主审，樊永祥主译.北京：人民卫生出版社，2008：97. 转引自赵文秀，赵勇，丛键. 应急管理视角下食品安全风险交流的应用研究[J]. 食品工业科技，2019, 40(17)：196-201, 211.

频率较高。美国国家研究委员会的“NRC 模型”涵盖了风险沟通所涉及的多元主体（个人、团体和机构）、多种内容（风险信息，各方对风险的关注、意见和反应）、多维途径（主体间的互动，以及官方的政策和措施）。世界卫生组织的定义包括以下几个方面的内容：第一，风险研究涉及风险评估、风险感知与风险沟通等重要领域，其中，风险沟通处于核心地位，它是衔接风险评估与风险感知的关键环节；第二，风险沟通的内容不仅包括与风险相关的信息，也包括各个主体的观点与意见，以及风险所涉及的其他因素；第三，风险沟通涉及多元主体的互动和交流：专家的风险论说、公众的风险感知、媒体的报道、企业的产品推广、政府的风险评估和决策以及非政府组织（Non-Governmental Organization，NGO）的信息传递等。因此，风险沟通主体包括上述各个行动主体——媒体、政府、专家、公众、企业及非政府组织等，各主体间互动和交流的效果直接决定着风险沟通的效果。

基于以上分析，本书认为科技风险的沟通是一种实践活动，它具有一系列明显的特征：多样性的动机、目的和驱动力；多元的参与者；风险沟通主体间信息、意见的传递与分享；相对开放的制度性架构。我们以世界卫生组织的风险沟通定义为主，同时借鉴国内外学者与机构的相关意见，将风险沟通定义为：风险分析过程中，风险评估人员、风险管理人员、公众、企业、学术界和其他利益相关方就某项风险所涉及的因素和风险感知相互交换信息和意见的过程，包括风险评估结果的解释和风险管理决策的依据等内容。

（四）风险感知

从认知心理学来看，人类的认知过程是由信息的获得、编码、贮存、提取和使用等一系列连续的认知操作阶段组成的按一定程序进行信息加工的系统。① 风险感知（risk perception）是个体对外界各种客观风险的主观感受与认识。② 从直观判断和主观感受获得的经验对个体的认知具有极大的影响和作用，而这些主观的感受和判断不仅涉及风险信息的加工，还受到心理因素以及社会和文化等多方面因素的影响。因此，英国皇家学会（The Royal Society of London for Improving Natural Knowledge，简称 The Royal Society）在风险感知的定义中加入了社会和文化因素，将风险感知视为人们对危险和收益的信念、态度、判断和情绪，以及更

① 刘晓雪. 问题解决中的元认知作用综述[J]. 社会心理科学, 2013, 28(11): 44-47.

② 杨嫚. 沟通的错位: 公众风险认知与科学议题报道[J]. 科学学研究, 2014, 32(04): 481-485, 492.

广泛意义上的文化和社会倾向。[①]基于上述分析，本书认为，风险感知包含了人们的信念、态度、判断和感觉，融入了社会、文化背景和价值观，以及人们面对潜在危险和利益的选择。

科技风险与科技风险感知之间存在较大差异。科技风险不仅涉及客观层面，同时涉及主观层面内容，而科技风险感知是一种主观感知，这种主观感知源于科技风险客观层面的内容，同时又不局限于这一层面，是客观科技风险的放大或者缩小。

对于与科技相关的态度和行为，风险感知具有重要的影响和作用。公众是否接纳某项科技应用，取决于他们对该科技应用风险的认知。实证研究发现，农户对转基因作物及其产品的认知会直接影响其接受度及种植意愿。[②]

公众和科技工作者之间，在有关科技风险的定义、风险感知等方面存在极大的不同。科技工作者愿意用数据化，以及可衡量的方式来描述科技风险，而公众倾向于采用定性的方式来看待风险。[③]相关研究指出，公众的风险感知经常是不精确的，某些风险资讯一开始可能就吓坏了公众；公众面对无法具体化的风险，往往会倾向简易的、绝对的答案，因为这样较容易有掌控感；公众已有某些价值优先性，因此会个人化所搜到的新信息；公众的观点比较容易被操纵，所形成的观念很难被修正。[④]

正是因为公众的风险感知具有上述特点，伊莱恩·布拉提克·阿金（Elaine Bratic Arkin）认为，要有目的、有计划地传递特定信息给特定目标受众，要进行信息市场的研究，设计信息内容，选择特定的信息传播渠道，测试信息传播效果，最终达到教育公众的目的。[⑤]很明显，这是一种属于缺失模型的风险沟通观念。

有关公众对于科技风险的认知，科学界并没有给予积极正面的评价。研究指出，当转基因领域的科学家们对于公众有关转基因的认知进行评估时，他们总是积极评价那些与自身态度一致的公众意见，而且总是积极评价公众对于转基因的

① The Royal Society. Risk: Analysis, Perception and Management: Report of a Royal Society Study Group[M]. London: The Royal Society, 1992: 89-134.

② 陆倩，孙剑. 农户关于转基因作物的认知对种植意愿的影响研究[J]. 中国农业大学学报，2014, 19(03): 34-42.

③ McInerney C, Bird N, Nucci M. The flow of scientific knowledge from lab to the lay public: The case of genetically modified food[J]. Science Communication, 2004, 26(01): 44-74.

④ Slovic P, Monahan J, MacGregor G. Violence risk assessment and risk communication: The effects of using actual cases, providing instruction, and employing probability versus frequency formats[J]. Law and Human Behavior, 2000, 24(03): 271-293.

⑤ Arkin E B. Translation of risk information for the public: Message development[C]. In Effective Risk Communication. Springer, 1989: 127-135.

认知性表述，而不是情感性的表达。[①]上述现象不仅仅存在于转基因科技领域，对于其他的争议性科技也是如此。一位核物理学家曾指出:“对核辐射的恐惧已经使公众发疯。我特意使用‘发疯’这个词，是由于其含义是缺乏与现实的联系。公众对核辐射危险的理解实际上已经与科学家理解的实际风险毫无关联。”[②]另外有研究发现，转基因相关领域的科学家们普遍认为，公众对转基因的抵制，是公众对生物知识的无知,以及他们不切实际地要求绝对的零风险造成的。[③]基于对欧盟、英国等风险评估的比较研究，布莱恩·维尼（Brian Wynne）发现，无论是有关核能的争议或转基因生物的争议，以科学家为主组成的调查委员会，经常陷入“真实的、客观的风险”对立于“（公众）感知的、主观的风险”的矛盾，并简单认为应将科学事实与价值关怀严格区分开来。公众的风险感知和价值关怀被视为“没有理智根据的”“非理性的”“主观情感判断的结果”。[④]

（五）新媒体

“新媒体”不能仅仅从时间的角度进行界定和划分，将其等同于“新出现的媒体”，而需要考察其自身所具有的相对稳定的基本特征。新媒体主要指基于数字技术、网络技术及其他现代信息技术或通信技术的，具有互动性、融合性的媒介形态和平台。在现阶段，新媒体主要包括网络媒体、手机媒体及两者融合形成的移动互联网，以及其他具有互动性的数字媒体形式。它具有数字化、融合性、互动性、网络化等相对稳定的基本特征。[⑤]上述特征是新媒体区别于传统媒体的重要体现，也是新媒体给科技风险沟通带来机遇和挑战的关键所在。

新媒体平台借助自身所具有的数字化、融合性、互动性、网络化的特性，促进公众了解争议性科技的风险，为各风险沟通主体赋权，并增强各方的沟通和交流，在科技风险沟通方面扮演着重要的角色。

---

① Cuppen E, Hisschemoller M, Midden C. Bias in the exchange of arguments: The case of scientists' evaluation of lay viewpoints on GM food[J]. Public Understanding of Science, 2009, 18(05): 591-606.

② 谢尔顿·克里姆斯基，多米尼克·戈丁尔. 风险的社会理论学说[M]. 徐元玲，孟毓焕，徐玲，等译. 北京：北京出版社，2005：165. 转引自艾志强，沈元军. 科技风险与公众认知的关系研究[J]. 中国人民大学学报, 2012, 26(04): 107-114.

③ Cook G, Pieri E, Robbins T. The scientists think and the public feels: Expert perceptions of the discourse of GM food[J]. Discourse & Society, 2004, 15(04): 433-449.

④ Wynne B. Creating public alienation: Expert cultures of risk and ethics on GMOs[J]. Science as Culture, 2001, 10(04): 445-481.

⑤ 彭兰. “新媒体”概念界定的三条线索[J]. 新闻与传播研究, 2016, 23(03): 120-125.

第一，新媒体的数字化特征改变了科技风险信息存储、加工、呈现与传播的方式。

数字化将规模巨大、复杂多变的信息转变为可以度量的数字、数据。新媒体平台提供了海量的、可供分享的、加工后的科技风险信息。科技风险信息总量的急剧增加，一方面意味着科学有效的数据、基于证据的发现和建议迅速增长，另一方面意味着那些质量不佳的数据、个人意见、奇闻轶事以及虚假信息的急剧增加。[①]数字化的发展打破了依附于传统沟通方式的权力、社会距离和话语等级。研究发现，虽然和传统媒体一样为文本模式，但是网络社交媒体语言不再是单纯的书面语言，它包含表情图像等符号模式，是介于书面语言和口语体之间的连续体，其话语基调具有开放性、自由性和平等性的特点。[②]

第二，新媒体的融合性特征改变了科技风险沟通的路径，带来了科技风险沟通在渠道与功能层面的融合。

报纸、广播、电视、互联网等媒体的融合使科技风险信息得以采用多媒体的传播方式在各媒体平台之间相对自由地流动。公众有了更多、更便捷地获取科技风险信息的渠道，科技风险信息也有了更加多样化的传播形式。文字、图片与音视频等内容突破了媒体之间的界限和障碍，直观的表现方式将原本仅靠感性难以把握的科技风险内容转化为社会经验所能触及的东西。科技信息的直观表达为受众带来视觉与听觉的双重刺激。传播形式的多样化对于风险信息的传播效力具有重要影响，同样的一则科技信息，是否有配图，是否通过音视频等多媒体形式进行传播，甚至是否配有能够烘托气氛的背景音乐等，都对其传播效果有举足轻重的影响。

第三，新媒体的互动性改变了科技风险沟通实践方式，风险沟通主体之间的双向交流成为可能。

一方面，新媒体的互动性提升了公众在科技风险沟通中的参与度，普通公众同样能够生产科技风险信息，并使之在各个风险沟通主体之间进行传播。公众得以在互联网上公开表达自身对于科技所带来的风险与收益的感知，而其他主体可以通过对新媒体空间中公众风险话语的把握，了解他们较为关注的科技议题。互动性也使科技风险沟通者能获得及时的反馈，便于其调整沟通方式和沟通内容。

另一方面，新媒体的互动性使得科技风险信息以一种全新的方式在群体之间

---

① Ratzan S. Our new "social" communication age in health[J]. Journal of Health Communication: International Perspectives, 2011, 16(08): 803-804.

② 李旭平. 语域理论模式下的网络交际和网络语言[J]. 外语电化教学, 2005(05): 37-40.

分享和传播，对于科技风险的个体感知与集体感知之间的界限变得模糊。在新媒体平台上，科技风险信息的分享者比信息生产者更能影响接收者对于该信息的信任程度，而且这些风险信息的接收者会参与到风险信息的再次传播过程之中。[①]在这个过程中，个体对于科技风险的感知和传播很容易影响到他人和群体对于科技风险的感知。

第四，新媒体的网络化改变了科技风险信息的传输方式。

网络化、社群式的传播方式提升了科技风险信息的传播速度，扩大了风险信息的传播范围。争议性科技风险议题具有较强的公共属性，易于在新媒体平台上讨论和发酵。借助微博、微信等平台的转发机制和社群机制，科技风险信息可以在短时间内实现裂变式传播，影响范围扩大。风险信息能见度的增加，信息流动速度的加快，都要求风险沟通者具有较高的应对速度与恰当的响应力度，给争议性科技风险沟通工作带来了挑战。

新媒体的网络化传播方式容易放大个体对于科技风险的恐惧与恐慌，也极易造成新媒体空间中虚假信息的广泛传播。有关争议性科技风险的恐慌与焦虑，容易借助新媒体经由个体到社群再到其他个体的传递，实现个体风险感知在社会层面的转换与放大，由“个人困扰”迅速转换为“社会结构中的公共论题”。[②]

新媒体的网络化传播同样伴随着信息的过滤和把关，只是把关者变成了一个个普通的网民。科技风险信息的转发和分享基于网民自身的选择性和个体倾向。自我所进行的信息过滤使公众更偏向于看自己想看的内容，只关注自己认可的观点，仅接触跟自己意见相同或相似的朋友。信息或想法在一个封闭的小圈子里得到不断重复和强化，最终形成只能听到一种声音的“回音室”。沃尔特·夸特洛西奥奇（Walter Quattrociocchi）等通过分析 Facebook、Twitter 等媒体上阴谋论话题和科学性话题的传播，考察错误信息被广泛接受和传播的原因，发现了“回音室效应”（echo chamber effect）的存在。[③]回音室效应的产生与发展会促进那些明显是错误的科学信息及科学观念的传播，并强化公众已有的科技风险感知。

---

① The Media Insight Project. Who Shared It? How Americans Decide What News to Trust on Social Media 2015[EB/OL].http://mediainsight.org/PDFs/Trust%20Social%20Media%20Experiments%202017/MediaInsight_Social%20Media%20Final.pdf[2019-03-31].

② 宗锦莲. 转换：从个人困扰到公共论题——为教育社会学研究另辟蹊径[J]. 当代教育科学，2008(23)：8-11.

③ Vicario M D, Vicario M D, Bessi A, et al. The spreading of misinformation online[J]. Proceedings of the National Academy of Sciences of the United States of America, 2016, 113(03)：554-559.

总的来说，新媒体增加了公共空间中所传递的科技风险信息的信息量，改变了科技风险的表述方式、阐释方式以及传输方式。这一切都将给科技风险沟通带来大的变革，变革中同时包含着机遇与挑战：科技风险沟通会因此提升沟通效率，改善沟通效果，也可能会由忽略科技风险预警转向对于科技风险的过度渲染，新媒体平台科技谣言等的传播还可能会引发公众的认知混乱乃至社会动荡，放大科技风险的危害。刘培和于晶对2007—2016年中国15起典型邻避事件的研究发现，15 起事件全部经由新媒体动员。[①]因此，我们必须深刻认识新媒体与科技风险沟通的互动关联机制，以期抓住机遇，迎接挑战，实现有效的风险沟通。

二、科技风险研究的维度分析

（一）科学传播与科普

"科普"是"科学技术普及"或"科学普及"的简称。有关"科普"与"科学传播"二者之间的关系，从我国学术研究与实践来说，存在四种不同的观点。

一种观点认为"科普"等同于"科学传播"，在理论与实践层面上二者并不存在显著差异。比如，操奇提出"深度科普"概念，在其论述中即认为，"所谓'深度科普'即'深度科学传播学'（Deep Science Communication）"。[②]持此观点的研究者对科学传播和科普两个概念并未进行深入区分。

一种观点将"科学传播"纳入"科普"的范畴，认为科普包括科学传播。这一观点在我国的学术界及实践界比较流行。比如，刘华杰认为，科学传播在我国是作为科普的新形态存在的，我国的科学技术普及除了国家立场和科学共同体立场外，还应加入个体公民立场，其中传统科普与国家立场相对应，公众理解科学与科学共同体立场相对应，面向公众的科学传播与个体公民立场相对应。[③]

一种观点将"科普"纳入"科学传播"的范畴，认为科普属于科学传播在早期发展时期呈现的样态之一。在科普形态下，多采用宣传模式，科技信息呈现为单向流动状态，形式较为单一，传播效果不佳。因此，我国有一批研究科技哲学、科技史的学者呼吁以科学传播取代科普。

① 刘培，于晶. 风险沟通的关键因素与策略框架——基于2007至2016年中国邻避事件的观察[J]. 当代传播，2017(05)：44-46.

② 操奇. 试论"深度科普"范式的建构——基于主体间性哲学的视界[C]. 见中国科普研究所. 第十九届全国科普理论研讨会暨2012亚太地区科技传播国际论坛论文集. 北京：中国科普研究所，2012：206-213.

③ 刘华杰. 论科普的立场与科学传播的信条[J]. 自然辩证法研究，2004，20(08)：76-80.

还有一种观点认为，“科普”与“科学传播”各自有特定的含义，不能随意使用。比如，吴国盛认为，科普、科技传播和科学传播三者都是当代中国的科学传播的名称，分别代表科学传播的三个群体和三种模式。这三种模式正处在相互影响、相互借鉴之中，尚未最后定型。①

本书采纳最后一种观点，即认为，科学传播在理念与实践上与科普有很强的相似性，但二者又有明显不同，科学传播是一种包容性更强的概念，融合了更为丰富的科学沟通、科学参与模式，是科普的跃升。我国的科普活动有自身的独特性，许多科普活动的理念和实践目前仍大体属于科学传播“缺失模型”范畴，但呈现出向“公众参与科学”（public engagement with science and technology，PEST）发展的趋势。本书借用王国华等的定义，认为科学传播是科学信息生产者（包括科学共同体、科学爱好者、科普作家）、媒体、政府和普通公众等通过一定的方法和平台，基于科学信息（包括科学内容、科学方法、科学思想、科学对社会的影响等）进行双向或多向交流的过程。②

依据不同时期公众的不同认知，科学传播的发展可以分为几个不同阶段。最早期的是“缺失模型”（deficit model，又称“欠缺模式”）阶段。“缺失模型”是一种线性模型，在20世纪早期的科学传播研究领域盛行。这一阶段，占主导地位的主张认为公众如果对于科学知识不够了解，会间接地影响其对于科学的支持，所以需要努力提升公众对于科学的了解水平，增加他们的科学知识。在这个过程中，科学技术相关信息被散播到规模庞大的、“无知”的公众之中。缺失模型认为公众缺乏对于科学的了解，主张公众要不断提升对于科学的理解和把握；科学素养应成为公众所应具备的基本素养之一；对科学越了解就越有可能支持科学研究。1985年，英国皇家学会发布的《公众理解科学》报告成为“缺失模型”的代表。这一报告同时也促成了“公众理解科学”（public understanding of science，PUS）概念的形成，对世界各国科学传播的理论和实践至今仍有极强的参考意义。

线性的“缺失模型”在发展过程中不断受到挑战。许多科学推广的实践发现，公众科学知识的增多未必会提升其对于科技的接受度和支持度，“情境模型”（the contextual model）随之出现，主张每个人会基于自身的经验、所处环境及文化脉络来认知科学，每个人对于科学的需求及了解都处于不同的情境与

① 吴国盛. 当代中国的科学传播[J]. 自然辩证法通讯, 2016, 38(02): 1-6.

② 王国华, 刘炼, 王雅蕾, 等. 自媒体视域下的科学传播模式研究[J]. 情报杂志, 2014, 33(03): 88-92, 117.

条件之中。

随着科技争议议题的日益增多，科学传播发展到“公众参与模型”（the public engagement model）阶段，认为需要打破过去完全由科技专家所主导的科技决策方式，科技议题的决策应融入公众的观点。英国议会上议院发布的《科学与社会》（*Science and Society*）报告标志着公众参与科学模式的正式提出。该报告认为，过去的科学传播只是从科学共同体到公众的单向的、自上而下的传播模式，而当前的科学传播应该聚焦于对话，或者说科学家与公众的双向交流与互动。这一模式强调科学界并不比社会群体具有更大的发言权。由于广大公众对科学技术虽然抱有浓厚的兴趣，但信任不足，所以科学技术应该走出实验室，进入社区，参与到对话中，以获得相互之间的理解。[①]受这一模型的影响，国内外研究者在科学传播实践中发展出包括共识会议、公民陪审团、审议式民主、科学咖啡馆等不同形式的公众参与方式，一系列公众参与科学的新方式和新做法开始涌现。在这一阶段，公众开始变被动为主动，科学共同体与公众共同参与科学传播。

但研究者与实践者发现，以反对科学中心主义为由简单抛弃缺失模型，并不能缩小科学家与公众之间客观存在的知识差距；只是“让”公众“参与”科学，并不能解决公众与科学界在很多热点争议问题上的对立问题[②]，而必须要在科技传播的理念与实践层面同时进行革新，不断完善公众参与科学。

（二）危机传播

危机传播是危机管理的重要手段和重要组成部分。与公共关系的视角和实践类似，危机传播致力于研究如何通过积极的传播手段，为某个组织或机构应对突发事件、化解负面新闻，同时进行组织的形象维护或修复。因此，把握危机发展的特点，以最快速度、最恰当的方式向公众以及媒体告知危机事件相关信息就成为危机传播理论关注的重点，并由此衍生出“3T 原则”（tell it fast，即尽快提供情况；tell your own tale，即以我为主提供情况；tell it all，即提供全部情况）[③]等重要的危机传播准则。

我国学者吴国华曾比较了风险沟通、议题管理（issue/agenda management）、

① 王大鹏，钟琦，南鹤鹏. 科学传播：从科普到公众参与科学——由崔永元、卢大儒转基因辩论引发的思考[J]. 新闻记者，2015(06)：8-15.

② 王大鹏，钟琦，南鹤鹏. 科学传播：从科普到公众参与科学——由崔永元、卢大儒转基因辩论引发的思考[J]. 新闻记者，2015(06)：8-15.

③ 骆文浩. 灾难报道中的“3T”原则[J]. 新闻战线，2008(11)：15-16.

危机传播三者各自关注的重点，认为风险沟通提供受众关于行为或处境所造成后果的预期好坏及程度强弱的信息；风险沟通多半讨论的是负面结果，包括结果发生的概率大小，并帮助个人做行动的决定；环境及健康领域凸显了风险沟通的重要性。议题管理与危机传播相似，议题是由利益关系人引发人们兴趣的公共问题；议题管理是运用传播来影响组织如何应对并解决问题；危机传播描述组织面对危机时，针对内外受众的传播活动；危机传播与紧急事件相关，需要就某个事件告知并警示公众。①

风险沟通和危机传播有诸多的区别和联系。就区别而言，首先是研究取向的不同。与危机传播相比，风险沟通更多地吸纳了心理学等领域的理论知识，关注个体的态度和认知，同时也强调交流和对话。正因为如此，国内部分学者较少使用风险传播一词，而较多使用“风险沟通”。风险沟通更强调传播者行为的主动性以及交流的双向性，危机传播则更多地从公共关系和管理学中汲取营养，关注的重点在于危机的化解、形象的维护与修复，侧重危机的管理和控制等领域。其次是时间阶段的不同。从时间来看，风险沟通更多属于“事前管理”，侧重对来自未来的、潜在的危险、威胁所做的准备措施；而危机传播更多属于“事后控制”，多为危机事件发生过程中或者之后的应对处理。

就二者的共同点来说，“危机”是“风险”的显现与放大，各类风险事件是“危机”的表现形式之一。风险沟通和危机传播都致力于降低危害发生的可能性或者缩小危害所波及的范围和降低其程度；二者都主要借助于媒体来传播各类信息；二者都具有较强的实践导向，在时态上和实践应用上存在互补性。风险沟通可以应用于危机发生前的准备，危机发生时的应对，以及危机发生后的复原与重建。

（三）风险沟通

伴随着社会各层面对健康、环境、科技等议题关注度的提升，以及相关信息需求的增长，风险沟通的必要性和重要性得到广泛认同。风险沟通逐渐成为科技风险研究中必要的组成部分和重要内容。

风险沟通研究始于 20 世纪 70 年代，当时的风险沟通研究是为了改变公众对

---

① 李美华. 台湾报业媒体网络平台气候变迁风险沟通：2009-2016 年的历时性分析[J]. 中华传播学刊, 2017(12): 45-90.

于科技风险的看法，提升公众对科技的接受性，并消解公众对技术的担忧。[①]那时的公众已不再像从前一样甘愿把保护人类健康、环境和安全的希望寄托在政府或少部分人手中，他们要求获得知情权和参与公共政策的权利，各种抗议和社会抗争活动此起彼伏。

20 世纪 80 年代，风险沟通的概念被正式提出，并在实践层面得到进一步发展。[②]美国在这一时期建立了一批风险沟通的研究中心，在基础研究和应用研究领域着力，并重视为企业和政府的风险沟通提供建议和指导。[③]美国第一届“风险沟通全国研讨会”于 1986 年在华盛顿召开，被视为美国风险沟通领域走向成熟的标志性事件。正是从 1986 年开始，“风险沟通”逐渐成为风险研究中引人注目的焦点。[④]通过评估各类有害物质带来的风险，以及研究个体如何感知科技风险，风险沟通在方法学等领域逐渐成熟，相关研究成果在实践中也得到了广泛的应用。除理论层面外，风险沟通的实践致力于调和政府、企业界、科学界和公众之间围绕特定风险议题所产生的矛盾，并借助各类沟通手段使其彼此增进了解，建立对话，发展新型伙伴关系。

从 20 世纪 70 年代到如今近 50 年的时间里，有关风险沟通的研究和实践发生了巨大变化，对科技风险的关注视角实现了从专家到公众的转变，研究主题主要涉及科技风险感知的影响因素分析、科技风险的社会建构等内容。

巴鲁克·菲施霍夫（Baruch Fischhoff）曾将风险沟通的发展历程总结为七个阶段：第一个阶段致力于准确的风险描述，认为风险沟通仅需要关注准确的数据；第二个阶段致力于告知（tell）公众准确的风险数据；第三个阶段为向公众解释（explain）风险数据所代表的含义；第四个阶段为向公众展示他们以前已经接受了的类似的风险；第五个阶段为向公众展示接受这些风险对他们有好处；第六个阶段为善待公众；第七个阶段为与公众成为伙伴。[⑤]菲施霍夫总结的风险沟通阶段中，从“公众可以被忽视”到“公众是非理性的”再到“接受并将公众当作合法

---

① Ropeik D. 风险交流[J]. 国际原子能机构通报, 2008, 50(01): 58-60.

② Leiss W. Three phases in the evolution of risk communication practice[J]. The Annals of the American Academy of Political and Social Science, 1996, 545(01): 85-94.

③ 强月新, 余建清. 风险沟通: 研究谱系与模型重构[J]. 武汉大学学报(人文科学版), 2008, 61(04): 501-505.

④ 张洁, 张涛甫. 美国风险沟通研究: 学术沿革、核心命题及其关键因素[J]. 国际新闻界, 2009(09): 95-101.

⑤ Fischhoff B. Risk perception and communication unplugged: Twenty years of process[J]. Risk Analysis, 1995, 15(02): 137-145.

的伙伴”，公众的地位不断提升。第一个阶段被一些研究者称为“前风险沟通阶段”[①]，在这一阶段，公众处于被忽视的地位。第二个阶段中，风险沟通被简化为“告知”。第三阶段至第五阶段均可以被归结为“说服阶段”，试图使公众接受专家传递的风险数据、风险信息，以及建立在这些数据基础之上的政策。从第六个阶段开始，对待公众的视角真正发生了转换，从简单的“善待”公众到接纳公众作为合法的“伙伴”。

风险沟通的研究重点从20世纪90年代开始逐渐转向对公众风险感知影响因素的研究。心理学家研究发现，公众对于科技风险的感知非常复杂，受到科技风险“个性特点”的影响，如科技风险的可知性（已知的VS.未知的）、可怕性（可怕的VS.不可怕的）。保罗·斯洛维克（Paul Slovic）依据科技风险的可知性与可怕性两个特点绘制了经典的各类科技风险感知坐标图。在坐标图中，可知性风险因素反映出一项科技在多大程度上是未知的、无法观测的，并且后果是延迟的。可怕性风险因素反映出一项科技在多大程度上被认为对于后代来说是可怕的、致命的、不可控的、不公正的风险，这类科技风险很难被减轻，在不知不觉间发生，却有带来巨大灾难的可能性。在食品风险研究领域所进行的心理测量展示了这一二维结构的存在。[②]如果我们对照争议性科技的上述特点进行分析会发现，几乎所有的争议性科技（如转基因、核能、电磁场等）都属于“可怕风险”领域。

除了科技风险的“个性特点”，研究发现，人们对某项科技风险的感知，不仅仅受到他们所获知的该科技风险的发生概率或者风险收益比等风险信息的影响，同样是他们的知识、信任、价值观、先前信念以及情感等各种因素综合发生作用的社会建构过程。[③]其中，价值观所型构出的对科技风险的认知和界定，与人们所形成的对此认知或感知的信任，都是重要的影响因素。[④]

---

① Covello V, Sandman P. Risk communication: Evolution and revolution[C]. In Wolbarst A. Solutions for an Environment in Peril. Baltimore: John Hopkins University Press, 2001: 164-178.

② Fife-Schaw C, Rowe G. Public perceptions of everyday food hazards: A psychometric study[J]. Risk Analysis, 1996, 16(4): 487-500.

③ 贾鹤鹏，苗伟山. 科学传播、风险传播与健康传播的理论溯源及其对中国传播学研究的启示[J]. 国际新闻界, 2017, 39(02): 66-89.

④ Slovic P, Monahan J, MacGregor G. Violence risk assessment and risk communication: The effects of using actual cases, providing instruction, and employing probability versus frequency formats[J]. Law and Human Behavior, 2000, 24(03): 271-296.

科技风险的社会建构同样也是风险沟通领域对科技风险关注的重心之一。在现实各种社会因素的影响下，科技风险有被“放大”或被“缩减”的现象。风险的社会放大理论强调科技风险被包括媒体在内的不同的社会因素形成的“放大站”逐层放大。[①]

（四）小结

上述路径从不同角度切入对于科技风险的研究，各自有不同的侧重点，但彼此之间又存在相互启发和借鉴，不断从其他视角汲取营养。这种相互借鉴在科学传播和科技风险沟通的研究和实践中体现得最为明显。科技风险沟通将科学传播与风险世界联结在一起发问，将科学传播放置在风险的沟通网络中，考察公众如何通过科学传播取得科学与技术风险的相关信息。贾鹤鹏与苗伟山甚至认为风险传播存在与科学传播合流的趋向。[②]然而，二者也有各自的不同视域和侧重点。科技风险沟通重点关注的是与科技风险的呈现、评估、管理相关的信息交流过程，关注实践策略与实践影响。而科学传播则主要研究受众获取与科学相关的题材和信息的公共传播过程。

风险与危机不同，风险沟通和危机传播也具有较大差异。风险沟通强调通过与公众和其他各沟通主体的对话，达成社会共识，从而推动科技政策的制定或落实，而非危机传播所关注的危机化解与组织形象维护；风险沟通可能是一个长期的过程，危机传播致力于找寻具体的解决方案，满足管理者在较短时间内应对危机的需求，具有时间上的紧迫性。危机传播更侧重于公共关系的学理脉络。当然二者也有相似之处，比如，两者都具有较强的实践导向。[③]

在风险沟通所涉及的各个领域中，多种力量相互竞争，有冲突也有对话，这是一个复杂的互动过程。这一过程不但会影响到个体的风险感知与行为，而且会对科技领域的政策安排乃至整体社会的稳定和发展产生较大影响。科技风险沟通研究细致探究不同主体在科技风险议题中的互动，体现出与“科学传播”“科普”“危机传播”等视角的明显区别，具有独特的视野和内涵。

---

① Kasperson R E, Renn O, Slovic P, et al. The social amplification of risk: A conceptual framework[J]. Risk Analysis, 1988, 8(02): 177-187.

② 贾鹤鹏，苗伟山. 科学传播、风险传播与健康传播的理论溯源及其对中国传播学研究的启示[J]. 国际新闻界, 2017, 39(02): 66-89.

③ 贾鹤鹏，苗伟山. 科学传播、风险传播与健康传播的理论溯源及其对中国传播学研究的启示[J]. 国际新闻界, 2017, 39(02): 66-89.

三、国内外研究现状

争议性科技的风险沟通议题散布在风险沟通、科学传播等研究领域，同时也与危机传播研究、公共关系研究等领域密切相关。国际上，围绕《风险分析》（*Risk Analysis*）、《风险研究杂志》（*Journal of Risk Research*），风险沟通研究者建立了国际化的研究阵营。科学传播研究者所重点关注的期刊包括《科学传播》（*Science Communication*）、《公众理解科学》等刊物。

通过对上述期刊的分析可以看出，西方学者们有关科技风险沟通的研究大致可归纳为四类：风险感知研究，关注风险沟通不同主体之间的认知差异，尤其是专家与受众；信任研究，关注在风险沟通过程中各主体之间的信任如何被损害，以及如何重建信任；风险沟通者研究，关注政府机构、媒体和其他组织在风险沟通各个阶段和层面所发挥的作用；风险文化研究，关注风险主体所掌握的文化经验对风险感知等因素的作用。

风险感知是争议性科技风险沟通的主流研究方向。风险感知在风险沟通过程中起着重要作用。研究者发现，对于风险事件的认知能够极大地影响个体和群体的情绪状态，从而进一步影响其态度与行为。[①]有研究者直接将风险感知纳入风险概念，提出“风险=危害+愤怒”，认为风险所带来的社会影响由风险实际危害的大小与人们的风险感知和情绪状态共同构成，并依据不同的风险感知将风险沟通分为四种类型：“危害高、愤怒低”“危害低、愤怒高”“危害高、愤怒高”“危害和愤怒都居于中等水平”。[②]

对于特定的风险现象，不同主体的风险感知不尽相同，甚至可能彼此冲突。技术专家和普通公众对于风险感知的着眼点不同，对于风险的基本概念、假定和解释的内容也有很大不同。技术专家注重风险发生率和后果严重性，而公众更关心风险的危害。[③]艾德里安·弗海姆（Adrian F. Furnham）认为，我们难以把握一般公众的风险感知，他们的感知植根于文化常识、社会共享经验与个人观察所形成的心理反应。相对于严谨科学性理论所强调的明确、正式与科学性的解释，公众的风险感知非正式，有时甚至不连贯、不一致。[④]

---

① 雷翠萍，孙全富，苏旭. 风险沟通在核能发展中应用[J]. 中国职业医学，2011, 38(02): 164-166.

② Sandman P. Four kinds of risk communication[EB/OL]. http://www.psandman.com/col/4kind-1.htm[2014-06-10].

③ 王娟，胡志强. 专家与公众的风险感知差异[J]. 自然辩证法研究，2014, 30(01): 49-53.

④ Furnham A. Lay Theories: Everyday Understanding of Problems in the Social Sciences[M]. New York: Pergamon Press, 1988: 119-245.

自20世纪90年代开始，在风险沟通研究领域，学者们开始关注与风险感知相关的社会语境问题，并从不同角度对相应议题展开研究，重点关注社会和心理因素对风险感知的影响和作用，以及风险事件与心理、社会和文化等因素相互作用的方式。研究者发现，一些特定的风险因素在不同程度上影响着人们的风险感知，加强或减弱人们对风险的认知并形成风险行为。①其中，涉及社会信任问题、风险的社会放大，以及媒体风险报道的社会影响等。

还有学者关注风险感知的影响因素。研究者发现，公众的风险感知与风险沟通所依据的是当时社会领域，包括法律、伦理等，所形成的不同价值基础，而这些价值基础将影响公众对争议性科技的判断。因此，应该从社会、文化、政治、环境等角度思考科学，强调个人、道德和社会因素对于抉择判断的重要性。②风险感知的研究为调节个体对某种科技的认知和态度提供了参考依据，也为改善科技风险沟通提供了方向。

“信任”是风险沟通非常重要的变量。公众对于风险信息来源、认知与价值接受有着高度的脆弱性。信任建立起来艰难，且极易受到破坏，具有不对称性。参与和涉入科技争议，有助于公众对于风险信息和争议性价值的学习与判断，一方面能不断提升公众对风险信息的信赖程度，同时也能增进公众对于科技争议的理解，从而带来积极的社会影响。③

另外一个很重要的学界关注点，就是风险沟通者，即政府机构、媒体和其他组织在风险沟通各个阶段和层面的作用。媒体在风险沟通中扮演了极为重要的角色。林恩·弗里沃（Lynn J. Frewer）等人2002年在英国的一项转基因食品风险沟通的研究发现，随着报道数量的增多或减少，人们对转基因食品的风险与收益的认知有明显变化，由此证实媒体在报道中起到的社会放大作用。④新媒体的出现，更是使得公众能够参与风险的建构，同时也造成“风险信息”的快速扩散与放大。

风险文化的研究者从文化人类学等学科视角出发，将风险定义为各个社群的

---

① Hill S. Risk communication literature review: Summary report[EB/OL]. http://www.tbs-sct.gc.ca/rm-gr/rc-cr/reprot-rapport_easp[2014-05-07].

② Pedretti E. Decision making and STS education: Exploring scientific knowledge and social responsibility in schools and science centers through an issues-based approach[J]. School Science and Mathematics, 1999, 99(04): 174-181.

③ Finucane L, Slovic P, Mertz K. Public perception of the risk of blood transfusion[J]. Transfusion, 2000, 40(08): 1017-1022.

④ Frewer L J, Miles S, Marsh R. The media and genetically modified foods: Evidence in support of social amplification of risk[J]. Risk Analysis, 2002, 22(04): 701-711.

文化产物。狄波拉·勒普顿（Deborah Lupton）在对风险理论的梳理中认为，强调文化与治理性的社会建构论立场更能够贴近当代风险贯穿日常生活的现象。[①]

基于对贝克等人风险社会理论的批判，斯科特·拉什（Scott Lash）提出了风险文化理论。他认为，在当代社会，风险的凸显更是一种文化现象，而不仅仅是一种社会秩序。[②]在拉什看来，风险并非有序排列，而是带有明确的结构性和指向性。因此，风险社会概念无法准确描绘出当前社会面临的境况。同时，在不同的文化背景下，风险有不同的解释话语，不同的群体就如何应对风险等方面都拥有自己的理想图景。就拉什的文化批判来看，贝克的构想并不完善，要深入研究风险社会，仅仅有科学知识仍然不够，更需要的是重新思考架构在科学上的风险文化。玛丽·道格拉斯（Mary Douglas）等人认为，风险可以被视为一种文化符号，每个群体都会以群生的概念设定自己的行为模式与价值衡量尺度，以便更好地维护组织群体的结构和功能，如果违反或威胁到群体的行为模式与价值尺度的原则和稳定性，就会被群体解读为风险。[③]

在风险文化中不能仅仅由专家来定义风险，各个利益相关方也基于其社会阶层、族裔、性别等参与了风险诠释，致力于如何使受众在风险社会中习得一种以“有意义的方式去行动的能力”。[④]

风险文化理论认为，充满不确定性与偶然性的核能、化学污染、基因工程、气候变迁等当代科技与环境风险并非也无法完全凭借于决定性、稳定性、理性的判断；具有反身性的风险主体无可避免地与想象和情感联系在一起，产生一个更为不稳定的、感官化的判断。同时，个体并不是客观地对环境与其他自然的或身体的风险做出判断，并非通过理性的计算与规范来将风险进行分类应对，而可能是主观地通过风险主体的实践与所掌握的文化经验来进行判断。[⑤]

从强调信息和意见的互动性以及沟通主体的参与性角度，国内学界大部分学

---

① Lupton D. Risk and Sociocultural Theory: New Directions and Perspectives[M]. Cambridge: Cambridge University Press, 1999: 1-12.

② Lash S. Risk culture[C]. In Adam B, Beck U, van Loon J. The Risk Society and Beyond: Critical Issues for Social Theory. London: Sage, 2000: 47-62.

③ Douglas M, Wildavasky A. How can we know the risk we face? why risk selection is a social process[J]. Risk Analysis, 1982, 2(2): 49-58. 转引自张贵祥. 风险认知的两种哲学视角及其融合趋势[J]. 自然辩证法通讯, 2016, 38(04): 109-114.

④ Adam B, Beck U, Loon J. The Risk Society and Beyond: Critical Issues for Social Theory[M]. London: Sage, 2000: 1-46.

⑤ Lash S. Risk culture[C]. In Adam B, Beck U, van Loon J. The Risk Society and Beyond: Critical Issues for Social Theory. London: Sage, 2000: 47-62.

者将“Risk Communication”译为“风险沟通”，也有相当一部分学者将其称为“风险传播”。在“CNKI学术趋势”（今CNKI指数检索）中分别输入“风险沟通”“风险传播”，本书得到相关数据，合并绘制后呈现出来的国内研究者对于风险沟通与风险传播的学术关注度如图1-1所示。

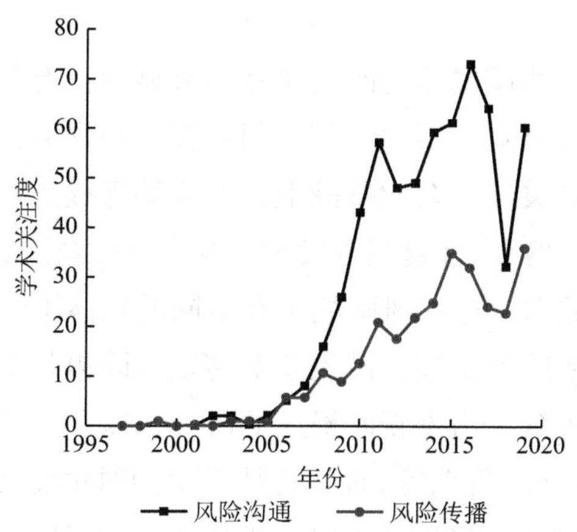

图1-1 “风险沟通”与“风险传播”的学术关注度

从图1-1可以看出，自2005年以来，我国学者对风险沟通研究的关注度极大提升，社会学、心理学、新闻传播学、公共关系学、哲学等不同学科纷纷引入风险的概念，展开对于风险沟通的研究。

在有关转基因、PX等科技安全问题的争议声中，中国的科技风险沟通研究开展起来。随着研究的不断深入，科技风险沟通的相关研究议题不断与其他领域议题融合，如环境传播、健康传播等。争议性科技为研究各种社会问题提供了良好平台。通过对CNKI（中国知网）上所发表的文献进行观察，本书发现，以争议性科技议题为主题的研究若依其内容属性大致可以归为以下类型：科技发展对伦理道德的挑战、科技发展对人类健康的威胁（包括转基因食品、抗生素的使用、电磁辐射的危害等），以及科技发展对资源使用方式的选择（包括核电站、水电站的建设等）、科技发展对生态环境的威胁（如垃圾焚烧发电）。其所涉及的内容包括生态环境问题、人类健康问题、资源使用问题、道德伦理问题等。①

对于上述科技风险议题，国内学者的研究在早期多从风险管理与治理的角度切入，涉及风险沟通的研究也在逐渐增多。相关论述最早见于丁清枝在1997

① 朱玉成，刘茂军，肖利. 国外社会性科学议题（SSI）课程研究及其影响述评[J]. 上海教育科技，2013（01）：53-56.

年编译的《核能界与公众：认识和文化对核风险看法的影响》，该文发表于《兵工安全技术》刊物上，首次将国外核能的风险沟通研究介绍到国内。部分学者的研究围绕生物科技和转基因作物展开：周伟介绍了美国的转基因生物安全管理与生物技术风险交流情况。[①]刘培磊等通过转基因舆情分析，指出我国转基因风险交流存在的不足。[②]

在风险感知层面，曲瑛德等的问卷调查结果显示：有关转基因等生物科技领域的知识，我国大部分公众都不太清楚，但对转基因食品是否影响健康、对身体是否有害等方面却非常关注。在此基础上，曲瑛德等提出我国转基因技术安全交流的途径与优先交流内容。[③]曾繁旭等发现，专家与公众两类利益主体围绕PX事件形成了迥异的风险故事，这些风险故事在不同的媒体平台也不一样地呈现。[④]

部分争议性科技风险的论述，散见于对特定风险事件的研究之中。比如，对于苏丹红、三鹿奶粉等食品污染新闻报道的研究，以及对于厦门PX事件、昆明PX事件等环境风险事件的研究等。有学者从风险沟通角度切入由争议性科技引发的邻避事件的发展与演化，将信任困境、沟通失范和风险放大视为影响风险沟通效果的关键因素。[⑤]

在各类科技风险事件中，风险沟通主体的实践与反思是学者们重点关注的议题之一。曾繁旭等以中广核为例讨论了核电企业如何在信任缺失的社会语境下进行有效的风险沟通，并将其实践分为短期信任建设和长期信任建设两种类型。[⑥]江作苏等通过对“连云港核循环项目”和“湖北仙桃垃圾焚烧项目”的分析，认为职业新闻传播主体、民众个体传播主体和脱媒传播主体“三元”传播主体在风险沟通中存在分化与整合，对风险沟通模式实现了重构。[⑦]曾繁旭等以PX事

---

① 周伟. 美国的转基因生物安全管理与生物技术风险交流[J]. 安徽农学通报, 2008, 14(21): 3-5.

② 刘培磊, 康定明, 李宁. 我国转基因技术风险交流分析[J]. 中国生物工程杂志, 2011, 31(08): 145-149.

③ 曲瑛德, 陈源泉, 侯云鹏, 等. 我国转基因生物安全调查Ⅰ. 公众对转基因生物安全与风险的认知[J]. 中国农业大学学报, 2011, 16(06): 1-10.

④ 曾繁旭, 戴佳, 杨宇菲. 风险传播中的专家与公众: PX事件的风险故事竞争[J]. 新闻记者, 2015(09): 69-78.

⑤ 刘培, 于晶. 风险沟通的关键因素与策略框架——基于2007至2016年中国邻避事件的观察[J]. 当代传播, 2017(05): 44-46.

⑥ 曾繁旭, 戴佳, 王宇琦. 风险行业的公众沟通与信任建设: 以中广核为例[J]. 中国地质大学学报(社会科学版), 2015, 15(01): 68-77.

⑦ 江作苏, 孙志鹏. 环境传播议题中“三元主体”的互动模式蠡探——以“连云港核循环项目”和“湖北仙桃垃圾焚烧项目”为例[J]. 中国地质大学学报(社会科学版), 2017, 17(01): 110-119.

件为例分析了风险沟通过程中专家与公众两类主体围绕着风险故事的互动与竞争。①

有关互联网等新媒体在风险沟通上的应用，国内学者也开始了相关研究。李明颖从毒奶粉事件入手，检视了台湾公众利用网络来理解并参与风险排除的过程，认为公众具备风险预警和抗辩“伪知识”的能力。②范敬群等人以“黄金大米事件”为例，考察了争议性科学话题在新浪微博这一社交媒体平台上的传播形态，认为争议性科学话题在社交媒体平台上的传播过程中不断衍生新的议题，没有出现民主辩论的态势，在颠覆政府权威的同时，也拒斥了科学的信息，却让“阴谋论”等谣言占据了话语权。③除此之外，王超群对于国内的转基因议题网站进行了量化分析，发现转基因议题网站以个人博客型网站为主，更多采用科学话语与新闻话语策略，同时存在内容多元化但视角过于单一，与公众的沟通缺乏分众化与互动性等问题，“反转派”相较于“挺转派”更善于利用网络平台进行风险沟通。④

总的来说，科技风险沟通研究在西方国家发展得较为成熟，相关研究从风险感知出发，辐射争议性科技风险沟通研究的诸多领域。然而，对于在新媒体时代，公众有了新的意见表达平台，信息来源渠道向微博等社会化媒体拓展的情况下，争议性科技风险沟通所面临的挑战以及应对策略等问题，国外学者还没有更进一步的论述。国内的科技风险沟通研究起步晚，尚在探索阶段，或将国际上的相关研究引入国内，较少系统关注和评价我国的科技风险沟通工作。国内争议性科技风险沟通研究多针对个别引发巨大影响的环境或食品安全事件，强调以事件为中心的应急沟通，对以风险为中心的常态风险沟通研究不多；在研究取向上，严谨与具有一定规模的学术探讨较为有限，虽然相关的硕博士论文主题十分多元，但是大部分未能再进一步深化成完整的、系统的研究。相较于国外在科学传播与风险沟通领域所累积的基础及丰富视角，国内还存在许多有待进一步努力的地方。

---

① 曾繁旭，戴佳，杨宇菲. 风险传播中的专家与公众：PX 事件的风险故事竞争[J]. 新闻记者，2015(09)：69-78.

② 李明颖. 科技民主化的风险沟通：从毒奶粉事件看网络公众对科技风险的理解[J]. 传播与社会学刊，2011(15)：161-186.

③ 范敬群，贾鹤鹏，张峰，等. 争议科学话题在社交媒体的传播形态研究——以“黄金大米事件”的新浪微博为例[J]. 新闻与传播研究，2013，20(11)：106-116.

④ 王超群. 转基因议题的公众网络风险沟通研究[J]. 贵州师范大学学报(社会科学版)，2015(06)：13-21.

第三节 研究问题与研究方法

新媒体时代，在科技问题敏感化、媒体易炒作等背景下，如何用科学的声音和科学的知识来引导公众，减少误读、误解、误传，已成为当前我国科技安全工作面临的重要课题，同时也给我国的科技风险治理带来挑战，考验着我们的风险沟通能力。面对这些复杂、多元、分散，同时涉及科技安全之外如健康、社会、伦理等问题的科技争议时，传统的权威式、中心式的风险评估与沟通模式，由于无法满足日趋复杂的科研发展或跨界风险的沟通和治理需要，面临进一步完善的迫切需求。从策略上探索与建构新媒体环境下争议性科技风险的沟通途径，在社会上形塑开放、自主的科技学习过程，体现了一个科技社会当下的真正需求，也是我国发展面向全球竞争的科技产业的必然要求。因此，本书从传播学诸角度对我国的争议性科技风险沟通现状展开研究，主要的目的在于分析与讨论国际上新兴的风险沟通理念与实践的发展趋势，并以转基因、PX 等特定争议性科技为例，批判性地反思我国科技风险沟通的现状，建设性地思考我国未来科技风险沟通与治理的发展路径。

本书从风险沟通角度切入争议性科技研究，同时结合科学传播与危机传播的视角，分析新媒体领域的科技争议议题。本书关注各沟通主体围绕争议性科技议题所进行的风险沟通实践，分析其各自的风险话语与传播策略。本书将重点考察各类沟通渠道在科技风险沟通应用中的利弊得失，解析新媒体在科技风险社会沟通上的潜力与问题，观察新媒体时代争议性科技的风险沟通发展趋势，同时探索基于反思而进行改革的可能。在中国当前语境下，争议性科技风险沟通的实践具有自身的本土化特色，与源自西方的风险沟通理论并不完全契合。我们面临以下难以回避的问题，这些问题同时也是本书重点关注的研究问题。

一、研究问题

（一）我国争议性科技的风险沟通处于什么样的社会语境之中？

我国争议性科技风险沟通的社会语境具有什么样的特点？如何认识语境对科技风险沟通实践的影响？

（二）如何认识争议性科技风险沟通的主体？

对科技风险沟通主体及其角色进行界定与分析是科技风险沟通活动有效开展

的前提。在争议性科技风险沟通的过程中，不同类型的沟通主体持续涉入，他们各自具有什么样的特点？各个主体在风险沟通中的角色有什么变化？相互之间的关系如何？

（三）如何认识争议性科技风险沟通的路径？

媒体在争议性科技风险沟通过程中起到什么样的作用？传统媒体与新媒体在争议性科技风险沟通中各自扮演什么样的角色？如何在复杂多元的媒体环境中开展争议性科技的风险沟通？

（四）争议性科技风险信息如何呈现？

在多元的媒体环境中传递的是什么样的科技风险信息？媒体如何报道争议性科技？新媒体中如何呈现争议性科技信息？这些信息架构了怎样的科技风险图景？

（五）争议性科技的风险感知及其影响因素有哪些？

在面对特定争议性科技议题时，专家与公众的风险感知呈现何种差异？如何看待这些差异？社会的、文化的、心理的等因素如何影响风险感知？如何跨越风险感知的落差，实现争议性科技风险沟通的良性运行？

（六）如何认识争议性科技热点事件中的风险沟通？

在争议性科技热点事件中，各类主体的风险话语具有什么样的类别与特点？各种类型的风险话语之间如何竞争？

（七）如何构建平等、开放、包容的科技风险沟通模式？

如何重建各沟通主体之间的信任？如何超越单纯的信息公开，探索构建平等、开放、包容的科技风险沟通模式？

为了回应上述研究问题，应将不同的风险沟通主体及其话语、实践纳入分析，解析其互动逻辑，展现中国语境下科技风险沟通的复杂机制。具体而言，媒体、公众、科技专家、政府、非政府组织、企业等都是重要的风险沟通主体，它们形成各自的风险论述，争夺对于“科技风险”的定义。由于争议性科技议题所涉及的科技类型极其广泛，包括 PX 项目、核电项目等技术风险议题，也有转基因、电磁等科技所带来的健康风险议题，$PM_{2.5}$、垃圾焚烧项目等环境与气候变化议题，还有胚胎干细胞研究等科技伦理议题等等，本书在讨论中无法完全包含所有科技类型的风险沟通情况，但又由于争议性科技具有一些共有的特质，因此我们可以结合某些争议性科技来讨论具有普遍性的问题。本书将重点以转基因科技以及PX项目及其相关事件为例来考虑科技风险沟通的核心议题，同时涉及其他不同类型科技的风险沟通实践。

转基因科技与PX项目具有一些独特之处。转基因科技跨越地理区域的限制，民众不分族群、年龄与性别，皆受波及，受影响的潜在民众层面范围广大。围绕着PX项目建设，近年来我国发生了许多热点事件，以PX为代表的争议性科技在某一时间范围内，在特定地理区域内，和某些特定人群具有密切的关联。

在我国，过去的十多年中，转基因是最引人瞩目的公共话题之一。转基因话题已远远超越科学与农业的范畴，社会各阶层广泛参与，争论激烈且持续时间长，各种与转基因相关的谣言在社会中广泛传播。与PX项目等主要局限在某一地区并引发当地公众抗争的争议性科技不同，转基因科技虽然也具有一定的争议性，但是目前为止并没有引起广泛的、激烈的社会抗争。然而，转基因话题被称为“当代中国观感最差的公共话题之一”，2014年甚至被视为转基因科普“完败”的一年。[①]转基因争议作为中国社会转型期的一个典型争端，为我们研究争议性科技及与之相关的风险沟通议题提供了良好的分析案例。

而对于PX，我国民众几乎形成了“逢PX必反”“逢化工必抵触”的群体心理，与之相关的群体事件不断上演。2007年在厦门，2011年在大连，2012年在宁波和什邡，2013年在昆明、九江，2014年在广东茂名等地先后爆发了当地群众反对PX等石化项目的群体性事件。因公众强烈反对，许多事件甚至酿成了暴力冲突。上述项目的建设遭遇极大困难，最终要么下马，要么搬迁。以PX为代表的争议性科技项目陷入了“政府和公众都不满意”的沟通困境，社会评价也发生了从“双赢”到“双输”的变化。[②]原环境保护部环境与经济政策研究中心研究员曹凤中指出，这种是非不分，公众一反对就停摆的简单处理方式，造成的损失是双重性的。一种是巨大的经济损失：相应项目投入巨大，一旦停工，资金和人力等早期投入无法追回。例如，宁波PX事件造成的经济损失高达64亿元。另一种损失是无形的，但是其负面影响不输前者：法定的项目评审程序成为摆设，“政

① 陈鹏，张林. 互联网时代科学传播如何自洽和有为——以转基因、PX项目的科学传播为例[J]. 中国科学院院刊, 2016, 31(12): 117-124.

② 陈海嵩. 邻避型环境群体性事件的治理困境及其消解——以“PX事件”为中心[J]. 社会治理法治前沿年刊, 2017(00): 219-239.

府公信力雪上加霜”。[①]总的来说，PX 引发的热点事件涉及某些地方政府规划、环境保护、公共健康、企业伦理等诸多方面，围绕着 PX 项目建设所发生的一系列热点事件为我们观察争议性科技热点事件中各沟通主体的风险话语竞争、风险感知差异以及风险沟通实践提供了良好的场域。

其实，这两种类型的科技自身所具有的风险是否会直接对环境或人体健康造成较大危害尚存争议，影响程度未知，科技风险与环境及健康损害的因果关系仍然无法证实。但是对于这些科技，公众具有与专家完全不同的风险感知，并生发了害怕、拒斥、恐慌、责难等激烈的情绪反应。

争议性科技事件引起的冲击可能是多方面的，包括公众对自身健康的疑虑、对相关企业与某些地方政府的愤怒与不信任等等。面对争议性科技事件，风险沟通的需求更加迫切，必须在压力巨大且高度不确定的情境下实现有效沟通。

二、研究方法

争议性科技的风险沟通是一个系统工程，涉及对于风险沟通语境的了解，对于沟通主体角色的把握，对于风险沟通路径与特点的分析，对于各主体风险感知差异及影响因素的探讨，还有风险沟通内容与策略的选择等等，所涉及范围极其广泛。因此，争议性科技风险沟通需要结合多种研究方法进行分析和探讨。有关争议性科技议题风险沟通的内容，在采用系统分析法考察国内学者已有研究的基础上，本书以转基因科技为例，借用框架理论对网络视频进行内容分析。有关各沟通主体的风险话语竞争与沟通策略选择，本书围绕 PX 项目热点事件进行个案分析，选取传统媒体、网络论坛、微博中的内容进行内容分析。本书通过问卷调查来探究公众及科技工作者对争议性科技的认知和态度等，涉及实地调查以及网络调查两个组成部分。

对于新媒体中科技风险信息的呈现与科技风险框架的建构情况，本书结合框架理论，采用内容分析法，以中国较为知名的视频分享网站优酷网（https://www.youku.com/）上的转基因相关视频为例进行分析。

有关争议性科技热点事件中多元主体的话语分析，本书采用个案研究的方法，选择“昆明 PX 事件”来考察。本书采用多种途径获取传统媒体的报道资料。通过“慧科新闻搜索研究数据库”、CNKI（中国知网）的“中国重要报纸全文数据

① 瞿剑. PX 项目的双损困局怎么解——聚酯产业链发展引发环境焦虑的背后（下）[N]. 科技日报，2017-04-10.

库”等渠道提取相关新闻。本书获取 2012 年 11 月至 2013 年 12 月间与“昆明 PX 事件”相关的新闻报道 304 篇，经过反复阅读和比较，最终保留 118 篇分析样本。

本书主要通过“慧科新闻搜索研究数据库”获取有关论坛的文献资料。以“昆明 PX”“云南 PX”为关键词，以 2012 年 11 月至 2013 年 12 月为时间段，共搜索到论坛中的相关内容 979 条，剔除大量被删帖文、重复帖文及无关帖文后共保留 106 篇分析样本。

有关社交媒体中的话语，本书主要以新浪微博为观察对象。以“云南”为所在地的限定条件，搜索“昆明 PX”与“云南 PX”。剔除大量被删微博、重复微博及无关微博后共获得微博样本 740 条。

本书所进行的实地调研活动于 2016 年 7 月至 8 月展开，所进行的网络调查在 2016 年 8 月 1 日至 9 月 1 日展开。实地调研部分为“公众对转基因的态度及风险感知调查”，在北京、江苏徐州、江苏邳州、四川绵阳、四川成都、重庆、广东广州、河南郑州八地的大型超市展开调研。在地域的选择上，力争涵盖我国地域的各个方位，广泛涉及东部地区、中部地区、西部地区的各个城市。每个城市选择两家大型超市，随机对消费者进行问卷调查，共发放问卷 650 份，回收有效问卷 597 份，回收率为 91.8%（调查样本的详细情况见表 6-2、表 6-3、表 6-4、表 6-5）。网络调查部分为“科技工作者的科学传播情况调查”，采取滚雪球抽样的方法进行抽样，共有 72 名科技工作者接受调查。

第四节 研究框架

本书的主体从以下七个部分展开。如果将这七个部分纳入传播学的研究领域，相应内容重点涉及传播主体分析、传播媒介分析、传播内容分析、受众分析与传播效果分析五个领域。

第一部分为“争议性科技风险沟通的社会语境”，尝试将语境概念纳入风险沟通研究，主要借鉴布罗尼斯拉夫·马林诺夫斯基（Bronislaw Malinowski）对于语境的分类方式，将争议性科技风险沟通的社会语境划分为文化语境和情景语境两种类型，以此来分析我国科技风险沟通社会语境的现状与特征。

第二部分为“争议性科技风险沟通的主体分析”，回答有哪些主体参与了风险沟通过程。重点关注风险沟通主体各自的特点，呈现各个主体在科技风险沟通中的角色定位与变迁，同时分析不同风险沟通主体之间的相互关系。

第三部分为“争议性科技风险沟通的路径与革新”，重点考察媒体路径、非媒体路径与混合路径在争议性科技风险沟通中扮演的角色和发挥的作用，关注其各自的传播特征与发展现状。

第四部分为“争议性科技风险沟通的内容分析”，试图回答多元化路径中沟通的是怎样的风险信息，架构了怎样的风险图景。基于相关研究缺少关注新媒体中的争议性科技框架，本书以优酷网为例分析了新媒体中争议性科技的媒介框架建构与竞争。

第五部分为“争议性科技的风险感知：现状与影响因素”。以转基因科技为例，讨论不同国家公众的风险感知差异，并采用问卷调查法，弄清我国公众对转基因科技的态度与风险感知现状与特点，最后讨论有哪些重要的因素影响了科技风险感知。

第六部分为“争议性科技热点事件风险沟通中的话语类型与话语竞争”。通过分析热点事件中不同沟通主体的话语类型，透视进入话语场域的多重行动者之间的话语竞争、协作与融合。具体研究问题包括：争议性科技热点事件风险沟通中，多元主体有哪些风险话语？这些话语如何互动和竞争？不同媒体平台的风险话语是否存在差异？热点事件发展的不同阶段中风险话语具有什么样的变化？

第七部分为“争议性科技风险沟通的对策探讨”。就目前我国的争议性科技风险沟通而言，其首要任务，应当是重新建立各沟通主体之间的信任。重建信任，是构建良性科技风险沟通机制的核心命题，需要长期、稳定、持续的参与式沟通实践作为基础。参与式沟通具有开放性、合作性和发展性，能有效降低风险成本，有利于社会信任的培育，同时能够促进争议性科技风险的良性沟通，最终实现争议性科技风险的社会治理。

第二章　争议性科技风险沟通的社会语境

争议性科技从科学世界进入日常生活世界，面临着语境的变迁。当科技以及相应的科学知识从专业领域通过媒体等各种路径进入普通人的生活时，科技所处的情境便从科学世界转换到日常生活世界。日常生活与科学世界有着不同的认知架构、不同的世界观、不同的思维模式与运作逻辑。因此，我们需要将争议性科技的风险沟通纳入社会语境中进行考虑，或者说放在社会语境下进行检视。

第一节　从“科学与社会”到“社会中的科学”

传统上，人们对于科学和社会的关系存在一种理想化的认识，即认为科学与社会是两个分立的子系统，两者之间有明晰的界限。但随着研究的不断深入，技术的社会建构（social construction of technology，SCOT）理论打破了技术/社会的二元论，对科学与社会的关系有了更加深入的分析：科学被认为是一种在社会中运行的特殊实践活动，技术与社会是一种相互建构的关系，科学是“社会中的科学”，专家知识和公众知识并非在截然不同的语境中独自生产然后不期而遇。韦敏认为，对科学与社会二分式的理解一旦进入科学传播过程，便突出表现为以“专家治国”为特征的“技治主义”。“技治主义”认为（同时也希冀）科学这一社会建制应该是（回到）独立于社会的状态，即处于一种“无菌”状态。[①]而科技并不是一种自我决定的力量，当代科技已经深嵌于具体的社会语境中，我们无法脱离社会语境来理解科技所产生的影响和作用。科学的发展、技术的升级给各相关

① 韦敏. 科学传播困境背后的技治主义——以黄金大米的科学传播为例[J]. 科学与社会，2018，8（01）：88-99，113.

者的行动提供了不同的可能性，处于特定社会语境中的各个不同的群体根据自身对科技的认知和理解做出评价与行动。

争议性科技在生产、应用等层面与政治、经济、伦理等有着密切关联。这是因为，科技的发展呈现出混合的特性：科学数据、经济利益、社会优先权、道德观和文化维度交织在一起。[①]上述特点深深地影响到了围绕着争议性科技的风险沟通的发展。纵观风险沟通以及科学传播研究的发展历史可以发现，不论是对媒体报道科学内容的分析，还是对科技争议事件的透视，抑或是探讨各种影响公众科学态度的社会因素，都强调了科技风险沟通过程是一个深深嵌入于社会中、并受到社会文化条件和社会政治因素影响的过程。

第一，社会语境影响了风险沟通中沟通内容的生成与传递。风险沟通过程中传递的科技风险信息并非中立的，而是受到文化等多种因素的制约并在社会与政治情境中产生。从信息的生产与传播过程来看，科技风险信息的生产与传播，受到新闻生产体制、媒介技术发展等因素的影响。媒介技术的发展不仅提升了科技风险信息的传播速度，提高了科技信息的生产效率，而且使科技信息生产主体更加多元化，促成科技信息生产与传播领域去专业化趋势的发展。

第二，社会语境塑造了风险沟通参与者之间的角色关系。各类科技风险沟通主体在被纳入科技风险沟通过程之前，原本在社会中扮演着各自的社会角色，具有多重社会身份。这些角色与身份等信息借由社会语境作用于科技风险沟通过程，并传递出沟通各方的社会地位差异、科技素养高低和科技风险认知差异等内容。

第三，信息气候、社会政治文化情境等因素影响了公众对于科技的认知。

多米尼克·布罗萨德（Dominique Brossard）认为，公众对科学的态度主要受到三个层次的影响：个人特质，信息气候，社会政治和文化情境。[②]社会科学研究重点关注影响公众舆论的信息气候，而较少涉及社会政治和文化情境。从个人特质来看，在处理转基因等争议性科技的相关信息时，公众会启动认知捷径辅助对于科技的认知和理解。认知捷径对公众科学态度的影响要超过科学知识的影响，而信息气候与社会政治文化情境在一定程度上塑造着人们所采用的认知捷径。

第四，社会语境影响了公众对科技的应用与科技作用的发挥。作为科技风险沟通的主体之一，社会公众并非高度同质的抽象体，公众获取与应用科技的过程，

① 马西米安诺·布奇. 科学，谁说了算[M]. 诸葛蔚东，李锐译. 北京：北京大学出版社，2016: 156.

② 王大鹏. 从科学家与公众互动的视角破解转基因科普困境[J]. 科技传播，2016, 8(22): 91-93.

很大程度上依赖于他们当下的动机和所处的社会网络；就科学知识的应用而言，也常常与其他知识交织在一起。[①]同时，任何与科技相关的实践和事件的意义和影响都是由复杂的社会关系所决定的。科技身处复杂关系编织的语境之中，不断被各种关系渗透及塑造。

总的来说，科技风险沟通实践是一项长期性行动，在紧密的社会关系和社会互动中进行。将争议性科技的风险沟通放在社会语境下进行检视，即是把对科技风险沟通实践的分析与社会语境的各种特征如经济、政治、社会文化等因素联系起来加以考察。

争议性科技的风险沟通是一个双向的过程，不仅涉及科学家或权威人士，而且包含公众及其他社会群体，牵连到各个利益相关者的利益和关切。互联网和新媒体给予各个社会群体自由表达各自关切的机会和可能性。

（一）语境与社会语境

语境（context）最初是个语言学概念，指规定一段文本意义所必需的各种因素的综合体。[②]著名人类学家马林诺夫斯基较早使用语境概念来解释语言现象。他认为，语言的意义与其周围环境紧密相连，要想理解语言，语言环境不可或缺。

在对文本意义进行诠释和理解的过程中，语境发挥着重要作用。语境对文本的意义进行了框架与限定，能将其引导至特定方向。如果脱离语境，文本的意义将呈现为不确定的、浮动的状态。语境也是一种具有生产性的话语元素，能够直接参与文本意义的构建，生成语境意义。[③]语境创设了一个巨大的"语义场"，其中囊括了某种劝服性的权力形式或意识形态，使得接受者的释义过程沿着特定的认知体系和解释框架延伸开来。[④]正是基于上述原因，如果文本被放置于不同的语境之中，所呈现的意义将各不相同。

语境研究的范围逐渐拓展，超出了语言学研究领域，科技哲学、科技史和科学社会学等领域也有所涉及，相关研究较多使用社会语境（social context）概念。任杰等将国际科学传播研究领域经常提及的"social context"一词翻译为"社会语

---

① 迈诺尔夫·迪尔克斯，克劳迪娅·冯·格罗特. 在理解与信赖之间：公众：科学与技术[M]. 田松,卢春明，陈欢，等译. 北京：北京理工大学出版社，2006：121-196.

② 郭贵春. 论语境[J]. 哲学研究，1997(04)：46-52.

③ 刘涛. 新社会运动与气候传播的修辞学理论探究[J]. 国际新闻界，2013，35(08)：84-95.

④ 刘涛，齐虎. 纪录片《京剧》的历史叙述机制探析[J]. 电影艺术，2013(05)：114-117.

境”，认为社会语境与社会文化背景（socio-cultural context）、社会环境（social environment）类似，指的是人们接触和生活的社会环境、社会事件以及人们的社会活动在此社会环境中发生和发展。其研究指出，正是由于社会语境，科学传播才呈现出多样化特色。[①]张婷借用“论文–关键词交叉图”画出科学知识图谱，再现科学传播研究的热点变化，认为“语境模型”（contextual model）在1996—2008年逐渐发展成为科学传播研究者关注的热点话题，科学传播研究热点逐渐从“缺失模型”向“语境模型”演进。[②]

（二）文化语境与情景语境

有关语境的分类，学者们有着不同的立场和观点。艾洛·塔拉斯（Eero Tarasti）将语境详细分为九种类型：历史语境、存在语境、传达语境、权力语境、社交语境、象征语境、宗教语境、情色语境、道德语境。[③]最常被提及的，是马林诺夫斯基的语境分类方法。马林诺夫斯基将语境划分为文化语境（context of culture）和情景语境（context of situation）。其中，文化语境强调社会文化系统对文本意义的规约功能，情景语境强调具体的生活场景和情景关系对文本意义的建构功能。[④]人类学家爱德华·霍尔（Edward T. Hall）进一步将文化语境分为高语境和低语境。中国文化语境属于典型的高语境的文化语境。

朱永生认为，情景语境是与语言交际活动相关的客观环境，文化语境是语言交际活动参与者所处的整个文化背景，文化语境不仅具有主观性，同时也具有客观性。[⑤]文化语境是社会结构的产物，是整个语言系统的环境，然而，文化并不局限于和民族渊源有关的习俗、信仰、生活方式等，而是一种基于不同语言活动和不同制度背景的语义潜势系统。[⑥]这是另一种看待文化语境和情景语境的观点，认为文化语境具有总体性、模糊性和远距离性，而情景语境具有个体性、典型性、具体性、近距离性。上述观点从“客观/主观”“一般/特殊”两种视角来探讨两类语境的联系和区别，将意义的分析从纯语言拓展到文化和社会心理层面。然而，

---

① 任杰，刘萱. 我国科学传播的社会语境思考[J]. 科普研究，2016, 11(2): 24-30.

② 张婷. 科学传播研究热点的演进——基于科学知识图谱的可视化研究[J]. 科普研究，2010, 5(01): 17-27.

③ Tarasti E. Existential Semiotics[M]. Bloomington & Indianapolis: Indiana University Press, 2000: 8-9.

④ 刘涛. 新社会运动与气候传播的修辞学理论探究[J]. 国际新闻界，2013, 35(08): 84-95.

⑤ 朱永生. 语境动态研究[M]. 北京：北京大学出版社，2005: 7.

⑥ Halliday K. The notion of “context” in language education[C]. In Ghadessey M. Text and Context in Functional Linguistics. Amsterdam & Philadelphia: John Benjamins, 1999: 1-18.

文化语境和情景语境间并非毫无联系、截然二分。典型化的情景语境也可能会随着时间的推移逐渐消减其典型性，与人们日常熟悉的情景语境形态渐行渐远，一步步隐身为非典型的文化语境形态。

学者任杰等在讨论科学传播的社会语境时，将社会语境区分为外部语境和内部语境两种类型，他认为包括经济、文化、政治、历史等在内的社会外部因素与科学传播的作用关系属于科学传播的外部语境；而科学共同体内部，科学共同体与媒体、公众、政府、非政府组织、传播科学的机构和场所等之间的科学互动属于科学传播的内部语境。①

风险沟通处于特定社会语境之中，受到政治、经济、历史、文化等因素的影响。语境对争议性科技风险沟通的作用程度及效果在不同的时间和区域中存在差异。本书借鉴马林诺夫斯基对于语境的分类方式，将争议性科技风险沟通的社会语境划分为文化语境和情景语境两种类型，以此来分析我国争议性科技风险沟通社会语境的现状与特征。其中，风险沟通的文化语境指风险沟通实践所处的整体文化背景；而情景语境指与特定争议性科技风险沟通实践直接相关的环境，是生活化、日常化的主客观语境。前者具有整体性，后者具有当下性、典型性。从广义来看，文化可以被描述为一个社会的、意义的整体，包括了物质和精神层面的内容，情景语境中的意义最终取决于它所从属的文化语境。因此，情景语境离不开文化语境，情景语境在与之相联系的特定的文化语境内才会有意义。②情景语境处在文化语境中，文化语境以情景语境为基础。③不同的文化语境下，即使其他因素相同，科技风险沟通实践也会由于文化等因素的差异而产生完全不同的影响和效果。

（三）科技风险沟通语境的国内外研究现状

SSCI 收录的国际期刊中，有两本著名期刊关注科学传播研究：《公众理解科学》和《科学传播》。这两本期刊囊括了有关科学传播研究的全球发展状况以及公众对于科学的参与和理解的最新进展和权威论述。1990 年至 2018 年，在《公众理解科学》与《科学传播》上刊登的文章中，仅有两篇文章的标题含有社会语境（social context）一词，都发表在《公众理解科学》上。其中一篇名为《科学内

---

① 任杰，刘萱. 我国科学传播的社会语境思考[J]. 科普研究，2016, 11（02）：24-30.
② 杨林. 语义是一种潜势——浅析系统功能语言学的语义观[J]. 文教资料，2007（06）：95-96.
③ 彭利元. 情景语境与文化语境异同考辨[J]. 四川外语学院学报，2008（01）：108-113.

容与社会语境》（“Science Content and Social Context”），文章指出，内容分析具有关注面狭窄与理论性较弱等问题，要克服这些问题需要将内容分析与社会理论相结合。作者建议在进行科学新闻的内容分析时应结合语言学和社会学理论。另外一篇《“对于科学的公众理解”还是“对于公众的科学理解”？对“新基因学”社会语境的综述》（“The Public Understanding of Science or the Scientific Understanding of the Public? A Review of the Social Context of the ‘New Genetics’”）对于“新基因学”的社会语境进行了综述性研究，认为要弄清公众对科学的理解也需要从社会语境入手分析公众对“新基因学”的认知。在《科学传播》上刊登的《非洲语境中的科学与社会化媒体：以平方公里阵列射电望远镜为例》（“Science and the Social Media in an African Context：The Case of the Square Kilometre Array Telescope”）发表于 2015 年，作者将社会化媒体上的科学放在具体的语境中进行考察，对南非网民在 Twitter 上展示的平方公里阵列射电望远镜进行了内容分析。研究发现南非网民侧重于展示射电望远镜选址过程中南非与澳大利亚的竞争，并将此项目框架作为非洲成就的象征，政治因素以及大的媒体企业在框架的形成过程中起到了非常重要的作用。①

2019 年 3 月 17 日，本书以“语境”或“社会语境”为主题词对我国的《科技传播》期刊进行检索，结果显示仅有《媒介融合语境下天文馆科学传播策略浅析》和《新媒体语境下的航天科普传播研究》关注了语境对于特定科学传播实践的影响；对我国《科普研究》期刊的检索结果显示，以“社会语境”为关键词的文章仅有前文所提到过的任杰、刘萱的《我国科学传播的社会语境思考》，而在摘要中涉及“社会语境”的，有 4 篇文章，它们分别关注“国家发展语境下的科普转型”、科学传播的“语境模型”、“‘大众创业、万众创新’语境下社会公众参与科学文化建设的路径研究”等内容。

科学传播研究中已经有部分研究者关注到语境议题，并开展了相关研究。而风险沟通研究领域，以“风险沟通（或风险传播）”和“语境（或社会语境）”为关键词在 CNKI（中国知网）中进行搜索，共发现 12 项相关研究。这些研究中，共有 5 项研究谈论“社交媒体语境”或“新媒体语境”下的风险沟通相关议题。另有 6 项谈论“风险社会语境”中的媒体科学报道等问题。上述研究将“风险社会”或“新媒体”作为自己研究开展的背景来进行讨论，并没有详细描述或分析

① Gastrow M. Science and the social media in an African context: The case of the square kilometre array telescope[J]. Science Communication, 2015, 37(06): 703-722.

这两类社会语境的具体表现和特征。曾繁旭和戴佳认为，要理解我国风险沟通的语境与逻辑，难以避开宏观的制度结构，他们从信息流动过程与制度结构层面对中国风险传播研究需要解决的核心问题进行了分析和归纳。[①]

从科学社会学的研究视角来看，语境分析就是把科学技术视为“文本”，将其放置在“语境”中进行考察，在多种社会因素的相互关联中理解科学技术本身。[②]同理，对于科技风险沟通来说，语境分析是将科技风险沟通作为“文本”，置于“语境”中展开分析，在多种社会因素的相互关联中理解科技风险沟通。

从传播学视角来看，风险沟通并不是一种简单的传播形态，而是动态的、复杂的传播过程。以往的研究者多注意风险沟通实践本身的问题，关注沟通信息的编码，沟通策略、技巧等内容，而忽视了风险沟通实践是在什么环境下展开的，即语境问题。风险沟通发生在参与者的生活环境和社会文化背景下，风险沟通所涉及的主体是具有不同文化背景的多样化的主体，不论是风险信息的表达还是受众对于风险信息的理解，不论是风险信息意义的确立还是沟通实践的发生，都处于语境之中。争议性科技的风险沟通就发生在特定语境之中，本书第一章所论述的转型社会的风险景观，也与这个特殊的语境有关。对争议性科技风险沟通的考察不是分裂的，而应结合个人、他人、社会环境、自然环境来综合考察。

因此，以前人的研究为基础，本书尝试将语境概念纳入风险沟通研究领域，借用语境概念来分析争议性科技风险沟通实践得以展开的社会背景。对于风险沟通语境的关注将使风险沟通研究的视野进一步拓展，延伸至风险沟通实践所处的具体情境、所涉及的文化和社会心理等因素。审视和考察科技风险沟通所处的社会语境，能使我们更加深入地认识科学活动和科学事件产生和发展的社会环境。语境分析将争议性科技的风险沟通视作一个特定的文本放置于语境中进行考察，能够展现科技风险沟通的开放性特征。本书认为，风险沟通研究应首先考虑将社会语境因素加入分析过程中，而风险沟通实践及策略的构建也需要根据不同语境进行多主题、多渠道、多层面的沟通体系建设。

---

① 曾繁旭，戴佳. 中国式风险传播：语境、脉络与问题[J]. 西南民族大学学报（人文社会科学版），2015，36(04)：185-189.

② 张昱. 作为科学方法论的语境论[J]. 科学技术哲学研究，2011，28(01)：15-20.

第二节　我国科技风险沟通语境的现状与特征

一、我国科技风险沟通所处的文化语境

（一）从全球层面来看

在全球层面，当前科技风险沟通的文化语境经历着科技与社会关系的转变、科技与公众关系的转变，以及新媒体崛起带来的挑战等变迁。

世界范围内，科技创新重置了国家之间的竞争格局，科技实力成为衡量国家综合实力的重要指标之一，科技进步也已经成为经济和社会发展的重要驱动力。基于此，科技与国家发展、社会发展的关系得到前所未有的重视，世界多数国家将科技创新视为促进自身发展的核心驱动力，纷纷推进各种类型的科技创新战略，科技投入大幅攀升。在这样的国际大背景下，许多领域的科技呈现出迅猛发展的势头。

科学传播、科技风险沟通实践和理论的发展与科学技术的进步密不可分。科学领域的每一次新的重大发现、新技术的每一次进步都激发了社会对于相应科技信息的兴趣。科学技术在社会中的应用和推广更是直接刺激了公众对于科技风险信息的需求。比如，伴随着生物技术在农业生产领域的应用和推广，农户会对生物科技可能会给自身带来的收益和风险信息产生大量需求。社会对于科技风险沟通以及科学传播的巨大需求，也成为科技风险沟通发展的直接推动力。

与此同时，新传播科技的进步推动了传播手段的变革以及传播方式的创新，新媒体不断孕育和发展。科技引发的传媒巨变改变了现代社会中科学知识和科学文化展示和传播的方式。传统媒体构建的自上而下、单一、单向的媒介和传播环境已经成为历史陈迹。传统媒体与新媒体之间汇流、整合，媒介融合趋势不断加速。信息、知识、价值等都因为传播科技的惊人容量及巨大弹性，而变得流动、混杂、真假难分、立场纷乱。公众的媒介使用习惯也在快速变化，全家人端坐在客厅一起看电视的时代已经过去，年轻一代发电子邮件、刷微博、发微信、玩抖音，对于生活在新媒介环境中的“Z 一代”①而言，新媒体已经成为生活中不可或缺的组成部分。受众的时间正被越来越多的媒介、频道、平台所瓜分，受众群体也变得越来越碎片化。

---

① 通常指那些出生于 1996 年至 2012 年的人，他们蹒跚学步时就常常手拿电子玩具，在互联网与社交媒体迅速发展的环境中长大。

整体的媒介环境影响到各种科技类媒体的运作。伴随着传统媒体的衰落，作为科学家与公众交流中介的科学新闻同样呈现快速衰退的态势。近年来全球范围内从事科学报道的记者的数量不断减少，传统媒体中科学报道的版面也在逐渐下滑。1989 年美国每周有科学报道的媒体达到 95 家，但是仅仅 3 年过后，到 1992 年，数量下降为 44 家。[①]同时，各类媒体上的科学板块不断被压缩、减少。不仅数量在减少，相关报道的篇幅也在不断缩减，这一现象在一些小报中表现得更为明显。上述现象在我国的媒体中也大量存在。在我国，许多曾经致力于科学普及的媒体或者改版，或者停办，或者被其他媒体兼并。

新的传播结构构建了新的传播生态，科技风险沟通也因此呈现出崭新的样态。新媒介技术为科技风险沟通提供了新的平台、新的路径。科技工作者可以借助微博、微信等社会化媒体平台便捷地传播科学知识、发表观点，公众可以在互联网上相对自由地搜索科技信息，表达自己对于科技的意见和看法，甚至可以通过在科技工作者的博客、微博上留言等方式与其直接沟通、对话。

从 20 世纪 70 年代开始，科学传播逐步由单向的科学普及向“公众理解科学”和“公众参与科学”演变。随着移动互联网的覆盖面越来越广，智能移动终端（如手机、平板电脑等）的大量普及使人人都拥有了“麦克风”。原本仅仅为科学共同体等少数人主宰的有关科学技术的话语权逐渐瓦解，原本内向自足的科学技术系统变成一个相对开放的系统，每个人似乎都能够就科学技术自身及其所想要达成的“目标”、所使用的“手段”、所产生的“影响”等内容发表自己的看法，“说三道四”。“公众参与科学”发展迅速，特别是那些涉及公共利益或自身利益的，或者有争议性的科学技术。随着科技的快速发展以及科学传播观念的更新，原本仅由少数科技精英（科学共同体）主导和参与的科学也变得越来越具有开放性。“大众创业”“创新创业”早已为人熟知，“创客”（maker）、“众包科学”（crowd sourcing science）、“科学众筹”等崭新的名词伴随着相应的实践迅速掀起潮流。“公众参与科学”也在实践中逐渐发展和完善。

（二）从国家层面来看

1. 科技与发展成为官方主导话语

人口众多与资源有限的巨大矛盾一直是我国面临的主要困境。中国“以仅占

---

① 科学新闻：如何让科学传播更顺畅？[C]. 见中国科普研究所科学媒介中心. 科学媒介中心 2015 年推送文章合集(上). 北京：中国科普作家协会, 2016: 52-53.

世界 7%的耕地养活了占世界五分之一的人口”，这是经常出现在官方文件和新闻报道中的对于我国国情的描述性文字。这些文字体现出一种骄傲和自豪的民族情绪，同时也包含着对于自身所面临现实的提醒。

“发展是硬道理”，这是当下在中国占据支配地位的官方话语。自改革开放以来，发展经济、消除贫困、促进人民生活水平提升一直是在中国社会占主导地位的话语；2002 年召开的中国共产党第十六次全国代表大会将“全面建设小康社会”作为直接的发展目标。

科学技术的重要性得到强调，甚至成为占据支配地位的官方话语表达。“科学技术是第一生产力”是邓小平运用马克思主义观点分析科学技术作用提出的一个重要论断。这一主张目前已经成为全民共识。如果将发展视为目标，科学技术就是达成目标的重要手段。这一手段会由于不断地被强调和追求而彰显甚至成为目标本身。[①]党的十四大提出，科学技术是第一生产力，振兴经济首先振兴科技。

科技创新成为政府最为关注的领域之一，被置于国家发展全局的核心位置，在国家层面得到重视和大力倡导。我国形成了政府重视并引导、科学界积极参与科学技术发展的社会语境。

2. 科技创新加速发展

“科学技术是第一生产力”作为一种被普遍接受的观念深深渗入我国国民的社会心理之中。“学好数理化，走遍天下都不怕”这句话激励了几代中国人，如今仍然流传甚广。在科学技术具有较强意识形态话语地位的语境中，尊崇科技及专家，科学家在相关决策中具有重要地位和作用成为必然。

2019 年，国家统计局、科技部、财政部发布的《2018 年全国科技经费投入统计公报》显示，2018 年，全国共投入研究与试验发展（R&D）经费 19677.9 亿元，比上年增加 2071.8 亿元，增长 11.8%。[②]中国科学技术信息研究所的数据显示，截至 2018 年 9 月，我国发表在各学科最具影响力国际期刊上的论文数量连续八年排在世界第二位。我国材料科学领域论文被引用次数保持世界首位，另有农业科学、化学、计算机科学、工程技术、环境生态学、地学、数学、药学与毒物学、物理

---

① 郭于华. 透视转基因：一项社会人类学视角的探索[J]. 中国社会科学, 2004(05): 141-150, 208.

② 国家统计局. 2018 年全国科技经费投入统计公报[EB/OL]. http://www.stats.gov.cn/tjsj/tjgb/rdpcgb/qgkjjftrtjgb/201908/t20190830_1694754.html[2020-07-27].

学、植物学与动物学十个学科领域 SCI 论文被引用率排名世界第二位。[①]科技创新数量的增加为科技风险沟通提供了重要的智力支持，培育了良好的社会氛围和基础。

3. 部分科技得到重点支持与推进

我国对特定科技采取了重点推进的战略，部署了一批重大的科技项目。这些重点部署的项目面向世界科技前沿，体现了国家的重大需求，在政策、资金等层面得到国家力量的支持。其中，部分新兴科技被赋予特殊重要的地位，予以重点扶持发展。

以转基因科技为例，在过去，为了保证粮食的产量供应，我国政府对转基因科技与转基因作物持积极的态度，对转基因作物的研发提供了较多的资金与政策支持。2008 年，国务院就批准设立转基因科技重大专项，试图“以转基因生物新品种培育为目标，……提高农业转基因生物研究和产业化整体水平，为我国农业可持续发展提供强有力的科技支撑”[②]。

国家重大科技项目领域，我国于 2009 年启动了转基因生物新品种培育重大专项。经过多年的发展，我国已构建起一个包括中国科学院、中国农业科学院、大学以及地方农业研究所在内的农业和植物生物技术研发网络。[③]此外，转基因科技相关的法律规范也不断完善，且建立了转基因产品标识制度。

2015 年，中央一号文件明确提出“要加强农业转基因生物技术研究、安全管理、科学普及”[④]，并首次将转基因科普与研发和安全管理并列。与之前的同类文件相比，“农业转基因生物技术”取代了“分子育种”。有学者认为，上述表述表明了我国政府对转基因科技研发所采取的鲜明态度，有助于转基因议题脱敏，并有助于纠正当前舆论对于转基因技术的污名化倾向。[⑤]

---

① 佘惠敏. 我国在国际顶尖期刊上发表论文数位居世界第四位[N]. 经济日报, 2018-11-01.

② 夏冠男, 林晖. 国家规划明确推动转基因透露什么信号[J]. 农村 · 农业 · 农民(上半月), 2016(09): 12-13.

③ 陈晓亚, 杨长青, 贾鹤鹏, 等. 中国转基因作物面临的问题[J]. 华中农业大学学报, 2014, 33(06): 115-117.

④ 夏冠男, 于文静. 中央一号文件九年六提转基因透露了什么信号？中央政府门户网站[EB/OL]. http://www.gov.cn/xinwen/2015-02/03/content_2814049.htm[2020-07-27].

⑤ 范敬群, 贾鹤鹏. 极化与固化: 转基因“科普”的困境分析与路径选择[J]. 中国生物工程杂志, 2015, 35(06): 124-130.

2016 年 8 月，国务院印发《“十三五”国家科技创新规划》[①]，明确“以科技创新为引领开拓发展新境界，加速迈进创新型国家行列，加快建设世界科技强国”，将“大型先进压水堆及高温气冷堆核电站”以及“转基因生物新品种培育”列入“国家科技重大专项”予以重点推进，同时将“发展高效安全生态的现代农业技术”列入“构建具有国际竞争力的现代产业技术体系”的首位。目前，三代核电技术“华龙一号” 已成为中国与高铁齐名的“国家名片”。[②]

4. 体制化的科普体系与民间科普共同发展，但仍需完善

《中华人民共和国科学技术普及法》与《全民科学素质行动计划纲要》是我国与科普活动、科学传播活动以及科技风险沟通活动相关的两大法律与政策。1958 年，全国科技工作者的群众组织——中国科学技术协会（简称中国科协）成立。中国科协的重要任务之一是“弘扬科学精神，普及科学知识，推广先进技术，传播科学思想和科学方法，捍卫科学尊严，提高全民科学素质”[③]。中国科协由全国学会、协会、研究会和地方科协组成，属中直系统，由中共中央书记处直接领导[④]。

《“十三五”国家科技创新规划》中明确提出要加强国家科普能力建设，“强化科普基础设施和科普信息化建设”“提升科普创作能力与产业化发展水平”，同时，“促进创新创业与科普结合”，要“适应现代科普发展需求，壮大专兼职科普人才队伍，加强科普志愿者队伍建设，推动科普人才知识更新和能力培养”，大力推进科普信息化。[⑤]

现阶段，从国家及政府层面来看，我国的科技风险沟通实践被置于科普活动的范畴之中。我国于 2002 年即颁布《中华人民共和国科学技术普及法》，科普工作从一开始就承担着提高公民科学素质、宣传国家科技政策和科技成就的政治使命，并得到了国家的强力支持，科普经费逐年增加。目前我国已经建立起以中国科协和各级科技部门的宣传机构为主体的科学普及系统，有一大批专职的科普工作者队伍。统计数据显示，2016 年我国的科普人员就已经达到 185.24 万人，比

① 国务院关于印发“十三五”国家科技创新规划的通知[EB/OL]. http://www.gov.cn/zhengce/content/2016-08/08/content_5098072.htm[2016-11-05].

② 党文婷. 科技创新成为我国核电技术发展的“加速器”[EB/OL]. https://difang.gmw.cn/sz/2019-01/16/content_32363752.htm[2019-03-15].

③ 出自 2016 年 6 月 1 日中国科学技术协会第九次全国代表大会通过的中国科学技术协会章程。

④ 中国科学. 中国科学技术协会简介[EB/OL]. https://www.cast.org.cn/art/2018/9/8/art_12_193.html[2018-09-08].

⑤ 国务院关于印发“十三五”国家科技创新规划的通知[EB/OL]. http://www.gov.cn/zhengce/content/2016-08/08/content_5098072.htm[2016-11-05].

2006 年增加 22.89 万人。[①]然而，我国公众在科技风险沟通体系中的参与度较低，与科技工作者的互动进行得较晚，有待进一步提升。

科普人才队伍培育包括两个领域：科学共同体外部的科普人才培养，以及科学共同体内部的科普专业人才培育。目前国内部分高校和研究机构成立了专门的科学传播研究部门或研究团队，如中国科学技术大学的科学传播研究与发展中心、中国科学院科学传播局等。科学传播相关的学术研讨会和学术交流相较之前更加频繁，规模和影响力也在逐年增大。然而，我国的科普人才队伍建设仍然滞后于科技发展的步伐。2012 年，教育部与中国科协共同创设科普硕士的试点，致力于培育科技传播的高层次人才。首批试点的大学为清华大学、浙江大学、华中科技大学、北京航空航天大学、北京师范大学、华东师范大学等，涉及科普产品创意与设计、科普教育、科普传媒三个方向的科普专门人才培养。

新媒体的飞速发展为科普实践提供了新的领域和空间。基于移动互联及移动社交的官方科普和民间科普实践迅速兴起。官方的科普实践正努力尝试走出传统的科普展、科普场馆建设、科普报刊图书出版等传统科普活动领域，展开新的尝试。

新一代信息技术与移动互联网应用促进了科普产业的兴盛发展。中国科普行业中，“互联网+”成为潮流和趋势，如“移动互联+专业知识外包服务（knowledge process out-sourcing，KPO）”“运营流程再造+科技与管理知识推送（knowledge pushing）”“网络科普视频+科普营销”等一系列的创新和实践正逐步兴起[②]。中国科协发布的《中国科协科普发展规划（2016—2020 年）》中提出，要“探索与互联网企业合作新模式，进一步开拓网络科普主战场”，并将“互联网+科普”建设工程作为着力实施的六大重点工程之一，予以重点强调。[③]

在互联网及新媒体的助力下，主流科普建制及主流科普话语之外，民间科普组织和相应的科普实践迅猛发展，成为官方科普活动之外的一支重要力量。2008 年，科学松鼠会成立，它汇聚了一批优秀的华语青年科学传播者，致力于“剥开科学的坚果，帮助人们领略科学之美妙”。2010 年，果壳网（http://www.guokr.com）

---

① 郭静原.《中国公民科学素质建设报告(2018 年)》显示 我国公民科学素质水平进入快速提升阶段[N]. 经济日报, 2018-09-19.

② 汤乐明, 苗润莲, 胥彦玲, 等. 移动互联网背景下的科普工作策略研究[J]. 科协论坛, 2015, 30(03): 21-24.

③ 中国科协发布科普发展规划(2016-2020 年)[EB/OL]. http://scitech.people.com.cn/n1/2016/0319/c1007-28211068.html[2020-07-27].

作为一个民间科普组织正式上线。经过十余年的发展，科学松鼠会和果壳网已经成为民间科普类组织的杰出代表，在科技风险沟通领域也发挥着重要的作用。

然而，目前我国的科技发展与科学传播领域仍然存在一些问题，比如，科技资源分布不均衡，科学传播人才存在巨大缺口等。虽然我国对西部地区的科技投入经费逐年增加，然而由于发展基础的差异较大，我国科技发展与人力资源分布形成了东部、中部、西部三个差异性较为明显的梯度。

5. 公众科学素养有待提升

科学素养在我国又被称为科学素质。从 1992 年开始，中国科协每两年就进行一次针对全国公众科学素质的抽样调查，并将其调查结果与其他国家进行比较研究。2003 年我国公众基本具备科学素养的比例仅为 1.98%，虽然比 2001 年的 1.4%增长了近 0.6 个百分点，比 1996 年的 0.2%提高了近 1.8 个百分点[①]，但这一水平还不及欧美发达国家 20 世纪 80 年代的水平，与 2000 年美国 17%的水平更是相差巨大。[②]

经过十多年的发展，我国公众的科学素养不断进步，但仍然存在较大的地区差异与性别差异，整体公民素养水平有待提升。2018 年，中国科协发布的第十次中国公民科学素质抽样调查结果显示，我国公民具备科学素养的比例达到 8.47%，比 2015 年的 6.20%提高 2.27 个百分点，与 2003 年的水平相比，更是翻了四倍以上。[③]然而，虽然城乡和性别科学素质发展不平衡状况有所缓解，但我国公民的科学素养水平仍呈现出不平衡的发展状态。从地域看，京津冀、长三角、珠三角的公众科学素养处于领先地位，2018 年京沪市民科学素质水平已经超过了 20%。[④]2020 年，东部地区公民科学素质水平持续领跑，长三角、珠三角城市群仍处于领先地位。2018 年，城镇居民具备科学素质的比例达到 11.55%，农村居民具备科学素质的比例为 4.93%，差距为 6.62%。[⑤]2020 年，我国城镇居民和农村居

① 邓艺，彭靖里，唐兵. 2003 年我国公众科学素养状况及其特点分析[J]. 云南科技管理，2004，17(06)：26-29.

② 王中男，贺巍巍. 中美科学教育核心概念辨析——“2049 计划”与“2061 计划”比较[J]. 内蒙古师范大学学报(教育科学版)，2007，20(04)：46-48.

③ 余晓洁，李洋. 调查显示：中国公民科学素质快速提升[EB/OL]. http://www.xinhuanet.com/tech/2018-09/19/c_1123455909.htm[2019-03-13].

④ 佚名. 第十次中国公民科学素质调查结果公布[EB/OL]. https://www.crsp.org.cn/xinwenzixun/yaowenbobao/091R3022018.html[2021-03-06].

⑤ 何薇，张超，任磊，等. 中国公民的科学素质及对科学技术的态度——2018 年中国公民科学素质抽样调查报告[J]. 科普研究，2018，13(06)：49-58，65，110-111.

民具备科学素质的比例分别为 13.75%和 6.45%，差距达 7.3 个百分点。男性公民和女性公民具备科学素质的比例分别为 13.12%和 8.82%，差距为 4.3 个百分点。①

6. 传媒发展日新月异

整体的媒介环境同样会影响到科技风险沟通的发展。国家新闻出版署发布的《2018 年全国新闻出版业基本情况》显示，2018 年全国共出版报纸 1871 种，平均期印数 17 584.84 万份，每种平均期印数 9.40 万份，总印数 337.26 亿份，总印张 927.90 亿印张，定价总金额 393.45 亿元，折合用纸量 213.42 万吨。与上年相比，品种降低 0.69%，平均期印数降低 5.81%，每种平均期印数降低 5.15%，总印数降低 6.96%，总印张降低 13.78%，定价总金额降低 1.35%。②

然而，《传媒蓝皮书：中国传媒产业发展报告（2016）》指出，我国传统媒体面临着业务量下滑、广告市场萎缩和人才流失等困境，无论是传统报业还是电视媒体都增长乏力，发展状况不容乐观。与 2014 年相比，我国各类报纸的零售总量于 2015 年下滑了近一半份额，其中都市报的下滑趋势最为明显。③2016 年的统计数据显示，我国全部 6 家上市的报业公司传统报刊发行及广告业务营业收入均出现不同程度的下滑，报业公司传统业务持续萎缩，产出利润全面下滑。2016 年上半年，6 家上市的报业公司实现营业收入 48.87 亿元，同比下降 12.01%；净利润 6.47 亿元，同比大幅下降 35.05%。④到了 2018 年，全国共出版报纸 337.26 亿份，降低 6.96%。与 2017 年相比，品种降低 0.69%，平均期印数降低 5.81%，每种平均期印数降低 5.15%，总印数降低 6.96%，总印张降低 13.78%，定价总金额降低 1.35%。⑤据不完全统计，2014 年我国停刊或休刊的知名报纸数量约为 10 家，2015 年扩大到 30 家左右。⑥电视广告的投放量于 2015 年首次下滑，上半年电视广告花费同比减少 3.4%，时段广告资源量也同比减少 10%。⑦

与之对比明显的是新媒体的蓬勃发展。如今，网络广告收入已远超电视、广

① 中国公民科学素质调查课题组. 第十一次中国公民科学素质抽样调查主要结果发布[J]. 科普研究, 2021, 16(01): 94-95.

② 国家新闻出版署. 2018 年全国新闻出版业基本情况[N]. 中国新闻出版广电报, 2019-08-29.

③ 马学玲. 蓝皮书: 2015 电视广告投放量首下滑 报纸“断崖”继续[EB/OL]. https://www.chinanews.com/sh/2016/05-06/7860779.shtml[2017-08-09].

④ 佚名. 国家新闻出版广电总局规划发展司. 2016 年出版传媒上市公司上半年经营情况分析报告[EB/OL]. http://www.nrta.gov.cn/art/2018/5/4/art_2068_39662.html[2017-08-09].

⑤ 国家新闻出版署. 2018 年全国新闻出版业基本情况[N]. 中国新闻出版广电报, 2019-08-29.

⑥ 佚名. 2015 年中国传媒产业发展呈现六大特点[J]. 中国广播, 2016, 276(06): 94-95.

⑦ 佚名. 2015 年中国传媒产业发展呈现六大特点[J]. 中国广播, 2016, 276(06): 94-95.

播、报刊等传统媒体广告收入，传统媒体的影响力、话语权甚至广告收入都受到了严峻挑战。统计数据显示，我国互联网广告收入在2015年已超2000亿元，同比增长35.9%，其中约50%以上为移动互联网广告收入。①截至2015年12月，我国移动智能终端数量已有12.8亿台。2015年互联网媒体的市场占比由2014年的47.2%上升到51.8%，进一步超越了传统媒体。②

总的来说，中国传媒的转型与改革试验已经起步，经过十几年的发展，取得了一些成效。一方面，传媒产业化实践有了突破，各个媒体逐渐熟悉并顺应市场竞争的法则，开始将受众视为消费者，努力满足受众的信息需求，并在市场上取得了成功；同时，中国的许多媒体尚未摆脱事业单位定位，传媒业处于政治、经济等多种社会力量的影响之下。另外，伴随着传播科技的突飞猛进，传统媒体的发展逐渐呈现疲态，而新兴的互联网媒体发展势头迅猛。

上述传媒的发展势态对于科技风险沟通的影响和作用在于科技风险沟通的渠道和形式发生了很大的变化，传统的科技风险沟通渠道面临洗牌，传统媒体中的科学报道数量不断减少，很多科学媒体发行数量锐减，甚至一些科学媒体已经停办或者面临停办的局面，传统媒体内部致力于科学新闻报道的部门不断缩减，人员不断减少，很多科技专栏也被取消。③2005年左右，《人民日报》砍掉了教科文部；2006年，《新京报》的《新知周刊》发刊，仅5年后，2011年《新知周刊》停刊；还有许多旨在进行科普的纸媒也逐渐消失在市场的浪潮中，如《新知客》、《新探索》或《新观察》等。但同时，日益增多的新媒体平台加入科技风险沟通领域，并发挥着越来越重要的作用，比如果壳网等网站以及“赛先生”“知识分子”等科学公众号。

7. 科技风险相关的舆论调控逐步宽松

与传媒发展密切相关的是国家层面的舆论调控政策的演变。从长期的发展态势来看，我国与科技风险相关的舆论调控力度变化明显，改变了之前严格管制的方式方法，舆论环境由过去控制严格，向逐步宽松的方向转变。

中华人民共和国成立初期，在特殊的政治背景和社会环境下，出于社会稳

① 郭全中. 2015年传媒经营回顾[J]. 青年记者, 2015(36): 23-25.

② 佚名. 2016年“传媒蓝皮书”发布 中国传媒产业仍持续增长[EB/OL]. http://media.people.com.cn/n1/2016/0509/c40606-28335339.html[2017-10-01].

③ 赵金. 新媒体环境下科学传播的路径与空间——访美国康奈尔大学博士候选人、《科学新闻》原总编辑贾鹤鹏[J]. 青年记者, 2017(15): 11-14.

定考虑，我国政府对公共危机事件报道与传播进行严格限制和管理，强调媒体报道应该持慎重的态度，以免造成负面社会情绪蔓延，以及影响新中国的国际形象。

中华人民共和国成立以来，我国国防科技事业从无到有、从小到大、从弱到强，取得了举世瞩目的成就。从“两弹一星”到神舟飞天，从国产大飞机到中国高铁……相关报道内容主要聚焦国防领域所取得的科技成就，致力于鼓舞及振奋民心。从新闻公报到全程直播，从纸质媒体主导到新媒体多元介入，国防、科技等领域的报道方式日渐丰富。

从整体来看，相关报道的内容比较单一，重点关注我国科学家所取得的成就，围绕国家利益以及军事利益，采取“我说你听”的传播方式，报道的主观性较强。

2003 年，《关于进一步改进和加强国内突发事件新闻报道工作的通知》出台，明确提出要建立并完善信息报告、新闻发布和应急协调机制。通知中首次提出发挥新闻媒体的预警和服务功能、重视互联网报道等内容。在这一通知的指引下，政府各部门逐步确立了及时公开信息、主动引导舆论等突发事件舆论管理理念。[①] 中国的应急管理体系自 2003 年“非典”之后也逐步建立。2007 年制定的《中华人民共和国政府信息公开条例》规定了政府信息公开的原则、范围、方式和程序，提高了政府工作的透明度。

在很长一段时间，我国媒体极少报道突发公共卫生事件。“非典”过后，这一禁区被突破，我国逐步建立公开、及时报道公共卫生事件的传播机制，并开始逐步重视风险沟通在突发公共卫生事件应急管理中的应用。在之后的多起公共卫生事件中，如 2004 年的“禽流感”事件，安徽阜阳的“劣质奶粉”事件，2005 年的“苏丹红”事件，2009 年的“甲型 H1N1 流感”等事件中，我国媒体投入巨大热情，报道力度不断增强，相关报道体现出极强的社会责任感。

以公共卫生领域为先导，风险沟通也逐渐被应用到政府部门工作实践之中。其中，卫生部（现中华人民共和国国家卫生健康委员会，以下简称国家卫健委）的实践力度最大。2007 年卫生部撰写风险沟通材料，并在全国各地提供培训；2008 年卫生部的年度卫生应急工作要点中，重点强调要“完善公共卫生事件风险沟通机制，动员全社会协同应对公共卫生事件”[②]，并在这一年编写了《突发公共卫生事件应急风险沟通指南》，广泛开展卫生应急健康教育和科普宣传工作。在 2008

① 吴廷俊，夏长勇. 我国公共危机传播的历史回顾与现状分析[J]. 现代传播，2010(06)：32-36.

② 佚名. 2008 年卫生应急工作要点[EB/OL]. http://www.nhc.gov.cn/zwgk/ndyd1/200804/34701.shtml[2021-03-06].

年，卫生部首次将风险沟通和危机传播写入《卫生部办公厅关于做好 2009 年卫生新闻宣传工作的通知》，这是中国首次在政府文件中建议政府人员加强风险沟通和危机传播。①

从目前来看，由于之前的舆论管理思路已经延续多年，具有极强的路径依赖性，传统的思想依然存在，要彻底转变还有较长一段路走。在科技风险沟通领域，正面宣传为主的舆论引导理念仍然具有一定的市场。虽然冲突性议题在媒体报道中缺席的状态已被彻底改变，但我国政府对涉及社会公共安全的科技风险事件的舆论控制依然相对严格。媒体对争议性科技风险事件的报道不断增多，透明度与开放度不断增强，但仍然存在可提升空间。

8. 小结

由以上分析可以看出，我国作为世界上最大的发展中国家，基于自身国情确立了以发展高科技、追赶世界强国为导向的国家战略。无论在科技体制建设还是在整体的社会层面，都形成了对于科技发展、科技进步的重视和强调。相对于庞大的科研资源与预算投入而言，国家对于科学技术风险评估及相应风险沟通层面的投入较少，较为缺乏配套政策和措施。介于国家、公众与科技工作者之间的沟通渠道和沟通实践早先较少，近年才逐渐增多。

如今，国家层面已意识到科技风险沟通的重要性，在科普实践中加以提倡和贯彻，并尝试借助互联网等新科技的发展推进科技风险沟通工作。这一系列的实践受到我国公众受教育水平、科学素养以及经济与传媒发展水平的制约。虽然改革开放 40 多年来，我国社会经济发展有了很大进步，人民生活水平显著提升，但是社会经济发展的总体水平和传媒发展水平与发达国家相比还是有较大差距，同时各省之间、城乡之间也存在不平衡。

二、我国科技风险沟通所处的情景语境

就特定的争议性科技而言，如 PX、核电建设、转基因科技、垃圾焚烧发电等，它们在从实验室走向公众的过程中，都面临各自独特的情景语境。借助科学事件、科学意象等，与特定科技相关的、独特的情景语境逐步被搭建起来。与此同时，情景语境也直接参与了争议性科技议题的建构与叙事。本书以转基因科技为例，

① 邱五七，Cordia CHU. 我国公共卫生应急管理风险沟通探讨[J]. 中华卫生应急电子杂志，2017, 3(06): 372.

分析转基因科技在走向公众的过程中所处的独特的情景语境。

从全球范围来看，转基因争议话题从诞生到成为焦点，正好伴随环境保护运动的阶段性转型。20 世纪 90 年代初期转基因争议兴起时，欧洲以反核和反企业污染为标志的环境保护运动刚刚因为取得了阶段性胜利而丧失了凝聚力，很多环保组织和社会运动组织者急需新的靶点。转基因的诞生来得“正逢其时”。①

就“情景语境”而言，每逢“特殊时刻”，反对转基因的人士都会发起一系列仪式化的抗争行为来达到引发公众对于转基因生物的广泛关注以及社会动员的目的。这些“特殊时刻”可以是某个特定的节日，或者是某一热点事件。反对转基因的人士试图借助这些“特殊时刻”，引发媒体与公众的广泛关注。比如，世界环境日、世界水日等世界日前后，媒体会集中对环境议题、水资源议题等进行关注，如果能顺利借助媒体对这一议题的兴趣，使媒体和公众的眼光聚焦在这些议题上，相关实践或主张就能顺利成为公共热点事件，塑造出相应的情景语境。比如，10 月 16 日为世界粮食日，每年的这个日子世界各国都要围绕发展粮食和农业生产举行各种纪念活动。在这些纪念活动上，不乏转基因反对者的身影。

热点事件发生时，围绕这一事件的主题会生成大量的信息，并出现活跃的信息传递和分享，各类型的媒体也会跟进事件的报道，从而引发社会的广泛关注。与科学技术相关的热点事件，通常会形成社会性科学议题，社会性科学议题由特定科技引发，但由于其与社会、政治、文化等领域密切相关，因此带来了广泛的社会关注和影响。围绕这些科学议题引发的社会争议，为普通公众了解相应科技提供了丰富的素材，也为公众参与科学技术进程提供了可能。②

和科学技术相关的热点事件可以分为两种类型，一类是重大的科学或科技事件，如中国的神舟飞天、首艘航空母舰、“蛟龙号”载人深潜器下潜、国产大飞机试飞等。这类事件通常会伴有有计划的科普宣传活动，由政府相关部门或中国科协等主动发起并组织，各个媒体展开大规模的报道。此类报道的目的性较强，致力于教育和激发公众尤其是青少年对科学的兴趣和热情，通常较少存在分歧和争议。围绕这些议题的社会讨论主要集中在国家或宏观层面，如国家实力的体现、国家战略的实施、科技专利的应用等，与公众日常生活的联系并不紧密。

---

① 范敬群，贾鹤鹏. 极化与固化：转基因“科普”的困境分析与路径选择[J]. 中国生物工程杂志，2015，35(06)：124-130.

② 黄俊儒，简妙如. 在科学与媒体的接壤中所开展之科学传播研究：从科技社会公民的角色及需求出发[J]. 新闻学研究，2010(105)：127-166.

另一类热点事件由突发性科学或科技事件引发，比如，由黄金大米引发的转基因食品安全争议事件，由崔永元赴美拍摄的纪录片引发的转基因食品争议事件，由化工厂选址引发的 PX 事件，由核电站选址引发的反核电建设事件，等等。这类事件通常由社会生活中各种热点事件引发，牵涉相关的科技议题。伴随这类事件的，通常是对于科技安全性的巨大争议。这类事件的突发性强，难以预料，但是存在争议和矛盾，会引发公众的强烈关注，并有可能引起严重的对立情绪。在这一场域中，社会理性和科技理性激烈交锋，构成科技风险沟通所处的情景语境。

与科技相关的突发性热点事件可以成为科技风险沟通的良好时机。2016 年，腾讯网政务民生中心副总监、科普信息化项目负责人张谦指出："过去一年，所有'十万加'的科普事件，一定是与社会热点相关的。"[①]相比其他类热点事件，科学热点事件更容易被转发和多次传播，尤其是借助智能移动终端实现转发。2016 年，由腾讯公司和中国科普研究所合作完成的《移动互联网网民科普获取和传播行为分析报告》指出，2016 年十大科学传播事件的科普内容在移动端的总阅读量达 4.75 亿。其报告得出结论："抓住热点进行科普，相比常规性日常科普，往往起到事半功倍的效果。"[②]围绕重大的科技事件或突发性公共热点科技事件所构成的生活化、日常化的语境即为科技风险沟通的情景语境。

由于信息技术的广泛发展与网络化构成，每一件突发的热点事件都会引发社会有机体的强烈颤动，带来科学、技术与社会之间关系的调整，也相应地会引起公众对三者及其关系的重新认知。

就国内的转基因争议而言，"61 名院士上书请求转基因水稻产业化""中国退回 54.5 万吨美国转基因玉米""方舟子与崔永元的转基因论战""崔永元播放赴美考察转基因的纪录片""海南发现非法种植转基因作物"等事件，使转基因争议持续出现在公众视野之中。这一由各个转基因热点事件构造的舆论场被媒体比喻为"角斗场"，同样也是转基因科技风险沟通所处的独特的情景语境。

从另一个侧面来看，所有文本符号都包含了许多的社会约定信息与关联信息，这些携带的信息构成了伴随文本，因此任何文本都由文本与伴随文本结合构成，"这种结合，使文本不仅是符号组合，而是一个渗透了社会文化因素的

① 刘晓莹．热点事件能否让科学火起来——中国科普现状解析（五）[N]．科技日报，2016-07-28.

② 2016 年移动互联网网民科普获取及传播行为研究[EB/OL]. http://news.qq.com/cross/20170303/K23DV6O1.html#0[2017-09-03].

复杂构造”。[①]就“伴随文本”所生产的语境而言，在转基因作物议题上，黄金大米、帝王蝶等已经成为与转基因科技、转基因生物密切相关的符号，极具识别性。“黄金大米”“帝王蝶”之所以被视为“转基因作物”的代表以及“转基因作物对自然环境所造成的危害”的象征，就在于这些符号中渗透的社会文化内涵。在转基因作物议题上，世界各地反对转基因的实践（如行为艺术或街头抗议），通过共享某种相似的意象也在逐渐搭建起一个强大的“情景语境”。

认知心理学研究表明，在人类认知的整体过程中，认知都依赖于情境，人类知觉到的所有意义都无法脱离情境。而人类的认知活动贯穿于科技风险沟通活动的整体过程，所以，从认知层面来看，科技风险沟通活动依赖于情景语境，依赖于风险沟通主体所处的生活场景。

风险沟通主体所处的生活场景包括了风险沟通实践发生时及邻近时刻风险沟通主体的人际传播情况、情绪特征等内容。虽然说转基因生物的安全性应该是专业的权威机构说了算，而不可能是个人说了算，然而“隔壁王大妈说不安全”，就会给个体带来强烈的心理暗示，甚至可能直接影响到个体对于转基因食品的态度。

一般认为的科技风险沟通过程，就是科学知识等与科技相关的信息借由大众媒体等传播途径由科学社群进入普通公众的生活世界。科学社群共享一整套价值观、思维方式与知识体系，然而生活世界多种多样，具有情境的独特性。社会语境之下，科技风险论述由科学世界进入日常生活世界后，面对的是不同的现实条件与物质基础，包括语言使用的差异等等，这些因素都可能会影响科技风险的呈现与沟通过程。

三、小结

“没有人是一座孤岛。”这是 17 世纪英国诗人约翰·多恩（John Donne）的著名诗句。大千世界中，每个人都和其他人通过种种社会关系彼此相连，都处于特定的文化背景、时空环境之中。每个科技风险事件也是如此。

上述对语境的考察的结果显示，语境塑造了科技风险沟通。然而，近年来人们才意识到语境对于风险沟通的重要性。在此之前，大多数研究所考虑的是如何更“客观”地衡量传媒的内容的精确性和可读性，如何更客观、更准确地评估风险和将风险传递出去。

---

① 赵毅衡. 符号学原理与推演[M]. 南京: 南京大学出版社, 2011: 141. 转引自刘涛. 符号抗争: 表演式抗争的意指实践与隐喻机制[J]. 中国地质大学学报(社会科学版), 2017, 17(04): 92-103.

科技风险沟通社会语境的发展变化具有全球化的共性特征，又存在鲜明的本土化色彩。对于发展中的中国社会而言，我们具有完全不同于发达国家的社会语境、科技发展进程与实践经验，我们全力发展高新科技，然而相对忽视与科技相伴随以及由科技引发的风险问题。

本书致力于考察这样一个动态的风险社会系统将如何系统性地建构或破坏公众对于争议性科技的风险感知、公众对科学的信任等问题。对我国的争议性科技的风险沟通而言，其不仅要着眼于全球语境，同时还要应对社会经济发展的区域不均衡等本土文化语境以及复杂多变的情景语境的影响。社会语境中多种影响因素相互叠加，使得争议性科技的风险沟通实践呈现复杂化态势。

正是在上述语境之下，科技风险沟通活动逐步展开。也正是在同样的语境之下，公众发展出了其对于争议性科技的收益和风险认知。整体的社会语境将极大地影响公众与科学专家、科学专家内部的风险感知与沟通问题。文化语境和情景语境所构成的整体语境系统，在风险感知、态度形成、行动表现等领域造成结构性影响，也就是说，无论是文化语境还是情景语境，都会对个体层面、结构层面产生影响，关涉个体对于科学技术的主观价值认知以及客观社会学习。科技风险沟通是一个统一体，也是一个相互联系的话语网络，在科学技术的呈现与其他人类活动之间存在多重的联系，其中牵涉社会因素、科学体制与人类认知等领域的互动。

争议性科技的风险沟通议题处于宏观的文化语境与微观且具体的情景语境中。重视科技风险沟通的语境，就是强调要把科学技术以及对于科学技术的风险沟通放置在特定的社会文化环境中进行考察。转基因等争议性科技及其产品的风险沟通要与具体的社会语境结合起来，根据不同公众所处的社会文化环境与具体的情景语境，展开有针对性的沟通，同时，要树立“全球性思考，地方性行动”的行动理念，并在此基础上开展相应的风险沟通实践。在此，不仅强调对文化语境的分析和把握，同时要重视并妥善处理情景语境。这对于做好转基因等争议性科技的风险沟通具有较大的指导价值。

伊恩·泰勒（Ian E. Taylor）在分析英国社会中有关转基因生物的风险感知与沟通过程时指出，那不仅仅是风险评估与提出对策的“资料问题”，也是基本的“沟通问题”，更是一个“结构的”与“风险文化”的问题。[①]上述“沟通问题”、

① Taylor I E. Political risk culture: Not just a communication failure[C]. In Bennet P, Calman K, Curtis S, et al. Risk Communication and Public Health. 2nd edn. Oxford: Oxford University Press, 2010: 152-169.

“结构”与“风险文化”等都可以纳入风险沟通的语境来进行分析。

进行有效的科技风险沟通，除了需要探讨相关的风险沟通理念、规则，架构一个完整的实施方案外，从人的角度来认识和了解各个不同风险沟通主体在特定政治、经济、社会网络中所扮演的角色，有助于我们更好地掌握风险沟通理念，从而将之与当地情景语境结合，为风险沟通实践服务。如今，像转基因、核电科技等争议性科技，持续受到各种社会因素的影响，因此，要设计有效的科技风险沟通方案，需要结合文化语境和情景语境对相关因素进行细致梳理与把握。

第三节　新媒体对科技风险沟通语境的革新

语境涉及争议性科技风险沟通发生的一系列深层次的宏观背景，同时也是其所处的具体场域。新媒体的出现给风险沟通的语境带来极大变化。有研究者认为，现实中人们能够利用语境建构自我身份，在微博中则无法将语境纳入互动过程，于是，“多元的受众聚合到一个平台之上”，人与人的交流处于“语境消解”（context collapse）状态，造成情绪化争端的增加。①这一观点指出了微博等新媒体对语境的改变，以及语境对沟通所产生的影响，但由于没有对语境的类别进行细分，仅指出了新媒体对语境所产生的部分影响，相关分析可以进一步深化。

本书认为，“语境消解”是新媒体对风险沟通情景语境所造成的影响之一。在“消解”传统情景语境的基础上，新媒体建构了全新的风险沟通情景语境。要完整认识新媒体对科技风险沟通语境带来的变革，还需从文化语境和情景语境两个层面展开分析。

一、新媒体对科技风险沟通文化语境的变革

新媒体对科技风险沟通文化语境的变革首先体现在新媒体对媒介生态的变革上。在新的媒介生态中，传统媒体的主导地位被打破，各类新媒体应用层出不穷。受众被赋权，同样拥有了科技风险信息生产与传播的权利。新传播科技催生了新闻传播主体的“三元”类型结构，这是一个由职业新闻传播主体、民众个体传播

---

① 赵高辉. 圈子、想象与语境消解：微博人际传播探析[J]. 新闻记者, 2013(05)：66-71.

主体和脱媒传播主体组成的共在结构。[①]虽然科技专业知识水平与新媒介素养参差不齐，普通公众并不会经常发布科技类信息，且其科技风险信息传播活动往往多针对争议性科技热点事件，但从科技风险信息发布的数量与影响范围来看，普通公众原创或转发的科技信息规模巨大，影响波及范围广泛。

政府舆论管理理念与实践的变化是新媒体给科技风险沟通文化语境带来变革的重要体现之一。新媒体构建了新的媒介生态与话语空间，多主体的参与促进了公共讨论的多元化，削弱了传统媒体科技风险报道中的话语优势。政府的舆论管理理念必须随之革新，以满足普通公众的知情权与表达权。从已有的发展态势来看，我国政府信息公开实践在不断深化，与科技风险相关的舆论调控力度也呈现出明显变化。各级政府重视各类舆情的搜集与分析，以全面掌握舆情动态，并重视提升自身防范和化解舆论风险的能力。政府对于争议性科技风险相关舆论的回应速度不断加快，回应姿态也在逐步调整，风险沟通的效果有所提升。

新媒体对社会所产生的影响全面且深刻，广泛涉及经济、政治、文化等多个层面，这一切都将持续冲击科技风险沟通的文化语境。然而，不管外部世界如何变化，由于新媒体用户仍然必须生活在现实世界中，其风险沟通实践必然受到文化语境的影响。在虚拟空间的科技风险沟通中，个体的经验与认知必然会被加入，个体所依赖的经验与认知仍然来自于现实。因此，现实文化语境的影响一定会投射到虚拟世界之中，成为难以去除的印迹。

二、新媒体对科技风险沟通情景语境的变革

新媒体所带来的电脑辅助传播（computer-mediated communication，CMC）方式涉及所有个体或者群体运用新媒体技术传递、存储、评论或者发表信息而形成的一切形式的交流活动。在电脑辅助传播的情形下，不仅围绕相关话题的信息交流方式不断变化，信息交流的语境也产生了巨大变革。电脑辅助传播中，争议性科技议题的沟通方式多种多样，但都以新媒体应用和互联网作为载体和技术基础，与现实中的沟通实践具有很大的差异。

一方面，新媒体消解了传统的风险沟通情景语境。电脑辅助传播可以是异步交流，如发送电子邮件，在微博或网络论坛发帖；也可以是同步交流，如通过 QQ 等聊天软件沟通。无论是异步交流还是同步交流，由于担心个人隐私泄露，交流

---

① 杨保军．“共”时代的开创——试论新闻传播主体“三元”类型结构形成的新闻学意义[J]．新闻记者，2013(12)：32-41.

对象所展示的个人信息可能只有很小部分是真实的，甚至可能完全是虚构的。个体在新媒体空间中建构的是完全不同于现实生活的自我形象，其在新媒体空间的传播行为，也与现实中完全不同。现实交往中，个体的自我呈现存在前台与后台的区分,也会依据交往对象与交往情境的不同而不断调整自我表露的力度与范围。人们还可以广泛使用各种非语言符号，比如表情、肢体动作、语调，来建构他人对自己的印象。然而，这一切在新媒体空间都发生了变化。新媒体使用者之间的沟通摆脱了现实交流中的时间与空间的约束，一定程度上去除了依附于线下风险沟通实践的政治、经济因素，社会距离和话语等级被打破。新媒体空间的科技风险信息流通变得更加自由，突破了物质场所和媒介场所的界限。从上述各层面来讲，新媒体消解了虚拟空间中风险沟通的情景语境。

另一方面，新媒体建构了全新的风险沟通情景语境。这一新的风险沟通语境具有开放性、自由性和平等性等特点，改变了不同沟通主体之间的关系。新媒体为每一个用户提供了交流的平台，赋予每个人平等交流的权利。在新媒体空间，每一个沟通主体都拥有相同的话语权。开放、平等的话语基调传递的风险信息有助于促进不同沟通主体之间的和谐沟通，也有助于风险沟通实践顺利展开。

在这一新的风险沟通情景语境中，不同主体采用网络化语言、表情符号、图片、音视频等多种方式进行沟通，体现出网络化特点。在语言特点上，与传统媒体严肃、权威的话语相对，网络语言具有口语化、多元化表达、接地气等特点，更易于传递情感与情绪，能够起到沟通双方情绪的作用。但同时，碎片化的表达方式可能会导致用户在浏览科技风险信息时更注重科技信息的表现与传递“形式”，而非信息的“内容”本身。

新媒体的出现，在一定程度上创造了另类声音的生存空间。这些另类声音为网民提供了更加多元的风险信息与个人经验，也为谣言提供了生存土壤，给风险沟通带来更大障碍。从理论上讲，用户在新媒体上公开发布的每一条风险信息所有人都可以看见，其所能产生的影响也无法预估。受众的多样化瓦解了依据不同交往对象进行不同自我呈现并构建彼此不同印象的可能。同时，风险信息的影响也具有被无限放大的可能。

第三章　争议性科技风险沟通的主体分析

对科技风险沟通主体及其角色进行科学界定是风险沟通活动有效开展的前提。在争议性科技风险沟通的过程中，不同类型的社会主体具有不同的角色和功能，发挥着不同的影响力。研究者发现，正是因为某些主体在科技风险沟通实践中的失范，才使得当代技术风险事件的消极影响超越了技术本身，在社会层面广泛扩散，引发各种“次生灾害”。[①]

有关科技风险沟通的主体，不同的研究者有不同的认知与表述方式。有研究者采用“利益相关者”指代各类风险沟通主体，将能够影响决策目标实现或受决策目标影响的所有组织及个人，如制定和实施决策的政府部门、受决策直接或间接影响的公众、企业、基层政府组织以及可能影响决策的媒体、专家、专业机构、围观者（网民）等均视为利益相关者。[②]本书认为，一般而言，争议性科技风险沟通主体涉及上述利益相关者，但并不仅限于利益相关者，未受地方科技决策影响的公众同样也是科技风险沟通的主体。

有研究者认为，风险沟通涉及的三大主体为：政府、媒介和公众。[③]还有研究者将其中的政府主体进一步细分为风险政策的制定者和决策者，去掉媒介，加入专家主体，认为风险沟通的主体包括风险政策的制定者、决策者、专家，以及风险信息的接收者——公众。[④]有研究者将媒体作为主体之一，认为就环境风险

① 高盼. 现代性视域下当代技术风险问题研究[D]. 苏州大学, 2017.

② 张玉磊, 朱德米. 重大决策社会稳定风险评估中的利益相关者参与：行动逻辑与模式构建[J]. 上海行政学院学报, 2018, 19(05): 70-81.

③ Laird F N. The decline of deference: The political context of risk communication[J]. Risk Analysis, 1989, 9(04): 543-550.

④ 谢耘耕, 陈虹, 高云微, 等. 风险沟通研究的进路、议题与视角. 新媒体与社会(第三辑)[M]. 北京：社会科学文献出版社, 2012: 49-69.

沟通而言，参与的主体主要有：地方行政官员、科技专家、新闻媒体（含网络媒体）、社会公众等。[①]有部分研究者认为，风险沟通的主体范畴广泛，应包括“风险评估人员、风险管理人员、消费者、企业、学术界和其他利益相关方”。[②]还有研究采用不同的分析方式，将风险沟通主体划分为“个人、团体、机构”三个层次。[③]

就具体的风险沟通主体而言，不同的研究者仍有不同的界定与分析方式。有研究者采用广义的公众概念，将受影响的利益群体、个人及其他感兴趣的非政府组织全部纳入公众范围。如龚文娟等在分析重化工项目的环境风险评价与公众风险接纳时，认为“公众参与的范围应包括受影响的利益群体、个人及其他感兴趣的非政府组织，而不局限于项目所在地的部分公众”。[④]

综合各方意见，本书认为，争议性科技风险沟通主体涉及政府、科技专家、企业、公众、媒体以及非政府组织。区分不同的风险沟通主体有助于确定重点关注对象。如果没有将一些机构或个体明确视为风险沟通主体，则不会在风险沟通过程中给予其足够多的关注和重视。

现阶段，争议性科技风险沟通过程中，除了政府作为主要风险决策者与管理者，以及公众作为主要风险承担者外，科技专家、企业、媒体、非政府组织等均以不同角色和方式参与沟通过程：当有科技风险事项出现时，媒体凭借“社会议题”设置的功能，通过对事件的报道，呈现并建构风险，民众仰赖媒体及时传达相关信息，指导他们该如何趋利避害；科技专家具有政府咨询对象以及科学风险阐释者的双重角色取向；非政府组织作为部分公众的利益代表以及独立的监督者，影响着政府、企业与其他公众的认知和行动。

---

① 陈淋淋，何跃军. 环境治理的风险社会学分析[J]. 宁波大学学报（人文科学版），2017，30(06)：121-128.

② FAO, WHO. 食品安全风险分析：国家食品安全管理机构应用指南[M]. 陈君石主审，樊永祥主译. 北京：人民卫生出版社，2008：97. 转引自王殿华，苏毅清，钟凯，等. 风险交流：食品安全风险防范新途径——国外的经验及对我国的借鉴[J].中国应急管理，2012(07)：42-47.

③ National Research Council. Improving Risk Communication [M]. Washington: National Academy Press (US), 1989: 5-25.

④ 龚文娟，方秦华. 重化工项目环境风险评价与公众风险接纳研究[J]. 中国地质大学学报（社会科学版），2017，17(01)：89-99.

第一节　争议性科技风险沟通主体的类型与角色变迁

一、政府：从科技风险沟通的管理者到协调者

在争议性科技风险沟通过程中，政府的角色非常重要。政府对科技风险进行决策，处于科技发展规划者、管理者、主导者的地位，并与其他所有类型的沟通主体交流与分享科技风险信息。政府在科技风险的定义与传播上举足轻重，肩负着传递科技风险信息的重要职责。政府传递出的风险信息，影响着公众对风险的主观感知与客观的行动认知。政府如何与科技专家、公众、媒体、非政府组织等进行互动，如何看待与处理风险信息，也将影响上述各个主体对于科技风险的感知与行动。政府采取主动和积极的风险应对方式，能够促进有效沟通，并减少危机的发生。相反，如果政府与公众等主体之间缺乏沟通或沟通不良，可能使科技风险不断放大，最终演化成危机事件。

虽然肩负科技风险沟通重任，但某些地方政府的科技风险沟通经常呈现为技术性过程，强调技术性风险信息的传播，忽略了公众对科技风险的感知和情绪。在许多时候为了避免公众产生恐慌情绪，某些地方政府甚至会为公众提供许多不必担心风险的理由，却不知道这些做法并没有回应公众的担心，甚至会让公众觉得自己的担忧和在意没有得到应有的重视。面对公众来自日常生活的经验和看法，某些地方政府通常认为其不够科学及专业，是次要的，而选择漠视或低估。上述做法出现的原因之一在于某些地方政府通常认为公众的担心属于情绪反应，并非来自客观评断。在这样的观念下，风险被理解为客观可测量的威胁与危险，只有专家才具备专业知识与能力来评断科技风险的存在与规模大小，而公众缺乏认知与评估科技风险的知识。这般的科技风险观念强调客观、依赖科学证据，因而公众主观的风险感知并未受重视。如此观念不仅会使这些地方政府错失定义科技风险的先机，更可能导致风险扩散，也使得风险决策难以获得公众信任。

另外，相应政府官员的科技风险认知主导着政府机构的科技风险决策与行动，也深刻影响着社会公众的科技风险认知。政府机构如何论述科技风险，如何与专家、媒体等进行互动，都影响了公众对风险的感知与行动。如果政府官员未能保证科技风险议题的公开透明，且未能正确表述相应议题，社会公众必然会提出质疑。然而，为了推动特定科技政策或决策尽快出台和实施，部分地方政府官员在传递科技风险信息时可能会存在某些不恰当的隐瞒或扭曲，这很容易造成彼此间

的不信任。为了避免这种情况出现，政府官员必须与其他沟通主体进行科技风险信息的完全与充分沟通。

由于政府掌握各种行政资源，对于风险沟通过程中的其他各类沟通主体而言，响应政府号召就能得到政府在资金或者其他方面的政策支持，政府由此获得了各类主体对于科技风险沟通的响应，形成政府主导、各方参与的局面，调动整个社会的力量来推动科技风险沟通与科技政策的执行。

然而，对于科技风险沟通，政府的介入并非越深越好。科技风险沟通中的企业、科技专家、媒体、非政府组织等主体如果与政府官员联系过密，可能会丧失自身所具有的独立性，也容易破坏科学的自主性与权威性，并引发公众的不满与不信任。①

目前我国各级政府部门采用舆情系统收集相应的科技舆情，并在此基础上制定各种舆情应对策略，试图在科技风险转化为危机之前对其进行识别与应对。这是一种主动的姿态，但科技风险沟通实践并不局限于此。科技风险沟通强调各个主体之间的互动，以帮助相关部门厘清风险决策。因此，风险沟通从来就不仅仅是科学知识、技术信息的交流活动，更是风险沟通各个主体互动的过程。风险沟通的目标是政府、媒体和公众等参与主体在博弈的基础上，就风险感知、风险处理和风险评估达成基本共识。②在多元化主体参与的科技风险沟通中，政府不仅仅是管理者、领导者，也是其中一个重要的参与者、沟通者、服务者。作为沟通者和服务者，政府机构和官员需要能够围绕科技风险议题协调各方，调动各种资源，沟通并处理所存在的问题。当科技风险出现或科技风险热点事件发生时，政府的首要任务是，了解公众等各方主体对于风险的关注和担心，及时向社会发布自身所掌握的风险相关信息，以确保正确信息的传播与社会的稳定。政府必须主动争取其他各方的注意与信任，实时关注公众等主体有关科技风险的认知和态度，才可能确保官方沟通话语的准确传递与有效沟通。

二、科技专家：由“风险的描述者、解释者”到“对话者”

科学家是科学知识的发现者、科学方法的创建者、科学思想和科学精神的

---

① 詹正茂. 中国科学传播报告(2012)[M]. 北京：社会科学文献出版社, 2012: 306.

② 刘丽群，徐青青. 中美政府在风险沟通中的社交媒体使用比较研究[J]. 情报杂志，2018，37(03)：22-27.

生产者。在科学传播中，科技专家经常被视为“第一发球员”和“信源”[①]，他们是科技风险的描述者和解释者。在科技风险沟通过程中，科技专家受到较大的重视，具有较高的地位，他们的权威性及其所掌握的知识能够得到较多的肯定。

因为处于科学研究的最前沿，科技专家在其所属的领域中游刃有余。同其他参与科技风险沟通的主体相比，他们所掌握的是相对准确的科学知识与较新的科学研究结论，在风险沟通过程中，其所传递的科学知识较少出现差错，确保了沟通过程中科学知识的准确性。因此，在早期发展出了以专家的专业知识为基础的风险沟通与风险管理模式。这一阶段的风险沟通过程，强调专家的权威性及其所掌握专业知识的巨大价值。亚隆佐·波拉夫（Alonzo Plough）和谢尔顿·克里姆斯基（Sheldon Krimsky）认为，国家责任的明确、专家权威的树立和决策科学的成熟是风险管理专业化的前提条件。[②]

在以科技专家为中心的早期风险沟通模式中，专家们所扮演的角色是运用科学的手段与方法对科技风险的性质、风险发生的概率和风险可能会带来的损失进行评估，确保得到准确的数据，一旦这些数据得出，专家的工作就结束了。但威廉姆·拉克尔肖斯（William D. Ruckelshaus）认为，除了得出科技风险相关数据，专家还需要以一般人能够理解的方式向公众描述和解释风险，承担向公众解释科技风险的责任。[③]

专家对科技风险的描述与解释是社会公众认知科技风险议题的重要基础。科技专家以科技背景和专业知识为基础，为社会公众提供不同领域的科技知识，帮助公众更深刻地理解科技风险议题的主要问题和焦点，从而有助于社会公众进行选择和形成价值判断。然而，专家的科技知识不能决定甚至直接取代公众的科技知识与认知，只能为公众的科技认知提供支持。在风险决策中，一些主体依赖科技专家所提供的专业知识和方法，服从专业的“认知权威”。适度服从是必要的，基于劳动的社会分工，使得专家成为真实信念的可靠来源。然而，过高或过低的认识服从都不可取。“过低的认识服从是低效的，因为它意味着个人和群体不得不承担重新发现已经被专家掌握的真理的成本，与承受如果他们服从专家就不会

① 王大鹏，贾鹤鹏. 促进科学家参与科学传播需政策与机制并重[J]. 科学通报，2017，62(35)：4083-4088.

② Plough A, Krimsky S. The emergency of risk communication studies: Social and political context [J]. Science, Technology and Human Values, 1987, 12(3-4): 4-10.

③ Ruckelshaus W D. Science, risk, and public policy[J]. Science, 1983, 221(4615): 1026-1028.

承受的拥有错误信念的代价。过高的认识服从也是低效的，通常会造成过分审慎或是带来道德风险。"①

科技总是要在具体的社会情境中得到应用，已然不再作为单纯的实证性文本存在。但部分专家并没有认识到这一点，他们拒斥公众等群体从自身经验等角度所形成的对于争议性科技的认知。在全球转基因农作物发展现状和未来展望研讨会上，某些与会专家认为，社会舆论不应再陷于误区中："所有的争议都不是基于科学评价和理性的，争议已经阻碍了 BT 抗虫水稻、黄金大米等已经成熟的转基因产品市场化造福于人民，到会的科学家都对此深表遗憾……政府决策也要综合考虑政治，以及贸易、经济等因素……犹豫会带来困惑，并丧失发展的机会。"② 这一主张并未考虑社会上其他主体的价值诉求，用完全理性和科学性的回应拒绝了其他主体所提出的解释路径。韦敏认为，这一观点从始至终贯穿于黄金大米科学传播的整个过程，她由此提出质疑：科学共同体和科学传播者的实证科学话语是否是唯一合理和唯一必要的阐释？③对于争议性科技，专家探讨的主要是它在实验室语境中的安全性、有效性问题，这仅为针对科技作用及影响的阐释路径之一。因此，专家对于科技风险的描述和解释是必要的，但不能作为唯一正确的认知，还应重视并纳入公众对于科技的地方性知识与认知。

在我国，科学家是在社会上受到高度尊重的群体，具有较高的社会地位。但与西方发达国家相比，在科学界从事科技风险沟通方面，我国目前缺乏足够的激励机制。再加上如今科学研究领域竞争激烈，科研任务繁重，许多科学家不愿意牺牲有限的时间来从事科技风险沟通活动或科普活动。我国科学界的科学传播工作，往往由退休或快要退休的科研人员担任，或者被委派给新入职的科研人员，只有在少数领域才有资深科学家亲力亲为。④2015 年，果壳网公布的一项调查结果显示：尽管有超过 90%的受访科研工作者认为科普在公众理解科学方面发挥着不可替代的作用，同时有超过 95%的受访者表示愿意参加科普活动，但其中实际

---

① Buchanan A. Politican liberalism and social epistemology[J]. Philosophy & Public Affairs, 2004, 32(02): 103-104. 转引自周理乾. 单向度的公众——论科学传播中体制化科学对公众形象的表征与消解[J]. 自然辩证法研究, 2018, 34(08): 64-69.

② 孙静, 许智宏. 争议阻碍了转基因产品造福于人民[N]. 北京青年报, 2014-10-18.

③ 韦敏. 科学传播困境背后的技治主义——以黄金大米的科学传播为例[J]. 科学与社会, 2018, 8(01): 88-99, 113.

④ 苗伟山, 贾鹤鹏. 科学传播: 化解现实争议及其研究前景——科学传播热点对谈录[J]. 新闻记者, 2016(12): 44-51.

参加科普的人数极少，比例仅为10%。[①]

科技专家是科技风险沟通的重要主体，应由科技风险的描述与解释者向对话与沟通者的角色转变。科学研究成果的取得与发表不应该是终点，而应该是科技风险沟通活动的起点。科技专家了解最新的知识、前沿的科学进展，他们最应为公众解答他们最为关心的热点科学或相关社会问题，揭露并批判伪科学。近年来社会上出现众多对于科学家应承担起科学传播责任和义务的呼吁。随着风险沟通理念的变迁与实践的发展，原本隐于背后的科技专家也不断走上前台，或借助大众媒体，或直接在互联网上与公众进行科技风险信息的沟通与交流。虽然目前的相关政策体系还不健全，缺乏科学传播的激励机制，但在新媒体平台上仍然活跃着一批热心与网民进行沟通的"网红"科学家。

三、媒体：从科技风险的传播者、建构者到沟通者

许多研究将媒体视为风险沟通的主体。如有研究者将媒体视为风险沟通中的主体之一，分析媒体建构的内容所呈现的逻辑关系以及这些内容对社会的重要程度。[②]有些研究仅将媒体视为风险沟通的场域与路径，如李美华认为，媒体是风险的社会建构（social construction）场域，是风险定义的社会竞逐（social contestation）场域，同时也是风险及风险社会的社会批评（social criticism of risks and "risk society"）场域。[③]

本书将媒体视为科技风险沟通的重要主体之一。将媒体作为科技风险沟通的主体，是因为媒体不仅在科技风险信息的传递过程中扮演中介的角色，而且能够通过对特定科技风险信息的选择与凸显，实现对科技风险的重新定义。具有高度不确定性的争议性科技风险要靠媒体及时、准确地告知与呈现，才可能减少或化解风险。但受到风险语境的影响，媒体的信息传播本身也可能会触发新的风险或危机。媒体所传递的科技风险信息的数量、受争议程度、戏剧化程度、象征意蕴等因素，都可能会放大风险。另外，媒体对于公众科技风险认知起到至关重要的作用，能够框定公众对于科技风险的理解，并促进"风险意识"的发展。总的来说，在科技风险沟通过程中，媒体既是科技风险的定义者，又是"守门人"，

① 高健，陈玲，张会亮. 科学家参与科学传播守则——浅析《科学家与媒体交流指南》[J]. 科普研究，2015, 10(05): 51-55.

② 谢耘耕，陈虹，高云微，等. 风险沟通研究的进路，议题与视角[J]. 新媒体与社会，2012(03): 49-69.

③ 李美华. 台湾报业媒体网络平台气候变迁风险沟通：2009-2016 年的历时性分析[J]. 中华传播学刊，2017(12): 45-90.

还是科学共同体、政府、公众等主体之间的桥梁，传递其他主体对于科技风险的认知。

媒体作为传达信息、沟通世界的“社会设置”，在科技风险呈现和风险沟通过程中扮演着重要角色。首先，媒体使争议性科技议题具有了可见度和公共性，没有媒体的报道，许多科技争议无法进入公众视野。媒体的传播打破了时间和空间的限制，实现了“时空分离”，人们即便不在现场，通过媒体的播报，也能清楚掌握科技事件的发生发展状况。借助图片、视频等手段，媒体使得原本看不见摸不着、无法预知的科技风险具象化，成为可以感知的对象。由象征标志和符号等组成的脱域机制，更使社会互动摆脱了场所的特殊性。

媒体报道不只是单纯地传播科技风险信息，也定义、建构了风险。媒体参与了科技风险的产生、发展，以及风险的协商和转移。①媒体对于科技风险的再现与论述形态、倾向，都可能影响科技风险议题的发展，或者使得科技风险受到限制，不再持续发酵，也可能会导致科技风险议题不断放大，产生风险放大站的效果。因此，媒体是科技风险生产机制的一部分，媒体的论述不只是再现，也是实践。②媒体建构与定义风险的机制，主要是选择与凸显机制，包含风险事件的选择，消息来源的选择，语言的运用，以及论述策略的选择。③

媒体对于形塑公众的风险感知具有重要作用。媒体不仅提供科技风险信息，也引导我们如何去理解及感知风险。媒体作为把关人，决定了哪些信息能够通过正式风险沟通路径到达公众。媒体将政府官员、科技专家的科技风险认知传达给整个社会，引导公众形成对于科技风险的基本认知。媒体记者自身所具有的科技、风险和专业知识及其背景、经历等，都将影响他们对科技风险的描述与判断，而这些又将直接或间接地影响社会公众的风险认知与判断。媒体的议程设置功能影响了公众对于科技风险及其重要性的认知排序。媒体是社会上主要的信息提供者，它的选择和表述方式（比如集中化报道）能够影响人们对于事物重要性程度的认知与排序。而人们对于科技重要性的认知直接影响着科技争议建构的进程。此外，媒体对于某些科技议题所做的密集的报道能够形成较强的社会舆论压力，促使政

① 邱玉蝉. 游丝涵. 食品安全事件的风险建构与沟通：新闻媒体 VS. 政府[J]. 中华传播学刊, 2016(30)：179-220.

② 李丁赞. 公共论述、社会学习与基进民主：对“食物中毒”现象的一些观察[J]. 台湾社会研究, 1997(25)：1-32.

③ 邱玉蝉, 游丝涵. 食品安全事件的风险建构与沟通：新闻媒体 VS. 政府[J]. 中华传播学刊, 2016(30)：179-220.

府决策系统做出反应。

媒体同时也是科技风险沟通的重要场域与沟通路径。借助媒体平台，可以开展科技风险讨论，也能够对公众进行科技素养培育，还可以围绕科技政策展开论辩。从系统理论角度观之，媒体是一个社会子系统，在争议性科技风险沟通过程中，必定与社会中的其他子系统相互影响。

我国媒体的角色正处于复杂的变迁过程中，风险事件频发的语境，推动媒体向风险沟通者的角色转变。长期以来，“喉舌论”作为核心的社会主义新闻观念，主导着我国新闻从业者的职业认知，并形成了一种主导的职业意识。媒体的职能是上情下达，传达政府的方针政策。媒体市场化以及新闻专业主义的兴起，开始影响媒体作为传统意识形态工具的角色。改革开放以来，伴随着巨大的社会变化，批评性、调查性报道兴起，媒体专业主义不断发展。媒体不再仅作为党和政府的耳目喉舌存在，同时也肩负着社会监督和批评的角色。媒体开始主动为各种利益诉求开辟表达渠道，并将民众关心的一些议题上升为公共议题，进而推动政策变革。

在科技风险争议日益频发的社会转型期，部分民众和一些地方政府的科技风险感知存在分裂，作为风险沟通者的媒体如何使民众的风险认知和诉求为官方所理解或接受，开辟社会对话空间、完善社会治理，是其在科技风险沟通中应当承担的重要责任。在科技风险沟通领域，传统媒体角色从党和政府的耳目喉舌到风险沟通者的转变，是一个再度专业化的过程，需要不断提高媒体的专业化水平。

四、公众：由“被告知者”到“参与伙伴”

公众是争议性科技风险沟通中的重要主体之一，直接关系到风险沟通效果。许多有关风险沟通实践的研究将公众视为风险沟通的受众，围绕着受众的风险认知展开。相关研究聚焦于影响公众风险信息加工、认知形成的各种因素，为风险沟通执行者的决策和行动提供指导。

文森特·科万罗（Vincent Covello）等详细阐述了风险沟通的四个阶段：“简单忽略公众阶段，向公众解释阶段，建立对话阶段与沟通阶段。”[①]在上述四个阶段中，风险沟通的发展经历了从风险信息的单向传输向双向沟通转变的过程，公众在风险沟通中的主体地位得到重视，并逐渐被作为关注的重心。公众

① Covello V, Sandman P M. Risk communication: Evolution and revolution[C]. In Wolbarst A. Solutions to an Environment in Peril. Baltimore: John Hopkins University Press, 2001: 164-178.

在风险沟通中的角色经历了从“无知”的信息接受者到需要重视的权利主体，再到合法化的合作伙伴的变化过程。以公众为中心已是风险沟通实践的大势所趋。[①]

在科技风险沟通发展早期的缺失模型中，科学被看成一种相对而言不容置疑的知识，公众则是没有发言权的被告知者。科技风险沟通就是向不具备风险知识的公众告知有关风险的科技信息，使之接受风险状态及风险决策。公众被认为要顺应专家的观点，因为科学家和决策者知道的最多、最准确，减少公众的无知被默认为风险沟通的重要目的。这一时期，风险专家们把精力集中于风险治理举措的设计、执行和运转，他们认为只要能将风险控制在可接受的范围内，就没必要向公众谈及风险。采用此路径的科技风险沟通实践者把科学视为一个固定的知识体，认为科学家对于专业知识拥有首要的，即使不是唯一的发言权，而公众则被认为是“科学智慧”的被动接受者。20 世纪 70—80 年代的科技风险沟通就处于这样一个简单忽视公众的阶段。那些围绕科学素养，或建立在大规模的国民科学素养调查之上的研究正是这一潮流的代表。

在将公众视为合法化合作伙伴的阶段，科技风险沟通不再是简单地向公众兜售专家所做的技术风险评估的正确性，而是开始诚实、努力地了解受众的风险感知，并据此与不同的风险沟通主体展开对话。通过风险沟通将公众纳入到风险评估和风险管理的过程中，公众可以在某种程度上影响风险决策的制定。在风险沟通的参与过程中促成公众对于科技的理性判断，有助于使其对于科技风险的认知逐步突破专家和科学理性的垄断。借助对有争议的科技议题定期举行共识会议（consensus conference）等方式，公众的加入和参与得到推动和鼓励。对于日常生活中科技的分析，也逐渐开始把公众视为科学技术的使用者而不是被动的接受者，认为公众扮演着积极的、适应性的和建设性的参与者角色。

参与有利于各类型主体间建立积极稳定的关系。参与是“学”和“做”结合的过程。在参与过程中，公众能够发展自身技能，如掌握科学知识、提升科学素养。参与者也可以是建议提供者。通过参与，公众可以在一定程度上监管环境风险和科技风险，并有针对性地提出意见和建议。

对于公众来说，相较于个人通过各种感官系统获得的个人经验和对科技风险信息的感知，科技信息与知识在他们的风险判断与风险态度形成中只发挥着很小

① 黄河，刘琳琳. 风险沟通如何做到以受众为中心——兼论风险沟通的演进和受众角色的变化[J]. 国际新闻界, 2015, 37(06): 74-88.

的作用。因此，科技风险沟通亟待由强调权威控制、专家决策向关注公众认知、促进公众参与的范式转变。在参与过程中，各风险沟通主体在理论上讲拥有平等的话语权。新媒体时代，公众媒介素养与科学素养的提升有助于公众参与的实现。

五、企业：从“运营者”到“开门人”

企业在争议性科技风险沟通中扮演着生产经营主体、责任主体和沟通主体的角色。作为争议性科技项目的运营者，企业一方面需要确保科技基础设备和人员管理层的可靠性，另一方面，需要客观真实地公布营运设施的相关技术信息，尤其是向社会充分告知自身技术设备的安全性能及设施管理领域的举措。作为争议性科技项目的责任主体，企业应对争议性科技项目的选址和建设进行充分考察和论证，对其中存在的风险进行全面预估、审慎判断，罗列项目设施所包含的所有不确定性，提出有针对性的问题解决建议和方法，并及时将相关内容向社会公布，而不是简单告知公众项目选址是否恰当、项目建设是否可行。

作为科技风险沟通主体，企业需要把自己变成“开门人”，积极参与风险沟通，主动与其他风险沟通主体交换风险信息，接受社会监督。在部分企业公信力不足、刻板印象固化的今天，企业必须主动向外输出信息，从而使媒体和公众不断对其加深了解。企业应将取得项目建设与营运资格的过程予以公开，并接受公众的监督与质询。任何含糊其辞、封锁消息乃至利用非正常手段压制舆论的做法，都会引发公众对于利益输送的想象，损害企业的公信力，增加公众的不信任感。部分企业缺乏对于科技风险沟通的长期、总体规划，只是在项目遭到舆论抨击或强烈抵制时才动用自身掌握的媒体资源进行集中的正面宣传。这种临时抱佛脚的做法并不能带来好的风险沟通效果，过于集中的正面宣传也可能会因为缺乏前期的公共关系维护招致公众的反感。企业之所以能够重塑形象、消解隔阂、恢复或重建社会信任，未必是因为完全消除了科技争议，而是因为公众见证、感受到了其做出提升、改善的诚意。把自己变成“开门人”的方式表现了企业愿意以平等对话的姿态与公众进行互动交流。除了在如何开门、将门开多大等方式和细节上不断优化之外，这一策略必须持之以恒才会产生效果。

六、非政府组织：从“代言人”到“中间人”

非政府组织是指非官方的、非营利的、与政府部门和商业组织保持一定距离的专业组织，它们通常围绕特定的领域或问题结成团体，有自己的利益和主张，代表社会某些集团或阶层的愿望或要求[①]，被视为社会的“第三部门”。有研究者指出，第三部门的兴起是弥补政府失灵的必然要求，其形成是对政府与市场的有益补充。[②]非政府组织的代表“绿色和平”“红十字会”等在中国社会具有较高知名度。自 20 世纪 90 年代起，非政府组织就一直活跃在中国社会的舞台上，或关注弱势群体，或呼吁生态环境保护。由于非政府组织在争议性科技相关议题的立场上较能超脱政治、经济等利益的影响，经常发表不同于官方或专家对科技争议的风险话语，因而赢得了许多公众的信赖。与争议性科技相关的非政府组织有多种类型，其中最为活跃的是以“绿色和平”为代表的环境非政府组织。

在争议性科技风险沟通领域，传统的缺失模型存在着局限性。由这一模型主导的科技风险沟通，容易带来政府、企业、科技专家与公众之间的信任难题与沟通困境。而非政府组织由于自身的灵活性，在处理科技争议议题的过程中，能够起到承上启下、沟通各方、促进协调与合作的独特作用。它们的风险沟通实践为我们提供了关于争议性科技风险沟通的不一样的思考方法。

我国学者发现，非政府组织在环境风险沟通中扮演了极其重要的角色，其活动影响了媒介议程和公众议程，进而影响到政府的议程。[③]西方学者通过对由大型水电发展项目引发冲突的研究发现，由于非政府组织所扮演的调解人与代言人的角色和捍卫原住民的角色存在某种模糊性，非政府组织在充当中间人和原住民的保护人之间摇摆不定。[④]

争议性科技风险沟通过程中，非政府组织经常扮演公众代言人或公众利益保护者的角色。它们致力于使当地民众将自己视为能够帮助传达诉求、保护民众利益不受侵害的代言人。非政府组织还经常将自己定位为拥有公民权利的当地人民的代表，通过告知人们科技或科技项目可能会对自然环境等领域的威胁，将公众动员起来。

如果非政府组织在科技风险沟通过程中仅担当起代言人或保护人的角色，便会出现相应的问题：如何继续保持自身利益中立的形象？如何处理自身与所代言的对象之间的关系？这些都是涉及非政府组织生存和发展的关键问题。因此，在

---

① 徐迎春. 环境传播对中国绿色公共领域的建构与影响研究[D]. 浙江大学, 2012.

② 刘大洪, 李华振. 政府失灵语境下的第三部门研究[J]. 法学评论, 2005, 23(06): 13-18.

③ 郭小平. 风险沟通中环境 NGO 的媒介呈现及其民主意涵——以怒江建坝之争的报道为例[J]. 武汉理工大学学报(社会科学版), 2008(05): 771-776.

④ 玛丽·鲁埃, 项龙. 美国的非政府环境组织与克里人: 保护自然的不自然联盟? [J]. 国际社会科学杂志(中文版), 2004, 21(04): 87-95, 5-6.

争议性科技风险沟通过程中，成功的非政府组织会努力使社会各方相信它只是一个利益无涉的中间人，扮演的是为各方主体搭建桥梁、调解纠纷并做见证的角色。在围绕科技所形成的争议场中，作为中间人的非政府组织处于一种调解的地位，需要保持最初的慷慨、价值与利益中立的形象。在风险沟通过程中扮演好中间人角色对于非政府组织来说至关重要，只有扮演好并不致力于实现自我利益而只是传递价值或利益的“中间人”角色，非政府组织才能为自身的实践活动开辟道路并争取更大的发展空间。

由上述分析可以看出，争议性科技风险沟通的主体正在悄然地发生变化。虽然风险沟通各主体角色的变化在时间上有先后之分，但对于特定的沟通主体来说，其所拥有的不同角色之间并非依次取代前者的关系。各类型角色在现实中不仅同时共存，也会发生转化。

第二节　争议性科技风险沟通主体的特点

一、各主体之间的力量不对等

在科技风险沟通中，各沟通主体在理论上拥有平等的权利与地位，然而在具体的实践中，各方力量并不对等。就对媒体的使用而言，争议各方所拥有的媒体资源不同，在媒体上的话语也有强有弱。这导致在与争议性科技相关的新闻呈现中，各方力量并不均衡。部分报道中呈现出的某些地方政府部门与公众之间的关系是极为明显的“主动”与“被动”关系。黄河等研究发现，在环境报道中，政府部门以“谋篇布局者”、“实际推动者”与“问题解决者”的角色出现，而公众等民间力量则被描述为“跟从者”、“受益者”与“受教育者”。[①]与此形成鲜明对比的是新媒体则更加强调公众作为权利主体的知情权、参与权与监督权。[②]

媒体与非政府组织之间也存在不均衡的关系，表现为非政府组织对媒体的依赖性。宣传与报道是每一个非政府组织开展工作时必不可少的一部分。非政府组

① 黄河，刘琳琳. 论传统主流媒体对环境议题的建构——以《人民日报》2003 年至 2012 年的环境报道为例[J]. 新闻与传播研究，2014, 21(10): 53-65.

② 黄河，刘琳琳. 环境议题的传播现状与优化路径——基于传统媒体和新媒体的比较分析[J]. 国际新闻界，2014, 36(01): 90-102.

织非常强调与媒体的互动，因为媒体报道对于帮助非政府组织吸引更多新成员加入以及形成社会舆论至关重要。非政府组织依赖媒体的关注让自身的理念与主张获得社会领域的可见度，并借助特定的媒体策略谋求在各类媒体中的风险话语权，进而争取社会舆论的支持。此外，非政府组织也需要使自身的主张获得社会回响，并借此获得公众的支持。但在媒体的消息来源中，非政府组织仅仅是其众多消息来源的其中之一。

二、风险沟通主体内部存在分化

专家群体内部存在分化。专家对科技风险的表述是社会公众认知科技风险议题的重要基础。科技专家以科技背景和专业知识为基础，为社会公众提供不同领域的科技知识。但来自不同科技领域的专家可能会提出不同的甚至是相互冲突的见解。种种不同意见能够帮助公众更深刻理解科技风险议题的主要问题，从而有助于社会公众形成判断、做出选择。然而，随着越来越多的专家被卷入科技议题的争论中，他们多变和经常相反的观点打破了科学无错误的表象。据此，内尔金认为现代社会对科学权威的最大伤害不是凸显科学仍然是不完美的，而是科学同时存在不同观点以及科学家之间彼此矛盾的结论导致公众无所适从。[①]

如果不同专家被卷入科技争论是由于既得利益，如政治或经济利益，其背后代表的是不同的利益集团，情况会有所不同。这种类型的专家群体内部冲突会为专家群体带来负面的社会影响。信任是一个复杂的社会过程，公众可能由于专家拥有比普通人更多的知识而选择信任并听从专家。但当专家群体内部被证明存在派别，也容易犯错时，信任就会迅速蒸发。研究发现，在包括核电站和飞机场的选址在内的争议中，“专家之间存在争议的事实证实了社区的担心，并把注意力指向了他们认为过于武断的决策程序，在这个程序中，专业知识变成了掩盖政治目的的面具”。[②]

公众并非铁板一块，而是有着不同关注、预期和文化传统的多元和复杂的群体。郑雯等通过对 2014 年上半年公共事件传播中的在线社群进行分析，划分出“公共事务冷漠群体”“严肃政治关注群体”“公共安全关注群体”“高参与度群体”

① 贾鹤鹏，闫隽. 科学争论的社会建构——对比三种研究路线[J]. 科学与社会，2015, 5（01）: 91-103, 90.

② Nelkin D. The political impact of technical expertise[C]. In Boyle G, Elliott D, Roy R. The Politics of Technology. New York: Longman, 1997: 199. 转引自迈诺尔夫・迪尔克斯，克劳迪娅・冯・格罗特. 在理解与信赖之间：公众，科学与技术[M]. 田松，卢春明，陈欢，等译. 北京：北京理工大学出版社，2006: 146.

四类在线社群。[①]2011 年开展的公众对科学态度的调查中，英国科学促进协会（British Association for the Advancement of Science，BAAS）识别出六个对科学持不同态度的群体：自信的参与者（confident engagers）、存疑的参与者（distrustful engagers）、晚期采用者（late adopters）、关注者（the concerned）、漠不关心者（the indifferent）以及不参与的怀疑主义者（disengaged sceptics）。[②]各个群体对科学的态度截然不同，因而在进行科技风险沟通时，应该将公众进一步细分，针对不同群体采用不同的沟通策略，只有这样才能有效消减公众对特定科技的简单拒斥。

在与一项新技术接触时，公众的角色可以是公民、消费者或者雇员。作为公民，公众通过特定的政治行动，比如投票或抗议，主动或者被动地影响相应科技政策与科技决策。作为消费者，公众直接或间接地面对以产品或服务形式呈现的科技成果，他们可以有多种类型的回应方式：被动地接受（购买产品）、积极地赞赏（对新产品表现出偏好）、不愿意接受，或者明确地表示抗议（抵制新产品）。这些角色可以清楚地被辨别，然而，每个人的角色都不是单一的，科技风险沟通过程中主要关注的是公众作为公民和消费者的角色。

媒体同样存在多种类型。传播新技术的发展日新月异，以互联网为代表的新媒体形态，快速发展并冲击了传统意义上的媒体格局，新旧媒体并存带来了多样化的媒体生态。[③]新的媒体生态激活了公众和非政府组织等沟通主体对于科技信息生产和传播的热情与能量。即使不具备职业的科技信息生产传播技能，每个人、每个组织也能借助微博、微信等新媒体手段，相对自由地建构自己的科技信息来源和传播渠道。各沟通主体主动的、自发的科技风险信息传播行为塑造了“微传播”共振或共动现象[④]，塑造了职业科学传播与非职业科学传播的新型关系。新闻传播领域科技风险沟通主体结构的变革将带来整体科技风险沟通格局的重大变化。

三、各沟通主体之间的分界线并非固定不变

各个科技风险沟通主体之间的区分并非完全稳定、不存在任何变化，而是具

① 郑雯，黄荣贵. 微博异质性空间与公共事件传播中的“在线社群”——基于新浪微博用户群体的潜类分析（LCA）[J]. 新闻大学，2015（03）：101-109.

② 王大鹏. 从科学家与公众互动的视角破解转基因科普困境[J]. 科技传播，2016，8（22）：91-93.

③ 相关情况在第二章有详细的介绍。

④ 喻国明. 用“互联网+”新常态构造传播新景观——兼论内容产品从“两要素模式”向“四要素模式”的转型升级[J]. 新闻与写作，2015（06）：39-42.

有一定的流动性，应对各个主体持有更加开放的理解。

首先，专家和公众的区分并非一成不变。一般认为，专家具有较多专业知识，公众则是外行。斯蒂芬·夏平（Steven Shapin）在考察了外行和专家的历史分界后指出：谁拥有关于某种文化的能力，这个问题“是我们及前人区分‘科学’与‘公众’最明确的方法之一”。[①]这种区分虽然很清晰，但在科技专家和外行公众之间，分界线并不是固定不变的。专家与外行，专家与非专家之间不存在两极性。

专家的见解和角色并非固定不变，而是具有一定的流动性。安东尼·吉登斯（Anthony Giddens）等人曾指出，新知识的发展同新的反思性联系在一起导致了专家们不断更替，专家见解也就只不过是一时现象而已。[②]由于专业分工的深化、细化，某一领域的专家在另外一个领域就会与普通公众类似。而就某些特定情形而言，一些领域的专家也许并不比有知识和知情的外行更加专业。

对许多科技议题而言，外行公众可能也具有丰富的专业知识。他们可能完全出于兴趣多年如一日地关注某一个领域因此积累了大量的知识，如业余天文爱好者能够有天文发现，业余鸟类观察家以及业余古生物学家也拥有相当丰富的专业知识，部分人甚至成为“民间科学家”。公众也可能因为自己或亲友处于某种危险的情境、生病或某些外部事件（如发现自己所在社区具有特定危险）而自我学习并获得专业知识。普通公众一般很少有兴趣深入了解科学事实，但许多研究发现，当他们出于自身的原因，或者不得不为了健康、安全、自由及幸福而战时，他们就会积极主动地去获取相应科技信息与知识，门外汉很快就变成了专家。[③]公众对科学争议的关注也会促进自身对于科技专业知识的获取。内尔金认为，技术争论的存在本身比其实质内容有时更能激发公众的学习和行动。[④]

其次，就科技风险沟通的主体而言，在科技信息传播技巧与水平等方面，部分公众与媒体之间的差异在逐渐缩小。在一些争议性科技议题上，少数公众甚至具有了强大的传播能力，他们创办的自媒体承担起原本只有媒体机构才扮演的科技信息传播者角色。

---

① 迈诺尔夫·迪尔克斯，克劳迪娅·冯·格罗特. 在理解与信赖之间：公众，科学与技术[M]. 田松，卢春明，陈欢，等译. 北京：北京理工大学出版社，2006: 146.

② 陈淋淋，何跃军. 环境治理的风险社会学分析[J]. 宁波大学学报（人文科学版），2017, 30(06): 121-128.

③ 迈诺尔夫·迪尔克斯，克劳迪娅·冯·格罗特. 在理解与信赖之间：公众，科学与技术[M]. 田松，卢春明，陈欢，等译. 北京：北京理工大学出版社，2006: 40.

④ 迈诺尔夫·迪尔克斯，克劳迪娅·冯·格罗特. 在理解与信赖之间：公众，科学与技术[M]. 田松，卢春明，陈欢，等译. 北京：北京理工大学出版社，2006: 199.

最后，在科技风险沟通作用的发挥上，少数科学家与部分公众扮演着原本媒体所具有的信息传递与沟通者角色，借助各种新媒体平台，实现了行政官员、科技专家与社会公众之间的衔接。如部分网红科学家，以及如崔永元、柴静等名人。崔永元与柴静两人并非科技专家，也不是专门的科技新闻记者，却以个人身份采用网络传播等方式来衔接行政官员、科技专家与社会公众，影响社会公众对特定科技与环境风险的认知和判断。

第三节 不同风险沟通主体之间的关系

科技风险沟通主体之间呈现出复杂多变的相互关系。在论及公众参与科技风险规制时，王明远、金峰认为，不同主体之间的关系可以分为独任、对抗、协调、激进抗议、咨询委员会模式等五种模式。[①]两位学者所论及的对抗模式与协调模式具有相似之处，都体现出各主体共同参与的特征，只是在参与过程中政府的角色有所不同；激进抗议模式中更多呈现的是主体之间互不信任、相互对抗的状态；咨询委员会模式[②]与独任模式类似，只是将对于争议性科技风险的话语权转交给具有中立性的科技专家，仍然排斥了其他沟通主体的参与。因此，借鉴王明远、金峰的分类方式，并结合科技风险沟通实践，本书将科技风险沟通中不同沟通主体的关系划分为“独任模式”“对抗模式”“协调模式”三种类型。

一、排斥其他主体参与的“独任模式”

采取“独任模式”进行风险沟通的主体，将自身或部分主体的利益放在优先考虑的地位，而不认为其他主体有参与科技风险沟通的资格或必要性。在转基因生物安全风险监管过程中，欧盟地区的有机农场主就采取了这种立场，他们认为有机栽培及其产品具有更高的价值，应该在转基因生物安全监管政策中优先考虑对其加以保护。[③]

---

① 王明远，金峰. 科学不确定性背景下的环境正义——基于转基因生物安全问题的讨论[J]. 中国社会科学, 2017(01): 125-142, 207.

② 咨询委员会模式是由科技决策制定者任命由无利害关系的专家组成委员会，就科技问题为政府部门提供咨询。委员会的专家根据科学规范、调研报告等，就如何解决问题向科技政策制定者提出建议方案。

③ 王明远，金峰. 科学不确定性背景下的环境正义——基于转基因生物安全问题的讨论[J]. 中国社会科学, 2017(01): 125-142, 207.

“独任模式”中容易滋生主体间的共构同盟关系，形成特定的风险沟通同盟，共同排斥其他的主体类型参与科技风险沟通与决策等过程。某些地方政府与部分专家之间、某些地方政府与企业之间以及企业与专家之间的同盟关系经常在一些科技风险沟通热点事件中呈现出来。某些地方政府与部分专家试图借由科技风险沟通对公众的科技风险感知进行管理，并掌控公众对科技风险的定义和诠释。近年来，伴随着中国社会工业化进程加速，许多科技项目（如核电站、PX 项目等）在规划选址或施工建设中遭遇公众反对。为此，某些地方政府和部分企业往往依凭科技专家提供的可行性评估来塑造以“技术安全”为核心、同时辅之以“依法行政”和“民心工程”的“规训”话语来回应，力图说服当地民众接受相关设施建设，但是这一举措往往造成大规模的邻避抗争，最终导致这些地方政府不得不宣布工程项目“暂缓实施”或“终止”。[①]在此过程中，科技专家的可信性被损害。在许多围绕争议性科技项目选址与建设的邻避冲突中，公众很容易发现某些地方政府、部分企业、专家之间的“利益关联”。

在广州番禺区垃圾焚烧项目引发的抗议持续一个月后，2009 年 10 月 30 日，广州番禺区市政园林管理局召开垃圾焚烧项目情况通报会。通报会邀请 4 位业内专家向公众说明垃圾焚烧技术的安全性和优越性，试图安抚公众情绪。然而，通报会结束后，有网民在网络上挖掘了这 4 位专家与垃圾焚烧利益集团之间可能的关联。

一旦发现专家与政治、经济利益集团的关联，在公众心目中，专家就会成为利益方，变成“砖家”。“砖家”这一网络话语的流行反映了某些专家在违背利益无涉和价值中立后遭遇的社会信任危机。

目前一些地方在争议性科技风险沟通过程中呈现出形式主义的沟通方式，其本质上仍然属于独任模式。在当前，部分地方政府为了能够尽快促使科技项目上马或决策出台，往往使公众参与环节流于形式甚至被取消。[②]从部分地区的实践来看，由于缺乏健全的风险沟通机制，风险沟通者往往只是象征性地“征集民意”，要么呈现为无公众参与的专业决断，要么公众仅仅是表面参与。[③]在

① 张紧跟. 邻避冲突何以协商治理：以杭州九峰垃圾焚烧发电项目为例[J]. 行政论坛，2018，25(04)：92-99.

② 张玉磊，朱德米. 重大决策社会稳定风险评估中的利益相关者参与：行动逻辑与模式构建[J]. 上海行政学院学报，2018, 19(05)：70-81.

③ 张乐，童星. 重大决策社会稳定风险评估路径的优化：公众参与环节的再思考[J]. 广州大学学报(社会科学版)，2016, 15(10)：18-27.

强调政府权威或专家理性的风险沟通模式下，公众只是科技风险信息的被动接受者，沟通主体之间特别是决策者与公众之间的信息交换与意见互动不畅，风险决策主要依赖“少数人的对话”，出现“官僚制独白式”和“无政府主义”话语形式。[①]

二、互不信任、相互攻击的“对抗模式”

“独任模式”很容易造成风险沟通主体之间失却信任，演化为“对抗模式”。“对抗模式”反映了科技风险沟通各方互不信任、互相攻击、对抗的关系形态，科技风险沟通主体各说各话，难以达成一致。在与环境保护相关的争议性科技领域，围绕着热点事件经常会出现“对抗模式”，呈现出公众对专家、政府，专家对媒体等各方的高度不信任与高度不满。这一模式会损害风险沟通主体有关风险以及风险决策的知情权与对话关系，并可能会促使科技争议演变为公共危机事件。

科技风险沟通中各主体之间“对抗模式”出现的原因有很多，比如科学语言、媒体语言、公众日常话语之间的差异，以及公众日益高涨的表达、参与意愿与参与路径不足之间的矛盾等等。

由于科学语言和公众在日常生活中使用的话语差异过大，在与专家的交流过程中，公众容易曲解专家的话语。对于专家来说，对于科技风险的描述与回答必须依据概率和某些未知变量进行分析，而对于其他普通公民来说，这就很有可能会被认为是含糊其辞甚至是试图“掩盖”某些潜在危险的做法，甚至可能引起公众的怀疑或抗拒。

科学语言与媒体语言的差异，科学活动与新闻传播活动的职业差异使得传媒与科学界的关系同样不容乐观，具体体现在两个方面：首先，科学共同体对大众传媒缺乏信任和了解，也不熟悉大众传媒的传播规律与运作模式，经常认为大众媒体的报道过于夸张，损害了科学的权威性；其次，大众传媒对科学共同体也缺乏了解，对于科学技术的本质与规律认知不够。

由于科学语言与公众话语之间的隔阂，需要媒体在其中进行转译，媒体语言在科学传播中起着中介作用。然而，科学家与媒体的关系变得复杂，两者互不信

---

① 高山，王京京. 社会稳定风险评估的两种模式及其融合[J]. 湖南师范大学社会科学学报，2015，44(02)：44-49.

任、差异显著、冲突明显。[①]记者并非科学界人士，记者具有自身的报道目的与诉求，为了达到特定传播效果，会重视并突出科学信息在传播过程中的娱乐性和争议点，而这些做法经常被科学界人士视为不够严谨、欠妥当。有的报道甚至被科学界批判为“毫无根据的新闻”“危言耸听的传播”，新闻采写人员被批为“缺乏科技知识”“孤陋寡闻”。[②]果壳网于2015年的调查结果显示：65.24%的科技专家受访者表示不信任媒体，认为媒体会夸大其词或断章取义，其报道甚至可能对研究形成阻碍。[③]

三、开放合作的“协调模式”

“协调模式”中，科技风险沟通的所有主体共同参与科技风险的沟通过程，各自提供科技风险事实、证据和观点，不同主体都可以表达自己的诉求并质疑或反驳其他主体的主张。各沟通主体在“协调模式”中相对独立，但相互之间存在着沟通与合作。在其中，政府扮演协调者与沟通者的角色，其他沟通主体认同政府的协调立场。政府不是消极的倾听者，也不是大包大揽的决策垄断者，而是作为协调人的角色积极介入，对各方的观点进行调和，把各方对所涉问题的讨论及其结果作为制定科技政策时必须加以权衡的重要参照内容，最终形成可以接受的方案。

“协调模式”是存在于各风险沟通主体之间的一种理想的关系样态。在这一模式下，各科技风险沟通主体之间相对独立，但不会简单拒斥其他主体的意见或认知。各科技风险沟通主体一方面会反思与调整自身所扮演的角色，同时也会去打量其他主体的实践和角色，对其他主体持一种开放的心态。政府、企业及专家等主体不会简单认为公众“无知”而拒绝公众所具有的地方性知识与社会理性。开放、包容的态度可以在科技风险沟通中促进各主体的合作。

“协调模式”中，各沟通主体会妥善处理利益关联，避免成为公众眼中的“利益同盟”。要做到这一点，重要的是将各沟通主体相互之间的关联予以公开，以方便社会公众监督。如政府与运营企业之间的关联，企业与科技专家之间的关联，政府与环评机构之间的关联，以及运营企业与环评机构之间是否存在利益关系等。

---

① 刘如楠，王大鹏，詹琰. 国外科学家与媒体关系研究的计量与分析[J]. 新闻记者，2017(08)：36-42.

② 封兴中. 科技风险沟通报道中的问题与对策[J]. 青年记者，2014(29)：11-12.

③ 高健，陈玲，张会亮. 科学家参与科学传播守则——浅析《科学家与媒体交流指南》[J]. 科普研究，2015，10(05)：51-55.

不管是在科技项目前期的论证阶段，还是在项目建设或评估阶段，对不同沟通主体的角色和定位以及相互之间的关系进行清晰说明，以免引起公众对其中关系的猜测与想象。

各沟通主体在“协调模式”中应遵循对话原则。对话强调平等、尊重、站在对方的立场看待问题并寻求共同合作的框架，只有通过平等、自由、开放的对话，才有可能使各沟通主体就争议性科技风险议题达成共识，继而避免科技风险带来的直接或间接危害。对话的前提是科技风险信息的充分传播。风险沟通不是由决策者自我决定沟通内容的单向传播，而是不同主体之间的对话行为。沟通内容不仅是传统意义上的专业信息，文化、价值观等非技术性内容也需要被纳入沟通进程之中。在科学信息的传播中，多元的公众参与不仅可以为专家和科学领域带来更多来自非技术人士的地方性知识和经验，同时也为参与者提供了沟通观点和知识的机会。在这样的风险沟通中，价值、信仰和情感不只来自公众，技术信息也不只来自专家，这是一个信息的互动交换过程，所有的参与者均投入沟通实践之中，参与价值、信仰和情感的生产与交换。

四、小结

如果说“单向告知”或“共构同盟”的“独任模式”突出了技术专家、企业机构和地方政治权威对科技风险沟通的管理和控制，可能会发展出不信任与社会对抗，强调多元主体对话的“协调模式”则是以开放的风险沟通架构重塑了科技风险沟通的价值与目标。争议性科技风险沟通的目标不应仅局限为降低公众的担忧和避免他们采取对抗行动，而是要培养知情的、参与的、有兴趣的、理性的、有思想的以及致力于解决问题的合作群体。多元沟通主体的引入，一方面有助于缓解科学界与媒体、媒体与公众等的二元对立，避免把媒体报道作为影响公众科技认知和行为的唯一变量去看待；另一方面，回归到主体与主体之间的平等对话，建立开放合作的协调模式是理解各方关切的前提，也是化解科技争议引发的社会矛盾的关键所在。

争议性科技风险沟通需要积极的协调者，这对原本仅扮演科技决策者角色的政府提出了很高的能力要求。协调者往往居于科技风险论争的核心，因为他们有权力确定将来重点发展和部署的科学技术。在科技风险沟通的运作过程中，行政官员、科技专家、企业、非政府组织、新闻媒体和社会公众都应当在其中发挥作用。但在目前的实践中经常受到诟病的是缺乏公众参与。因为部分地方官员重视专家意见，较少理会公众的风险感知与意见，由此导致科技风险决策与社会公众的需求相距甚远。换言之，风险管理者应该致力于搭建制度平台，促使媒体、非政府组织、专家、公众等主体在科技风险沟通中承担各自的角色与职能，避免独任模式与对抗模式的出现，最终形成各个竞争性话语主体间的良性对话，以推动与科技相关的各项政策的完善和社会信任的培育。同时，还应以对话为导向，致力于改善各风险沟通主体之间的关系。在科学家与媒体关系的研究中，学者们发现，就接触媒体的技巧与知识对科学家进行培训，以及为记者提供科学传播培训能够缓和两者的关系，更好地促进科学传播的发展。[①]如今国内外已有相关实践，贾鹤鹏主持的科学家与记者角色互换试点项目，将科研工作者送进媒体单位担任实习生，取得了一定的效果。[②]

① 刘如楠，王大鹏，詹琰. 国外科学家与媒体关系研究的计量与分析[J]. 新闻记者，2017(08)：36-42.

② 苗伟山，贾鹤鹏. 科学传播：化解现实争议及其研究前景——科学传播热点对谈录[J]. 新闻记者，2016(12)：44-51.

第四章　争议性科技风险沟通的路径与革新

媒介是承载并传递信息的物理形式，是传输信息的渠道和路径（技术、手段）。从广义上看，凡是能使人与人、人与事物或事物与事物之间产生联系的物质都是媒介。不同的媒介具有不同的特性，这些特性在传播过程中发挥着不同的作用，影响了传播效果的发挥。在信息传播过程中，媒介不仅仅是一个介质和载体，影响着信息生产和传递的数量和质量，它是"人的延伸"（extension of man），自身也传递着特定的信息，"媒介即信息"（the media is the message）。按照马歇尔·麦克卢汉（Marshall McLuhan）的说法，传播活动中最本质的并不是传播内容，而是媒介自身；传播发展史上真正有意义的信息并不是各个时代的传播内容，而是在这一时期所使用的传播媒介。媒介或微妙或显著地影响到人类的工作、生活及长远的发展。任何一种新媒介一旦出现，无论它传递的具体内容是什么，新的媒介本身就为人类社会带来某种信息，并引发社会层面的变革。正是各种媒介及其开创的可能性推动了社会历史前进。

麦克卢汉采纳广义的媒介概念，将使二者发生关系的人或事物都视为媒介，并依据不同类型媒介提供信息的清晰度、信息接受者参与程度及其想象力的发挥程度，将媒介划分为"热媒介"与"冷媒介"。"热媒介"传递的信息明确、清晰，其信息接受者参与程度和想象力发挥程度低。而"冷媒介"传递的信息较模糊，其接受者的参与程度较高，需要调动更多的感官，发挥丰富的想象力。"冷媒介""热媒介"的分类方式虽然并不严谨，且因为麦克卢汉将电视归入冷媒介而饱受争议，但这一分类方式具有一定的启发性：不同媒介的特性不同，作用于人的方式不同，引发的心理反应和行为反应也各不相同。

对于本书来说，麦克卢汉的媒介理论为我们提供了启发：不同媒介的特性不同，借助于不同媒介所进行的争议性风险沟通作用于各主体的方式也各不相同，并会带来不同的沟通效果。媒介与风险沟通的方式和手段直接相关。以下将从媒介分析的角度切入对于风险沟通路径的考察，尝试从中发现争议性科技风险沟通的路径类型，不同类型路径的传播特征，及其对于争议性科技风险沟通的影响和作用。

本书将媒体视为电视、报刊、广播及计算机网络等大众传播媒介的总称，并认为媒介包含了媒体形式的媒介与非媒体形式的媒介两种类型。与之相对应，如果将其是否借助媒体得以实现作为划分依据，我们将争议性科技风险沟通的路径分为非借助媒体的路径（简称为“非媒体路径”）、借助媒体的路径（简称为“媒体路径”），以及上述两者的混合，本书将其称为混合路径。这些路径联结了相对独立的、多元化的风险沟通主体，正是通过这些路径，争议性科技的风险沟通在复杂多元的社会语境中展开。

第一节　争议性科技风险沟通中的非媒体路径

争议性科技风险沟通的非媒体路径主要涉及的有印刷品、讲座、科技展览、宣传栏等传播方式。博物馆、科技馆等科技类场馆所进行的科技风险信息沟通通常集合了上述各类方式。

印刷品包括书籍等公开出版物，以及非公开出版的印刷资料，比如宣传册、宣传单、直邮广告等。公开出版物通过各类实体书店及网上书店进行销售，而相关印刷品通过宣传栏、街头派送、邮寄等方式进行扩散和传播。

科普类书籍在争议性科技风险信息传递过程中发挥了重要作用。书籍采用以文字或图片为主的传播方式。文字具有严谨性，适合表达复杂的科技知识和内容。文字和图片承载的科技风险信息比较清晰、明确。就麦克卢汉的“媒介冷热论”来说，书籍偏“冷”，其传递的信息虽然明确，但并不易懂。读者在阅读时必须集中注意力，发挥想象力才能有所领悟。因此，公众在接受书籍传递的科技风险信息时，参与度较高。同时，书籍的阅读是一种主动阅读，涉及读者有意识的、选择性的注意和理解，反映出读者有相应的信息需求。但是，通过书籍这一路径很难在读者与作者（传播者）之间建立反馈。另外，对于书籍所传递的争议性科技风险信息而言，读者要理解相应的内容需要有一定的知识储备，或具备特定的文化程度。

目前国内的科普类书籍销售渠道呈现多元化趋势。除了传统的实体书店销售模式外，网上书店也成为科普类书籍销售的生力军。京东网、当当网、亚马逊等网上书店都设有专门的科普类书籍专区。网上的图书销售为读者之间以及读者与作者之间提供了交流互动的机会。对于同一本书，不同的读者会有不同的观点和看法，网上书店的书籍评论区（书评区）为这些观点和看法的发表提供了平台。以与转基因科技相关的科普类书籍为例，网上书店销售的书籍有：农业部（现农业农村部）农业转基因生物安全管理办公室编写的《农业转基因科普知识百问百答》《农业转基因生物知识 100 问》《百名专家谈转基因》；国家农业生命科学技术科普基地编写的《转基因作物与我们的生活》；吉林省农业科学院、农业部科技发展中心等编写的《神奇的转基因技术 30 问》等。有科学家撰写的转基因科普读物《一本书看懂转基因》《白话遗传和转基因秘密——听教授笑谈转基因那点儿事》《转基因食品：天使还是魔鬼》等，还有非科学界人士撰写的转基因科普类读物，如袁越（土摩托）等撰写的《人造恐慌：转基因全球实地考察》，以及来自国外的科普作品《揭秘转基因》《从 DNA 到转基因小麦：探索转基因食物》等。这些科普类书籍内容浅显通俗，解答了公众关心的问题，一般公众皆可阅读。如当当网会员“东镇布衣”认为《转基因作物与我们的生活》这本书，“用科学的理论和数据破解大众对转基因的困惑和顾虑，不过有些对比不是很恰当，但书品上乘，读来不觉乏味”。

在书籍评论区，读者会对书籍内容和表述方式进行评说。也有部分评价涉及读者对于该书中所写转基因收益和风险相关内容的看法。如有读者评价认为“这书看着费劲……虽然道理是对的，可架不住我看的时候还得脑子里翻译成正常的文风再理解”。对于同一本书《揭秘转基因》，不同的读者在读后对于转基因科技的认知和态度完全不同，比如，网民“殷***利”认为，“语言不是很通俗，不太适合大众阅读。我大致翻了下，还是对转基因持不认可的态度”。而网民“LHH08”认为，“值得好好看的一本书，这里有大量的不为人知的科学证据显示：转基因食品可能存在安全隐患，以后还真的要关注我们的食品”。也有网民认为，这本书“让我们明白转基因的好与坏！”“转基因误解太深，读了之后，才了解很多”。网民“L***s”的评价是“科学看待转基因，系统看问题，不要人云亦云”。读者在进行评价时，仅为自身意见的发表，彼此之间并无交流互动。但这些书评对潜在购买者的购买行为造成了较大影响。

非公开出版的与争议性科技相关的印刷品类别多种多样。这些印刷品的表现形式多元，常用文字加配图的方式来对特定科技进行说明。宣传单、宣传册等属于这一类型，其传递的相关科技信息比较简单，也比较有限，通常仅截取一些关键的信息与内容，并不像书籍会对某一科技进行详细且系统的解释说明。与书籍相比，宣传单、直邮广告等的画面感较强，传递的信息明确，较为通俗易懂。读者对于这些科技风险类信息的阅读并非主动阅读，而是一种被动阅读，是一种下意识的信息接触，除非相应宣传品上刊载的刚好是其所欲知而未知的内容。所以读者通常在对非公开出版的印刷品进行阅读时的参与度并不高，与传播者进行沟通或反馈的欲望也不强烈。

美国科学家们探讨了如何使用不同的宣传手段来传播有关辐照食品①的信息。其研究对象为女性，因为她们是家庭食物最重要的购买者。一些印刷品使用技术化语言，一些未采用技术化语言。研究发现，使用技术化语言或非技术化语言来传递支持或反对辐照食品的相关信息没有对被试的判断产生影响。当被试了解到一些有声望的人（比如宇航员）食用辐照食品的历史，以及一些有声望的联邦机构和国际组织支持辐照食品时，其对于辐照食品的接受度大大提升。他们所得出的一个重要发现是，信任极大地影响了辐照食品的接受度。②

借助书籍和非公开出版的印刷品进行风险沟通的方式在风险信息的传递和风险知识的普及上起到了不可替代的作用。然而，这一路径仍然属于“缺失模型”主导的风险沟通方式，认为公众缺少某些科学知识，因而需要增进他们对于相应科学知识的理解和掌握。③这是一种单向度、灌输式地向公众传送争议性科学技术知识的传播方式，在提升公众对于争议性科技的认知能力和水平上具有一定作用和效果。然而，“缺失模型”中，科学知识被视为绝对正确的、不容置疑的真理，忽视了科学技术的不确定性，由专家采取一种自上而下的方式来对公众进行单向度的知识传输，不利于公众正确地看待争议性科技的风险与收益，还可能会受到质疑，损害科学及科技工作者的公信力。

---

① 指借助放射线照射杀菌，延长保质期的食品。

② Fitzpatrick-Lewis D, Yost J, Ciliska D, et al. Communication about environmental health risks: A systematic review[J]. Environmental Health, 2010, 9(01): 67.

③ 李正伟，刘兵. 公众理解科学的理论研究：约翰·杜兰特的缺失模型[J]. 科学对社会的影响，2003(03): 12-15.

第二节　争议性科技风险沟通中的媒体路径

就风险沟通而言，媒体在培养知情公众、促进意见形成和公众参与的过程中扮演着关键性角色。公众获知的风险信息中很大一部分是从媒体获取的。媒体是普通大众在接受完正规学校教育之后，最主要的非正式科学教育途径，也是公众接触科学议题的主要渠道。[①]在台湾，有超过九成（94.3%）的公众表示电视是他们获取科学信息最重要的管道，其次是报纸（57.3%）与网络（50.7%）。[②]

我国公众主要通过电视来获取科技信息，随着新传播科技的发展，公众通过报纸等纸质媒体获取科技信息的比例逐渐下降。2015 年的调查结果显示，有 93.4% 的公民通过电视获取科技信息。但公众通过互联网及移动互联网获取科技信息的比例显著上升。互联网及移动互联网已于 2015 年跃居公众科技信息获取的第二大渠道：公众利用互联网及移动互联网获取科技信息的比例为 53.4%，其他渠道所占比例分别是：报纸为 38.6%，亲友同事为 34.9%，广播 25.0%，期刊或杂志 13.3%，图书 11.4%。[③]

媒体对公众的风险感知有重要影响，甚至可能会影响到公众对于争议性科技的信任。弗里沃等人的研究发现，媒体有关转基因科技的报道对于人们对转基因的信任具有调节作用，负面报道越多，人们对转基因科技的信任越少。[④]

风险信号在传播过程中还可能会被媒体放大。依照“风险的社会放大”（social amplification of risk）理论的观点，公众对于风险事件的感知会经由各个中介（放大站）层层放大，其中，媒体是最重要的风险放大站之一。[⑤]弗里沃等人的研究发现，欧洲媒体倾向于放大转基因科技所带来的负面影响，这一媒体倾向增加了公众对于转基因科技的风险感知。在媒体集中报道转基因事件后，人们对转基因的风险意识显著提升。[⑥]

---

① Nisbet C, Scheufele A, Shanahan J, et al. Knowledge, reservations, or promise? A media effects model for public perceptions of science and technology[J]. Communication Research, 2002, 29(05): 584-608.

② 施琮仁. 不同媒体平台对公众参与科学决策能力之影响：以纳米科技为例[J]. 新闻学研究, 2015(124): 165-213.

③ 张超, 何薇, 任磊. 中国公民获取科技信息的状况及新趋势[J]. 科普研究, 2016, 11(03): 22-27.

④ Frewer L. Risk perception, social trust, and public participation in strategic decision making: Implications for emerging technologies[J]. Ambio, 1999, 28(6): 569-574.

⑤ 卜玉梅. 风险的社会放大：框架与经验研究及启示[J]. 学习与实践, 2009(02): 120-125.

⑥ Frewer L J, Miles S, Marsh R. The media and genetically modified foods: Evidence in support of social amplification of risk[J]. Risk Analysis, 2002, 22(04), 701-711.

一、科技风险沟通的媒体路径及其传播特征

现代社会中，公众想要理解争议性科技议题，事实上面临着比过去任何一个时代都要高的门槛。要通过媒体来了解科技议题，除了需要面对高耸的科学知识和科学认知屏障外，还需要了解媒体自身的传播特质。在这双重条件的限制下，一般的公众很难直接认识和理解科技风险议题的核心。

以转基因科技为例，本书通过实地调研①发现，我国公众获取转基因信息的众多渠道中，网络已经上升为最重要的渠道。网络是超过 90%的受访者接触转基因信息的重要途径之一，其次为电视（71.9%），微博/微信（67.8%）排名第三，报纸排名第四，杂志/图书的排名在广播媒体之前，人际传播渠道（同事、家人、亲戚）也是获取转基因信息的重要来源。具体调查数据见表 4-1。

表 4-1　我国公众获取转基因信息的渠道

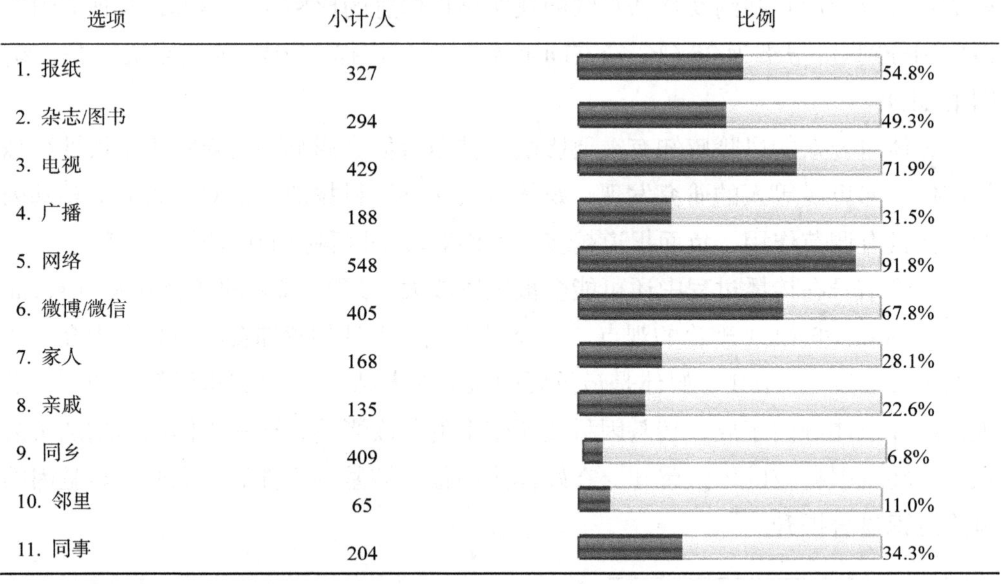

选项	小计/人	比例
1. 报纸	327	54.8%
2. 杂志/图书	294	49.3%
3. 电视	429	71.9%
4. 广播	188	31.5%
5. 网络	548	91.8%
6. 微博/微信	405	67.8%
7. 家人	168	28.1%
8. 亲戚	135	22.6%
9. 同乡	409	6.8%
10. 邻里	65	11.0%
11. 同事	204	34.3%

注：本题为多选题，因此各选项相加之和大于 100%

本书的研究发现，公众对不同类型媒体中科技新闻的关注程度不同，最关注的为互联网中的科技新闻，其次为电视媒体中的科技新闻，最后是报纸和广播中的科技新闻。在接触科技类信息时，公众对于不同媒体在使用偏好上具有差别。相关数据见表 4-2。

① 实地调研的具体情况详见第一章第三节中对于研究方法的介绍。

表 4-2　公众对不同类型媒体中科技新闻的关注程度

媒体类型	非常关注	比较关注	一般	不太关注	合计
1.报纸	58(9.7%)	119(20.0%)	243(40.7%)	177(29.6%)	597（100%）
2.广播	31(5.2%)	110(18.4%)	243(40.7%)	213(35.7%)	597（100%）
3.电视	90(15.1%)	277(46.4%)	173(29.0%)	57(9.5%)	597（100%）
4.互联网	225(37.7%)	250(41.9%)	92(15.4%)	30(5.0%)	597（100%）

不同媒体的性质或特征也会影响到媒体上科技信息的再现和传播效果。威廉姆·埃夫兰（William P. Eveland）曾指出，传播效果研究除了要关注传播内容，还有一些媒体属性（attributes）也值得注意。他将这些属性概括为互动性（interactivity）、组织或结构（organization or structure）、掌控性（control）、渠道特性（channel），以及文本性（textuality）。[①]本书借鉴埃夫兰对于媒体属性的界定，对科技风险沟通所涉及各个媒体路径的属性进行分析，所涉及的媒体路径主要有报纸、广播、电视、互联网等。

互动性方面，一般认为，互联网用户之间可以相互交流，甚至可以和传播者进行沟通，获得反馈。与传统媒体相比，互联网拥有较强的互动性。传统的报纸、广播、电视等媒体侧重单向传播，缺少互动的途径，互动性较差，因此在促进风险沟通各主体的互动方面作用有限。

媒体的组织结构属性指的是媒体传递信息的排列方式。信息的排列可以划分为线性和非线性两种类型。传统的电视、广播、报纸等媒体的线性程度较高，受众在观看、收听或阅读时不能控制媒体内容的排列方式和顺序，只是按照传播者安排的排列方式和顺序被动接受。网络媒体具有较强的非线性。互联网的去中心化分布结构从技术上决定和保证了网络媒体的开放性特征。网民上网时具有较大的自由度，可以自行选择和搜索想要阅读的内容。超链接所形成的“超文本”将分别属于不同空间的文字、图片、音视频等各类信息联结在一起，摆脱了线性文本的限制，构成网状文本。读者具有较大的自由度，能够在文本之间随意穿梭。

① Eveland W P. A “mix of attributes” approach to the study of media effects and new communication technologies[J]. Journal of Communication, 2003, 53(03): 395-410.

从用户的角度来说，各种媒体平台赋予受众的掌控程度各不相同。传统的报纸、广播、电视等媒体在信息的组织方式和呈现方式上具有绝对的控制权，使用者只是被动地接受。互联网则完全不同。由于对互联网信息的控制程度较高，互联网使用者可能会对特定信息有较强的兴趣、需求和接触动机；但另一方面，也可能因为对某些主题没有兴趣，而完全不去接触。[①]

从掌控性来看，对传统媒体（如传统的纸质报纸、杂志、广播、电视等）而言，传播者与受众之间的互动性很差，受众对于上述媒体的掌控性也较差。在如今媒介融合的语境中，“互联网+”蓬勃发展，报刊、广播和电视等都走进了互联网，电子报出现，网络电台、网络广播兴起，网络电视也正蓬勃发展。借助互联网，传统媒体的互动性得到提升，受众的掌控性也得到增强。线性排列方式下错过的广播或者电视节目可以在互联网上通过点播等方式重新收看或收听。

从渠道角度来看，各种媒体渠道的信息展示方式各不相同。报纸较强调文字和静态图片，电视可呈现动态影像与声音，互联网则综合了报纸和电视的优点，采取多媒体的信息展示方式。基于电视的渠道特性，研究者发现，电视新闻倾向使用片段式框架（episodic framing），强调事件的个别性，因此，观众容易受到个案或者特殊事件的影响。[②]而由于文字的特性，读者在阅读报纸或网络文章时，需要较高的注意力，看电视或者听广播时则较不需要。广播和电视的收听、收看具有较强的伴随性，受众多在做其他事情的同时，比如开车、做家务时，收听或者收看相应的节目。

各个媒体渠道对文字符号的重视程度不同，也使得受众对媒体信息的接受产生差异。文本性特征使得报纸具有较强的传播知识的功能，对于具有较高文化程度的人来说较为显著。相比之下，对于电视则未观察到此现象，而互联网甚至有缩减知识沟的可能。[③]

上述特性差异，使得在使用不同媒体时，公众在科技类信息的认知和学习上产生不同的效果。例如，研究发现，《纽约时报》网络版的读者，相比纸质版读

① De Waal E, Schoenbach K. Presentation style and beyond: How print newspapers and online news expand awareness of public affairs issues[J]. Mass Communication & Society, 2008, 11(02): 161-176.

② 施琮仁. 不同媒体平台对公众参与科学决策能力之影响：以纳米科技为例[J]. 新闻学研究, 2015(124): 165-213.

③ Cacciatore A, Scheufele A, Corley A. Another (methodological) look at knowledge gaps and the Internet's potential for closing them[J]. Public Understanding of Science, 2014, 23(04): 376-394.

者接触到较少的全国、国际与政治新闻，而阅读后对新闻的记忆也较差。①也有研究显示，报纸能让公众接触到较多的政治与社会议题，但前提是读者对公共事务议题具有兴趣，并相信报纸是理想的信息获知渠道。而只要上网接触到新闻，无论是有意或无意，网民都会对公共议题有所了解。②还有学者发现，线性的媒体平台（例如报纸、电视）对于事实知识的累积较有帮助，而非线性的媒体平台（例如互联网），对于塑造知识结构有较大影响。③

二、科技风险沟通媒体路径的发展现状

第 45 次《中国互联网络发展状况统计报告》显示，互联网与移动互联网已经成为我国公众日常信息交流与共享的重要媒介。截至 2020 年 3 月，我国网民规模为 9.04 亿，互联网普及率达 64.5%，其中手机网民规模 8.97 亿。④相关统计数据显示，截至 2015 年 6 月，全国网站总数为 357 万个，其中科普网站 2457 个，占所有网站总数的 0.07%。此外，科普类图书占每年各类出版图书总册数的 1.07%。⑤

（一）科技报

报纸之中，科技报在科技风险沟通领域扮演着重要的角色。我国的科技报主要由当地的科学技术协会主办。1978 年全国科学大会召开后，科技报迅猛发展。1985 年，全国科技报曾发展到 160 家，期发量达到 1200 多万份，占全国报纸总数的近 10%。⑥《湖南科技报》在 20 世纪 80 年代曾经有过百万份的发行量，最高达 182 万份。然而，自 20 世纪 90 年代以来，全国各地的科技报发行量整体滑坡，发展情况不佳。⑦

---

① Tewksbury D, Althaus L. Differences in knowledge acquisition among readers of the paper and online versions of a national newspaper[J]. Journalism & Mass Communication Quarterly, 2000, 77(03): 457-479.

② De Waal E, Schoenbach K. Presentation style and beyond: How print newspapers and online news expand awareness of public affairs issues[J]. Mass Communication & Society, 2008, 11(2): 161-176.

③ Eveland W P, Cortese J. How web site organization influences free recall, factual knowledge, and knowledge structure density[J]. Human Communication Research, 2004, 30(2): 208-233.

④ CNNIC. 第 45 次《中国互联网络发展状况统计报告》(全文)[EB/OL]. http://www.cac.gov.cn/2020-04/27/c_1589535470378587.htm[2020-07-31].

⑤ 程忆涵，刘丹鹤. SNS 科普网站对科学传播障碍的消解与重构——以果壳网为例[J]. 科技传播, 2015, 7(16): 104-107.

⑥ 郭姜宁，温品琳. 我国地方科技报目前存在的问题及其突破口[J]. 甘肃科技, 2010, 26(24): 6-8.

⑦ 杨萍. 用科学发展观指导和创新科技报舆论引导力[J]. 科技传播, 2010(04): 213-214.

2011 年 5 月，《中共中央、国务院办公厅关于深化非时政类报刊出版单位体制改革的意见》发布，明确文化、艺术、生活、科普等非时政类报刊出版单位，专业技术性较强的行业性报刊出版单位……先行转制。①全国出版发行体制改革逐渐向纵深发展。

各级各类科技报随后开启改制进程。部分科技报被确立为公益性报纸，如青海、内蒙古、吉林等地的科技报；部分科技报被纳入当地的传媒集团，如《湖北科技报》划转湖北日报传媒集团，《云南科技报》划归云南日报报业集团；还有部分科技类报纸停刊。2012 年，《大众科技报》停刊。2013 年《福建科技报》停刊，将员工纳入科技馆编制。2016 年的数据显示，全国共有 34 家城市科技报。其中，超过 10 万份发行量的科技报有十几家，其他多数科技类报纸的发行量在 1 万至 3 万份之间，并且在持续下滑。②

顺应媒体融合潮流，在传统的纸质媒体之外，各个科技报社开始探索报网融合等新媒体发展之路，尝试开发集报、刊、网站、微信、微博等为一体的综合平台。其中，取得了较为明显成效的有山西科技新闻出版传媒集团以及中国科学报社等。山西科技新闻出版传媒集团开发了全国首个跨平台的多功能科普服务媒介——“中科云媒”。中国科学报社主办科学网，推出论坛、博客等。科学网已经成为拥有较强影响力的中文科教类新闻资讯集散中心和中文科教虚拟社区。

然而，科技类报纸创办的科技类网站目前大多数仍处于非盈利状态，网站知名度不高，访问量较少。多数科技报的媒介融合实践仍然以传统媒体为主导，网站处于从属地位，还需要更加深入地探索在科技新闻报道方式、科普传播方式等领域的创新。科技报目前面临的严峻形势是：许多科技类报纸已失去政府经济支持，如果不能较快地建立切实有效的盈利方式，会持续面临资金不足等问题，科技报的媒介融合实践也将面临严峻挑战。③

（二）广播、电视媒体中的科技内容

广播媒体中，科技类内容占据较为重要的地位，具有较长的发展历史。我国是农业大国，增加农民科学种田的知识和技能，提升粮食产量，成为推进我国农业发展的迫切要求。因此，作为普及农业科学知识的重要手段，许多电台开办了

① 吕尚彬. 非时政类报刊转企改制: 2011 年中国报业发展主旋律[J]. 中国报业, 2012(01): 22-25.

② 赵爽. 让科技走近农民——浅谈新形势下农业科技类报纸转型发展之路[J]. 科技与创新, 2016(12): 60-61.

③ 杨正. 科技类报纸报网融合研究[J]. 青年记者, 2015(26): 80-81.

科技类广播节目，特别是农业广播的科教类节目。如甘肃省华亭人民广播电台（现属于华亭市融媒体中心）作为县级电台，从 1981 年开始开办科普讲座。至 1996 年，华亭人民广播电台先后开办《农业科技讲座》《科技与经济》《科技与生活》等节目，播出科技稿件 2 万多篇。[①]2001 年 5 月至 7 月，武汉人民广播电台也曾在《科技博览》节目里播出《世间万物 · 生命之网》的科普类热线直播节目及征文特别节目。[②]

不仅仅是地方电台，中央人民广播电台[③]在农业科技类节目的打造上也有许多尝试。中央人民广播电台中国之声与中化化肥控股有限公司（以下简称“中化化肥”）在 2004 年共同打造了“服务三农，致力社会主义农村建设”的节目《中化农业广场》。《中化农业广场》下设《农化知识》《农业百科讲堂》《专家答疑》等子栏目，聘请了中国农业科学院、中国农业大学等院校的农化专家来向公众传授科学施肥和科学种田的相关知识和技术。

2012 年，我国第一个对农广播频率中央人民广播电台中国乡村之声开播。中国乡村之声组建了由 2000 多位专家学者组成的节目顾问团队，其中有杂交水稻之父袁隆平等，其他顾问团队成员广泛涉及农业、农村、疾病防控、法律、社会、心理等领域。中国乡村之声还与农业部（现农业农村部）、国家林业局（现国家林业和草原局）、中国气象局等涉农政府部门以及长影集团有限责任公司（以下简称“长影集团”）、中化化肥等涉农企业签订公益性“广播惠农”战略合作协议，围绕国家农业农村经济工作的重点和农民需求共同开发相应的广播科技类节目。

总的来说，在各类科技风险沟通路径中，广播媒体具有传播速度快、覆盖面广等优势。我国的广播媒体充分发挥自身在传播现代农业科技知识、农业实用技术信息推广等方面的优势，制作了与农业等相关的各类科技信息节目，为我国农业、农村等的发展做出了较大的贡献。

电视媒体中的科技风险沟通信息主要借助科技类新闻、与科技相关的电视节目等方式进行传播。除此之外，还涉及一些科教影片、科教频道。

1958 年，我国第一个电视台——北京电视台成立。成立伊始，“宣传科学技

---

① 朱平. 论科技广播的“面”和“线”[J]. 中国广播电视学刊, 1996(10): 55-56.

② 王明远. 浅谈科技广播节目的策划[J]. 科学新闻, 2002(12): 18.

③ 2018 年 3 月，组建中央广播电视总台，撤销中央电视台(中国国际电视台)、中央人民广播电台、中国国际广播电台建制.

术知识”是北京电视台的重要任务之一。一批科教栏目相继创办，比如《科学知识》《医学顾问》《生活知识》等。后来，中国教育电视台等许多电视台相继创办了科教类栏目。武汉电视台于 1995 年创办的大型科普栏目《科技之光》更是引发了广泛关注。《科技之光》的主持制作者赵致真获得了国际科普界最高奖项“普里莫·罗菲斯奖”，他是首位荣获此奖项的中国人，被称为“中国科普电视的拓荒人”。“赵致真是第一个真正把科普节目导入中国电视荧屏的人。他主持制作的‘科技之光’曾是中国电视荧屏上唯一的科普节目。正是他的不懈努力，促进了中国电视播出结构的改变，让科学第一次在电视上有了一席之地。”①

2000 年后，科教频道逐渐兴起。中央电视台科学·教育频道（CCTV-10，以下简称央视科教频道）于 2001 年开播，地方电视台中，浙江电视台、北京电视台等相继跟进。

电视行业中，相对于其他的节目类型而言，科教类栏目或节目经常处于相对弱势的地位。因为科教类节目的内容比较专业，具有较高的进入门槛，同时经济效益较低，在贴近性方面很难比得上社会新闻类节目，趣味性上又不如娱乐类节目。但是，经过数代电视人的不懈努力，我国的科教类电视节目有了长足的发展，各个科教频道（或教科频道）也逐渐建立起相对成熟且稳定的受众群及广告客户群。比如，2004 年和 2005 年，南京电视台教科频道的收视份额位列南京地区第三位，年广告总收入从 2003 年的 2000 万元迅速增加到 2006 年的 1 亿元。科教频道也是北京电视台的强势频道。2011 年，北京电视台科教频道全年广告收入高达 4.7 亿元。②

数据显示，截至 2010 年，全国共有 77 个科教频道，涵盖中央级媒体、省级媒体、市级媒体等。2010 年，人均每日收看科教频道 5 分钟，与 2009 年以及 2008 年相比，都略有增长。③

随着各类视频分享网站、直播平台等的兴起，传统科教频道曾呈现衰落趋势，节目播出量和播出时间均不断下滑。以央视科教频道为例，《我爱发明》《走近科学》《科技之光》等科技类栏目每天的播出时间仅占到总播出时间的 19%。省级、市级电视台中，科技类栏目资源匮乏、节目形式缺乏创新，科技报道的播出

① 颜燕，陈玲. 浅析我国电视科教频道的科技传播状况[C]. 见中国科普研究所. 中国科普理论与实践探索——2008《全民科学素质行动计划纲要》论坛暨第十五届全国科普理论研讨会文集. 北京：科学普及出版社，2008: 222-228.

② 周小林. 科教频道的现状与发展分析[J]. 新闻世界，2012（10）: 41-42.

③ 周小林. 科教频道的现状与发展分析[J]. 新闻世界，2012（10）: 41-42.

量更是极为有限，不少科教类频道甚至徒有虚名，成为医疗广告的集散地。[①]

近年，科学节目与综艺节目结合生成的科学类综艺节目在综艺市场兴起，掀起了一场科学知识传播的风潮。2017 年共有 18 档科技类综艺在荧屏亮相，其中有 8 档新兴节目，大部分节目（10 档）出自央视。2018 年，新兴科技类综艺数量增加到 10 档。[②]《最强大脑》《加油！向未来》《最佳选择》都有不错的表现。《加油！向未来》第三季已经播出，《最强大脑》第八季正在热播。《了不起的科学》《火星研究院》等科学主题类网络综艺节目也试图通过综艺的表现手法实现科学知识的"软着陆"，让观众在轻松愉悦中收获科学知识。

科技类综艺为综艺增添了科学属性，"高冷"的科学被视为"综艺富矿"，科学家和明星及普通民众（素人）的结合，给观众带来了新鲜感。但不管是《我是未来》《加油！向未来》第二季，还是《铁甲雄心》等，收视表现都一般，甚至收视成绩堪称"惨烈"。[③]科技类节目由于自身所依托的科学知识的高门槛，能得到观众的认可却留不住观众的"眼球"，"叫好不叫座"。

（三）新媒体

随着新传播科技的发展，各种类型的新媒体传播手段层出不穷，从一般网站到微博、微信、视频分享网站等社交媒体，新媒体给科技风险沟通带来了新的机遇和新的挑战。移动互联网时代，"互联网+科普"使科技信息的获取方式和传播路径发生巨大变化。如今获取科技信息的门槛逐渐降低，渠道不断增多。微博、微信等社交媒体的发展提升了公众的参与性。视频直播以及游戏互动等方式增加了科技信息的生动性和吸引力。新媒体发展过程中呈现的社交化、视频化等趋势，与传统媒体路径形成互补。由于新媒体对科技风险沟通的特殊重要作用，本书单独设立"新媒体与争议性科技风险沟通"这一小节重点讨论相关内容。

三、新媒体与争议性科技风险沟通

如今，新媒体已经成为科技风险沟通过程中不可或缺的一部分。新媒体的使用者数量呈现出持续增长的态势。第 45 次《中国互联网络发展状况统计报告》显示，截至 2020 年 3 月,中国使用率排名处于前列的微信朋友圈、QQ 空间使用率分

---

① 李少强. 城市台科技报道现状与分析——以中山广播电视台为范本[J]. 传播与版权，2016(01)：13-15.

② 何媛. 中国科技类综艺节目的发展与传播策略研究[J]. 西部广播电视, 2018(18): 65-66.

③ 徐颢哲. 科技，酷！科技+综艺，冷！[N]. 北京日报, 2018-01-19.

别为 85.1%、47.6%,微博使用率为 42.5%。[①]

新媒体的特点之一是其在促进科技风险沟通各沟通主体参与方面的潜力：互动性、同步传播，以及无数参与者借助新传播科技进行的协作。这是一种多媒体的互动传播方式，跨越了时空的限制，虽然各风险沟通主体各自所处的地点不同，但在时间上同步发生。借助新媒体，争议性科技风险沟通组织和机构得以从传统大众传播时代简单的科技信息散布迈向崭新的科技风险信息的分享与对话进程。

从信息传播视角来看，新媒体具有强大的信息传播能力，同时也为用户提供了一个相互交流、维系情感的沟通平台。个人用户可以利用各种类型的新媒体渠道发布和获取信息、结交朋友等。企业等机构类用户可以在这一平台上发布信息，也可以开展公关、营销等活动，还能与客户进行沟通、交流。

从本质上说，在设计之初，新媒体就强调其互动性。但是，在实践过程中，风险沟通所涉及的组织和个人更多将新媒体用于传递信息，而非借助其将受众纳入对话和互动过程。如果能得到科技风险沟通者或者科普机构的充分利用，新媒体能广泛提升政府机构、科学界等与公众沟通的能力和水平。

然而，在现实的科技风险沟通实践中，普遍存在一种利用新媒体参与式特性的需求。科技风险沟通活动的发起者和参与者必须重视社交媒体等新媒体应用，认清社交媒体所独有的特性和功能，并将虚拟社群成员纳入与科技风险沟通相关的互动和对话进程。如何借助新媒体取得更好的科技风险沟通效果？这一议题在科技风险沟通领域尚未得到广泛讨论。因此，本书围绕争议性科技风险沟通过程中的新媒体应用实践，检视其带来的多层面互动，分析其潜在的好处或风险，以及面临的挑战，并对今后的实践和研究提出建议。

（一）新媒体平台的科技风险沟通实践

国际上，许多的公共机构以及政府机构，比如美国疾病控制与预防中心（Centers for Disease Control and Prevention of the United States，CDC）、美国食品药品监督管理局（Food and Drug Administration，FDA）、世界卫生组织、美国公共卫生协会（American Public Health Association，APHA）、美国联邦紧急事务管理局（Federal Emergency Management Agency，FEMA）等，都建立了自己的社交媒体账号，并且经常讨论如何利用社交媒体来促进公共健康传播工作的开展。

---

① 第 45 次《中国互联网络发展状况统计报告》（全文）[EB/OL]. http://www.cac.gov.cn/2020-04/27/c_1589535470378587.htm[2020-04-28].

在食品安全风险交流领域，欧洲食品安全局（European Food Safety Authority，EFSA）等机构在社交媒体领域也推出了一些措施。通过多种类型的社交媒体传播健康和安全信息被加拿大政府列为其“健康加拿大”（Health Canada）项目的主要工作内容。

除此之外，许多科研机构也比较重视对社交媒体的应用。美国国家航空航天局（National Aeronautics and Space Administration，NASA）开通了其 Twitter 和 Instagram 官方账号。2017 年 9 月 25 日，美国国家航空航天局的 Twitter 账号已发布推文 4.88 万条，其中有 1.34 万个照片和视频，吸引了 2630 万的粉丝，2021 年 5 月 12 日，其粉丝数量跃升至 46 488 013，推文数增至 65 345 条。美国国家航空航天局甚至将其产品（如好奇号火星探测器）进行拟人化处理，为其开通独立的 Facebook 和 Twitter 账户，并用第一人称口吻、有趣诙谐的语调和相关产品的粉丝进行交流，拉近了网民和这些遥远的太空事物之间的距离。①

我国各级政府部门也已经开始了自身在社交媒体领域的实践。截至 2013 年 12 月 31 日，在新浪网、腾讯网、人民网、新华网四家网站上认证的政务微博账号总数为 258 737 个，其中党政机构微博账号 183 232 个，党政干部微博账号 75 505 个。②截至 2020 年 12 月，经过新浪平台认证的政务机构微博为 140 837 个。③不仅仅是微博上，我国各级政府机构也纷纷开通公众号、抖音号，通过文字、图片、音频、视频等方式不断发布各种信息，采用相对积极主动的方式与粉丝保持联系和互动。2017 年底，我国各级党政机关共开通政务头条号账号 70 894 个，其中有 350 个中央国家机关政务头条号在运营。截至 2020 年 12 月，各级政府共开通政务头条号的数量增加至 10 882 958 个。我国 31 个省（区、市）均开通政务抖音号，共开通政务抖音号 26 098 个。④第 47 次《中国互联网络发展状况统计报告》显示，截至 2020 年底，我国在线政务服务用户规模达到 8.43 亿，占总体网民的 85.3%。⑤

---

① 吴文汐. 社会化媒体环境下科学传播的创新之道——基于近年来国内外典型案例的研究[J]. 传媒，2016(05): 91-93.

② 丁艺，王益民，余坦. 2013 年中国政务微博评估报告：发展特点与建议[J]. 电子政务，2014(05): 1-8.

③ CNNIC. 第 47 次中国互联网络发展状况统计报告[EB/OL]. http://cnnic.cn/hlwfzyj/hlwxzbg/hlwtjbg/202102/P020210203334633480104.pdf[2021-05-13].

④ CNNIC. 第 47 次中国互联网络发展状况统计报告[EB/OL]. http://cnnic.cn/hlwfzyj/hlwxzbg/hlwtjbg/202102/P020210203334633480104.pdf[2021-05-13].

⑤ CNNIC. 第 47 次中国互联网络发展状况统计报告[EB/OL]. http://cnnic.cn/hlwfzyj/hlwxzbg/hlwtjbg/202102/P020210203334633480104.pdf[2021-05-13].

我国一些科研单位和群体也开始将社交媒体作为自身与社会公众进行联系的途径。在组织层面，比如，中国科学院开通了官方微博“中科院之声”和官方微信公众号“中科院之声”；中国农业科学院开通了官方微信公众号“中国农业科学院”以及“农科专家在线”。上述机构的社交媒体实践在致力于“传播科学，服务公众”[①]的同时也有助于科研机构自身公众形象的打造。

个人层面，使用社交媒体获知最新科技资讯、与科学共同体交流以及进行科学知识普及的科技工作者数量逐渐增多。许多人认为，科学家应当低调，专注于自己的研究，减少花费在社交媒体等媒体上的时间和精力。然而研究表明，社交媒体有助于扩大研究者学术成果的影响力。社交媒体上与学术论文相关的议题开始被视为科研影响力的潜在指标。杰森·普瑞姆（Jason Priem）甚至开发出了基于社交媒体的学术成果影响力测量指标体系，浏览、下载、点击、保存、发微博、分享、点赞、推荐、标签、评论以及收藏等社交媒体上的行为数据都被视为测量成果影响力的依据。[②]2007 年建立的“科学网”科学博客圈，吸引了众多科学家以实名制的方式撰写博客，在与大众分享科学信息的同时也为大众提供了与科学家交流的平台，在汶川地震、甲型 H1N1 流感等事件的社会沟通中起到了重要作用。果壳网等网站也吸引了众多科学家参与科学传播活动。

民间力量也在逐渐崛起。如今在社交媒体上，非科学专业人士的科技信息传播实践逐渐兴起。这部分人中有一些是媒体从业人员，也有一些是科学爱好者。他们经常是在科学议题转变成争议性科技议题时进入这一领域。媒体精英在传统媒体平台上获得的高知名度也随之扩散至社交媒体平台。这些媒体精英较易赢得社交媒体用户的信赖，并能迅速累积大量粉丝，成为社交媒体空间的意见领袖。对于媒介从业人员来说，尽管他们可能相对缺乏科技专业领域的知识，但在将科技类信息转化为通俗易懂的文本方面，有着丰富的经验。科学爱好者们在社交媒体上的实践同样丰富多彩。比如由天文科学爱好者创立并维护的微信公众号“NASA 爱好者”。“NASA 爱好者”公众号内容涉及天文、航空、航天等领域内容，由“地球出发”“太空任务”“探索者们”等模块组成。截至 2020 年 8 月 2 日，其共有 882 篇原创内容。

---

① 见其微信公众号功能介绍。

② Bar-Ilan J, Haustein S, Peters I, et al. Beyond citations: Scholars' visibility on the social web[EB/OL]. http://arxiv.org/abs/1205.5611[2018-04-03].

（二）科技风险沟通领域的新媒体参与

新媒体具有社会性，社会性首先体现在新媒体具有的参与性和交互性上。借助新媒体渠道，在科学机构之间、多样化的公众之间以及科学机构和公众之间能够实现对话和互动。这种对话和互动使科学机构和受众相互联系，最终达成公共利益的最大化。

参与是发生在组织和虚拟社群内部及相互之间的多渠道互动，新媒体能够促成这些互动的产生和发展。在互动过程中，受众接受或分享了科技类信息，不同的社会群体之间增进了交流，为相互合作奠定了基础，最终将影响到受众对于争议性科技的态度甚至是相应科技的长远发展。

虽然新媒体平台和相应的术语最近才在公共健康及科技风险沟通等领域兴起，然而“参与”并非一个新词汇，甚至远在新媒体出现之前，就有关于如何与目标受众和社区进行互动以促进公共健康的讨论。①

梅瑞狄斯·明克勒（Meredith Minkler）与尼娜·沃勒斯坦（Nina Wallerstein）认为，社区建设（community building）是“一种趋向，在其中，具有同一社区认同的成员共同致力于社区的改变”。②与之类似，公共健康领域的研究者将“社区参与”（community engagement）定义为“与由于地理上的接近性、特定的兴趣或相似的情境而形成的人群进行合作，以处理那些影响他们健康、幸福的事项和议题”。③

需要重视参与的另外一个原因在于，参与对公众有关争议性科技的态度和行为变化具有较强的影响力。参与需要使用者对信息进行处理，涉及倾听、分享、创造、行动、反应、询问等一系列信息处理过程。科技风险沟通的传播者希望借助参与使受众能够正确地看待争议性科技的风险与利益，最终实现科技与社会的协调发展。

从社区参与和社区建设的视角来看，作为现有参与形式的补充，社交媒体参与得到了快速发展。由于能够促成与目标受众广泛且深入的互动和沟通，社交媒

---

① Minkler M, Wallerstein N, Wilson N. Improving health through community organization and community building[J]. Health Education & Behavior, 1990(03): 287-312.

② Minkler M, Wallerstein N, Wilson N. Improving health through community organization and community building[J]. Health Education & Behavior, 1990(03): 287-312.

③ National Institutes of Health. Principles of Community Engagement. CTSA Community Engagement Key Function Committee Task Force on the Principles of Community Engagement, Washington, DC, 2011: 3-30[M/OL]. https://www.atsdr.cdc.gov/communityengagement/pce_principles_intro.html#.

体非常有利于构建在线社区。目前从社区构建角度讨论风险沟通的，多是公共健康传播活动的实践者或研究者。从传统的在线社区转向社交媒体平台，公共健康领域的社区互动具有了多样化、开放性的特征。这些在线社区凝聚起来的社群并不是传统社群，并非由于时间、空间或地域而形成，多是由特定议题将网民凝结在了一起。美国临床和转化科学基金项目协会[①]（Clinical and Translational Science Awards Consortium，CTSA Consortium）讨论了“社区中介的传播方式”（community-mediated forms of communication）的潜力，其中就包括了社交媒体等新媒体形式，认为社交媒体能够提供互动、讨论、建立和维持网络、建构信任，以及进行社区动员的机会，同时也支持参与。[②]公共健康传播领域的新媒体参与研究与实践丰富多彩，相关实践为科技风险沟通提供了借鉴。

（三）新媒体为争议性科技风险沟通带来的机遇

新媒体可以单独作为科技风险沟通渠道存在，也可以在媒介融合的大背景下与传统媒体等进行整合。如果与传统的科技风险沟通渠道进行整合，新媒体将发挥更大的作用。在科技风险沟通的传统路径之外，新媒体可以被视为一个独立的路径。然而，目前适用于新媒体的科技风险沟通策略，多是那些已经被用于传统的科技风险沟通活动或大众传播活动，且已经被证明有效的策略。新媒体是“新”的，但并不意味着争议性科技风险沟通活动早先已有的、经过多年努力累积起来的经验或成果没有价值或没有效果。将新媒体整合进科技风险沟通策略之中，会使新媒体发挥更大的作用，能够更好地实现科技风险沟通的目标。

首先，借助新媒体，可以接触到多样化的受众，能够扩大科技风险沟通的沟通范围。部分公众习惯于阅读纸质印刷材料获取科技信息，或者通过其同辈群体获得信息，也有部分公众习惯于从互联网获取科技信息或者与科研机构或科学工作者进行沟通。研究显示，2008 年，在美国的成年网民中，59%的人在网上搜寻过健康信息，其中有 35%的人声称他们会专门上网来了解某个突发的公共健康事件。[③]新媒体为那些愿意通过互动的网络渠道接触争议性科技风险信息的人提供了

① 其主要工作是资助多家转化医学研究中心开展转化医学研究和人才培养的项目。

② National Institutes of Health. Principles of Community Engagement. CTSA Community Engagement Key Function Committee Task Force on the Principles of Community Engagement, Washington DC, 2011: 3-30[M/OL]. https: //www. atsdr. cdc. gov/communityengagement/pce_principles_intro. html#.

③ Weaver J B, Darren M, Gregg L, et al. Profiling characteristics of internet medical information users[J]. Journal of the American Medical Informatics Association, 2009, 16(05): 714-722.

更多的机会。

其次，新媒体使各风险沟通主体能够在新的空间和领域共享科技风险信息。新媒体为同一科技风险信息提供了不同的呈现方式。科技风险沟通者可以在新的空间分享科技信息，并借此联结社交媒体平台庞大的使用者群体。借助社交媒体渠道，科技风险沟通组织或机构还可以对公众的科技信息需求有更加详细的了解和掌握，可以清楚地知道哪些科技内容是公众已经花费了一定的时间和精力，并且有一定了解的内容；或者对于特定领域的科技议题，哪些公众比较关注。

再次，借助新媒体平台，每个人都可以言说，可以倾听，并且能够在第一时间收集反馈。新媒体平台上的交流是实时展开的。借助对于这些交流内容的关注，可以更进一步地了解受众。社交媒体曾经被用来进行公共健康状况的监控和流行病学研究。[①]通过扫描和分析现有的交流内容，风险沟通实践者和交流者同样能够使用社交媒体来获知现有科技风险沟通活动开展的效果。采用监测工具，科技风险交流机构能够了解在互联网等新媒体上公众围绕各种争议性科技话题都说了些什么，他们对哪些科技内容有一定了解，在认识上有哪些误区，从而有针对性地修订相关信息，或者改进传播策略。新媒体能够帮助科技风险沟通者弄清楚在这一时期，甚至在这一时刻，对于公众而言，他们需要什么风险信息，他们对什么样的科技信息比较感兴趣，什么样的科技信息他们还不了解。新媒体的实时传播能够增强科技风险沟通活动与公众的相关性和针对性，同样也能增强科技风险沟通的传播效果。

最后，新媒体带来更加直接的参与。新媒体平台的互动性以及多媒体传播特性，赋予科技风险活动的沟通主体更多直接参与以及对话的机会，从而利于保持和增进受众对于政府机构及科学界等的信任感。在建立人与人、人与机构或组织的关系上，社交媒体具有独特的优势。借助社交媒体上的互动来建立信任感是一种非常值得尝试的手段。

新媒体具有两重特性，可以作为一种向受众传递信息的传播工具，同时也可以作为一种实现各个不同风险沟通主体间多样化互动的手段。对于新媒体上的科技风险沟通来说，缺乏互动就变成了简单的广播。就目前的科学传播实践而言，

---

① Brownstein S, Freifeld C, Madoff C. Digital disease detection—harnessing the Web for public health surveillance[J]. New England Journal of Medicine, 2009, 360(21): 2153-2157.

St Louis C, Zorlu G. Can Twitter predict disease outbreaks? [J]. BMJ: British Medical Journal (Online), 2012, 344(7861): 24-25.

科技风险沟通实践者的关注点多放在使用新媒体来进行科技风险信息的扩散方面。对于如何使用社交媒体等与受众进行互动，如何使用新媒体与公众建立情感上的联结，以及什么样的参与有助于促进科技风险交流的发展，并没有很多深入探索。

（四）新媒体给科技风险沟通带来的挑战

在争议性科技风险沟通过程中使用新媒体同样具有一些风险，面临一些挑战。与新媒体参与实践相关的风险和担忧包括：对科技风险信息失去控制、伪科学泛滥、科研机构的声誉受损等。相关机构还会担心社交媒体账号下的负面评论会误导受众、影响信息传递和对话，在线的不文明和不礼貌言辞会产生不良影响等。

传统媒体时代，传播者倾向于将受众视为一个整体，因此，习惯于在整体层面与受众进行交流。新媒体领域，风险沟通者沟通和交流的对象变成了一个个的使用者，因此，风险沟通者需要学习如何在个体层面与受众进行一对一的、直接的互动，必须直面使用者。这是与传统媒体时代完全不同的与受众进行沟通与交流的方式，没有任何已有的经验可供借鉴，只能在实践中慢慢探索。

对于这些风险，需要认真考虑应对方案，并将应对方案分解，纳入新媒体策略，主动与新媒体上的各风险沟通主体开展负责任的对话。如何在消减这些风险和担忧的同时，提升新媒体领域各风险沟通主体的参与度，是风险沟通者所应考虑的关键因素。虽然新媒体参与过程中内含了一定的风险，但如果不参与，将会面临更大的风险与危害。清晰明确且负责任的新媒体参与会帮助科研机构及科技风险沟通机构更好地处理科技风险，增强科技信息的准确性，提升科技信息的品质。如果新媒体参与的潜力得到真正发挥，上述风险会得到较好的识别和减轻。

要制定新媒体领域的科技风险沟通策略，科技风险沟通者必须清楚自己需要付出什么样的努力，需要调配什么样的资源。资源的调配涉及金钱和人力。定期监测、及时反馈、寻找参与时机、深度挖掘所掌握的数据和资料、调整参与策略等工作都需要时间和资金的投入。虽然随着科技的进步，已经出现了智能化管理社交媒体账号的工具，但这些智能化的反馈工具仍然不能完全替代人力，还需要人来做出判断和最终决定。而且如果智能化反馈工具不能满足用户需求，反而会损害用户体验，使其认为自己受到了轻视，进而破坏用户对于科技机构或管理部门的信任。

如今，有不少类似于指南之类的指导性或参考性文本能够帮助政府机构、企业及科学界评估将社交媒体等新媒体纳入自身的风险沟通方案是否可行，并且能够帮助其评估时间和金钱等投入与收益是否能够保持平衡。类似的指南或者策略会给在科技风险沟通领域的社交媒体实践提供一些指导。

（五）科技风险沟通领域新媒体应用的原则

借鉴实践者和研究者从社交媒体市场营销角度提出的社交媒体参与原则，以及美国疾病控制与预防中心在公共健康传播领域的社交媒体参与实践中总结出来的经验，艾米·伯内特·赫尔德曼（Amy Burnett Heldman）等人归纳出健康传播领域的社交媒体策略中所应包含的七个原则，也是社交媒体参与所应遵循的七个原则。[①]本书认为，这些原则同样适用于争议性科技风险沟通领域。以下将详细介绍这些原则及其在科技风险沟通领域的应用。

第一，倾听新媒体中的对话。

通过倾听社交媒体使用者之间的对话，可以识别使用者所需以及感兴趣的科技风险信息。这是科技风险沟通者使用新媒体实现的最基本的参与形式之一。此类对话信息的挖掘可以通过各种社交媒体监测工具来实现。通过对关键字、主题标签、网址等的追踪，Keyhole、Hootsuite 等社交媒体监测工具能够帮助科技风险沟通者掌握使用者的科技信息需求。

借助社交媒体监测工具，科技风险沟通机构可以了解到针对各种争议性科技话题，公众都说了些什么，在认识上有怎样的差别，公众最关注哪些信息，从而制定出具有较强针对性和包容性的传播策略，使自身所传播的信息与公众的需求保持一致。但是，在使用这些监测工具时一定要遵循相应规章制度，注意保护公众的隐私，确保公众的个人信息不被泄露。

第二，关注意见领袖与其追随者的对话，积极与意见领袖互动。

通过监测社交媒体，科技风险沟通者能够识别在科技传播领域的一些关键参与者和有一定影响力的人或组织，也就是风险沟通领域的意见领袖。意见领袖既包含组织也包含个人，他们具有可信性强、能够说服别人、能够引领话题走向的能力，且能够使他人注意到并支持某些话题或观点。所以意见领袖可以称得上是一个告知者或者说服者。意见领袖具有引导围绕争议性科技话题所生发的舆论走向的能力。通过告知他人（追随者）有关新科技或新产品的信息，通过提供建议

---

① Heldman A B, Schindelar J, Weaver B. Social media engagement and public health communication: Implications for public health organizations being truly “social” [J]. Public Health Reviews, 2013, 35(01): 1-13.

以减少他人的购买或使用风险等途径，意见领袖能够采用非正式的方式影响他人的态度甚至在一定程度上改变他人的行为。

一旦确定了哪些人或组织是意见领袖，科技风险沟通者就可以与他们进行互动，商讨如何在共同的目标之下开展科技风险沟通活动。所以，识别并明确这些意见领袖，并努力与之建立互惠的沟通关系，是一个简单却极为有效的增加科技风险信息影响力的方法。然而，在与这些意见领袖进行合作时必须要注意，他们之所以具有一定的影响力，是因为他们被认为是独立的、值得信赖的，所以必须注意避免将这些意见领袖变成本组织或机构的“发言人”。如果公众感知到这些意见领袖与商业或政治利益产生关联，公众对他们的信赖感会大大降低。

第三，及时回应经由社交媒体收集到的问题或意见。

社交媒体渠道是推进公众服务的有力工具。借助这个渠道，科学机构以及相关的管理机构也能向公众表明自己注意到了他们的对话，并愿意回应他们的相应关切。对于科学研究机构以及科技风险沟通机构来说，这就包括对公众经由该机构的社交媒体账号所反馈的与争议性科技有关的问题和评论（不论是负面的还是正面的）进行回应。这一回应应该快速、真诚。快速、真诚的回应能够提升公众对于科学机构以及相关管理机构的信心，而迟滞、漫不经心的回应或者不回应都会损害公众对相关机构的信任感。

第四，帮助建立起科技风险沟通各主体之间的互动。

在社交媒体上，各个科技风险沟通主体可以进行直接互动。围绕某个争议性科技话题共享信息和资源，或者就某一科技事件的发展情况开展讨论，都能促成公众和风险沟通者之间的直接联系。简单的内容分享，或者建议公众就某一话题发表意见，同样能够显示机构与公众进行互动的意愿。这些细小的、仿佛微不足道的行为，像转发、评论等，都可能会在社交媒体平台上产生波浪式的传播效果，并增加其他使用者的参与。

第五，积极征集使用者自制内容（user-generated content，UGC）。

相应措施涉及鼓励公众在社交媒体平台上分享他们与科技相关的故事，参与科技信息的创作与分享，从而参与整体的科技风险沟通过程。

使用者自制内容有多种多样的形式，可以应用到科技风险沟通的各个领域。Challenge.gov 网站（https://www.challenge.gov/about/）建于 2010 年 9 月，美国联邦政府通过该网站设立各类创新竞赛和奖励，鼓励私人或者机构对政府所遇到的难题进行创新性解决。借助该网站，美国联邦政府将自己所遭遇到的难题列出，并开出高额奖金来鼓励公众参与解决。这些议题涉及科技、健康、社会等领域。与简单的评论或意见相比，这一网站收集的使用者自制内容层次较高。而与争议性科技风险沟通相关的使用者自制内容的征集则不需要如此复杂，比如可以简单建议公众提供与某一争议性科技议题相关的照片，或者通过某些新媒体渠道分享自己与特定科技或科技产品的故事等等。

第六，整合线上、线下的参与活动。

将新媒体参与与线下活动相结合，一方面能够增进虚拟世界中的参与，同时也赋予新媒体使用者亲身接触特定科技事件的机会。美国国家航空航天局的社交媒体账号（NASA Social）是将在线参与和离线参与结合得非常好的例子。“NASA Social”举办了“会见与问候”（meet and greet session）以及“幕后”（behind the scenes）等活动，以实现美国国家航空航天局社交媒体账号的粉丝们与美国国家航空航天局的科学家们的线下互动。上述活动可以为我国相关机构的科技风险沟通实践提供借鉴。

第七，借助新媒体促进社区参与。

使用新媒体促进社区参与对科技风险沟通具有重要作用。然而在这一领域目前的实践较少，仍然需要开展更多的工作，来确定应如何借助新媒体向各风险沟通主体传递信息并获得反馈。

上述原则的实施还需要人员、资金支持和基础设施的建设。这些原则应被纳入科技风险沟通机构或组织的沟通目标及管理策略之中，并在风险沟通实践中贯彻执行。

总的来说，新媒体为在各科技风险沟通主体之间建立直接联系提供了可能，给予普通公众更多的机会来接触科技风险管理机构及其领导者。越来越多的公共健康机构以及科学机构在社交媒体上建立了自己的公共账号。公众认为这些公共账号代表了相应的组织或个人，期待这些组织或个人能够亲自倾听或回应自己经由社交媒体提供给他们的意见和建议，并且与自己进行互动。在互动过程中，社交媒体公共账号反映和代表了该组织的个性和气质。新媒体涉及争议性科技风险沟通过程中的各层次主体，借助社交媒体的交流与活动能够不断提升公众对其的信任感。

要想做好新媒体领域的科技风险沟通并不容易，必须将时间和所掌握的资源进行合理、有效的安排，也不能仅仅将关注点放在科技和科技风险上。实践者必须关注社区参与、公众参与，学习如新闻学、风险传播、社交媒体等领域的知识。

更重要的是，必须进一步弄清公众的需求，判断在满足这些需求时什么样的沟通策略最为有效。

无论是否参与进去，新媒体上关于争议性科技风险的讨论总在持续进行中。就像克莉丝蒂·莱德福（Christy J. W. Ledford）说的那样："行为和传播的社会化已经影响到作为传播者或市场推广者的我们如何做……我们如今在一个直接与我们的受众进行互动的时代，受到受众日益增长的参与期待的影响，同时也影响到受众日益增长的参与期待。"[①]问题在于，如何实现有效的参与？如何进行有效的沟通？如果不参与，就要承担失去受众的风险，其他人会占据进来，并填平相应的风险信息沟。因此，必须花费时间和精力来研究如何促进科技风险沟通领域的新媒体参与。"就像建立面对面关系那样，这一媒体需要我们投入时间和精力。"[②]

其中最重要的事情之一，是参与到一个经过认真研究、精心准备、由数据驱动的过程。参与不仅仅是科技风险沟通机构推进新媒体传播工作的策略，它同样也应该成为科技风险沟通机构的核心价值理念和组织文化。它是给予公众的承诺：这些公众处于社会科技系统中，所以他们是重要的，所以我们关心他们，倾听他们，他们的意见也是重要的。参与有助于科技风险沟通机构实现社交媒体功能的最大化，使它们能够与自己的服务对象进行互动。参与使传播者免于被认为是闭目塞听或者对于受众的关切和需求过于敏感。社交媒体参与为科技风险沟通增加了人性化色彩。如果能够参与，能够真正地参与，经常地聆听、回应、互动，风险沟通的沟通者会不断地学习和成长。

如果没有对话，所谓的科技风险沟通可能会变成像美国新泽西州参议员科里·布克（Cory Booker）在2013年初评价美国联邦政府的社交媒体实践时所说的那样，是"一个公告系统，就像你们以前在教室里听到的那样……没有互动，没有合作"[③]。新媒体参与在科技风险沟通领域所能起到的作用是巨大的。科技风险沟通所使用的传播工具在不断变化。传统的科技教育方式已无法满足社会需求。在一个充满了新媒体的世界中，科技风险沟通需要一个有力的、有效的声音来获取成功。

---

① Ledford C J W. Changing channels: A theory-based guide to selecting traditional, new, and social media in strategic social marketing[J]. Social Marketing Quarterly, 2012, 18(03): 175-186.

② Ledford C J W. Changing channels: A theory-based guide to selecting traditional, new, and social media in strategic social marketing[J]. Social Marketing Quarterly, 2012, 18(03): 175-186.

③ Huffington Post. Cory Booker at SXSW: Government needs to reform social media strategy[EB/OL]. http://www.huffingtonpost.com/2013/03/10/cory-booker-sxsw_n_2850442.html[2016-10-03].

为进一步推进新媒体参与实践，对于科技风险沟通者来说，应确定自身的新媒体参与准则，并思考如何能更好实现整体的沟通目标。科学组织机构的传播基础架构需要接受检测，以评估其推进新媒体参与实践的能力，并设定明确的程序或步骤来推进这一参与进程。科技风险沟通者应该能够不断改进参与方式。更重要的是必须进行协作，以更好地发挥新媒体在促进公众参与方面的作用，最终促进科技风险沟通的健康发展。

第三节　争议性科技风险沟通的混合路径

一、多元路径的融合

多元路径涵盖了媒体路径与非媒体路径。多元路径混杂、融合，构建起复杂的风险沟通图景。因此，风险管理和决策者要打的是组合拳，需熟悉每种媒介的传播特征，并结合其特性选取最优的风险沟通路径组合。多元路径中，每种媒体都发挥着重要的作用。

“媒介融合”是新传播科技推动下出现的媒介发展理念与实践。在互联网等新传播科技迅速发展的基础上，报纸、广播、电视等传统媒体与互联网、移动终端等新媒体实现了有机整合，开发出新的信息产品类型，并通过多样化的传输渠道到达受众。

媒介融合背景下，争议性科技风险沟通路径同样呈现出融合、混杂的趋势。这里的融合是双重融合，涉及媒体路径内部的融合，以及媒体路径和非媒体路径之间的融合。

媒体路径内的融合与当前媒体融合的样貌类似。目前的科技风险沟通实践已经实现了跨界延伸，致力于打通各类传播渠道，实现科技相关内容的多平台、跨终端的全媒体推送。比如，目前的电视科教频道正借助互联网等新媒体技术实现转型，旨在跨越互联网与电视渠道之间的界限。科技类报纸开通微博、微信公众号，甚至开发出新闻客户端。又如浙江省科学技术协会（以下简称浙江省科协）打造的“科学+”系列活动品牌。充分利用微信、微博、数字电视、新闻客户端等新媒体平台，浙江省科协已与华数数字电视传媒集团、浙江新闻客户端、大浙网、今日头条、《都市快报》等展开合作，打造出“最强科学+”“小菜知道”“新闻课”“科学训练营”“好奇实验室”等活动，同时入驻网易新闻客户端发布平台、企鹅号新媒体平台。2018 年 4 月，浙江省科协联合多家单位成立浙江科学传播融媒体联盟，传统上“单兵作战”的记者、平台和渠道，在媒介融合语境下成为整体传播矩阵中密不可分的一环。上述实践一方面拓展了科技信息的传播路径，同时有机结合各类媒体传播的优势，促进使用者的参与，并加强风险沟通主体间的互动。

科技风险沟通领域已经存在混合路径的实践。比如某科技馆举办特定主题活动，主题活动在科技馆自己的网站上有实时信息发布，还在直播平台进行同步直播，报纸、电视台对这一活动也进行了报道，相关的信息在不同的媒体渠道中传播。如果依照传播形态对混合路径进行分类，可以发现混合路径中包含了人际传播、大众传播、新媒体传播、群体传播等多种类型。

混合路径有助于科技风险沟通突破时间和地域的限制。由于时间和地域的限制，非媒体路径的科技风险沟通实践只能触及少部分人，影响力也有限。混合路径突破了这一限制，能够将两者的优势进行结合：一方面具有地域上的接近性、亲近性，同时触及规模巨大的受众，扩展了沟通实践的影响力。比如，我国新一代运载火箭长征七号 2016 年 6 月底在中国文昌航天发射场点火升空，当时有 2 万余名公众在现场观看了火箭的发射升空，而通过腾讯网视频直播在网上收看火箭升空的网民超过 300 万。[①]不仅如此，截至 2017 年 1 月 17 日，创意短视频《创意手绘动画解读：长征七号火箭有多牛》仅在腾讯网就有 700 多条评论。

混合路径有利于立体双向科技风险沟通平台的搭建。借助多种传播路径，科技风险沟通者能够采用多样化的方式呈现与传递科技风险信息，如使用媒体（报纸、广播、电视等）与非媒体手段（宣传册、情况说明书和传单等）对科技风险进行可视化呈现与解读，开展面对面的沟通（利用生动的投影图像或三维模型进行材料展示），让各风险沟通主体参与（如让了解风险的企业代表参与公众讨论会），以及展开技术辅助科技风险沟通（如搭建网站进行互动等）。

如今，“互联网+”时代到来，媒体路径，特别是新媒体在混合路径中所占据的权重越来越大。比如，全球许多国家都有设立的科学媒介中心（science media center）所进行的探索和实践，就体现了传播路径的融合。科学媒介中心针对引发社会关注或争议的科学问题，邀请媒体记者和相关领域的科学家对话，建立起面

① 刘晓莹. 中国科普现状解析: 热点事件能否让科学火起来[N]. 科技日报, 2016-07-28.

向社会和公众传播科学的机制，起到了良好的效果。科学媒介中心搭建起科学共同体与科学新闻机构之间沟通交流的平台，它举办的许多讲座或者交流会，除了传统媒体的报道，还会放在网上进行同步直播。

二、科技类场馆与科技风险沟通

除了报纸、电视、杂志等媒体路径，争议性科技的风险信息还可以借由一些科技类场馆，在特定情境中被传递给公众，比如博物馆、科技馆、大学、研究机构、核电站、企业生产车间等。科技类场馆设置了风险沟通的特定场景与情景，采用媒体路径与非媒体路径，融合人际传播、大众传播等多种手段联结具体的个人和群体，在科技风险沟通中具有特殊重要的作用。但是，对于这些科技类场馆在科技风险沟通中所扮演的角色，至今依然很少有人展开讨论。仅有部分著作讨论了博物馆在科技传播中的角色和作用。

博物馆、科技馆等科技类场馆是科技传播的主力，在科技风险沟通过程中发挥着重要的作用。博物馆和科技馆展出的科技相关物品的实物或照片生动形象，为争议性科技的风险沟通提供了良好的素材。博物馆、科技馆的参观者多数是科技爱好者，对于科学技术知识有了解的意愿和需求，参与意识强，是良好的风险沟通对象。科技类场馆能够通过主题展览的方式或者其他方式，对争议性科技的风险信息进行完整准确的表达，其内容翔实，能够取得良好的传播效果。

2014 年度全国科普统计数据显示，截至 2014 年底，全国共有科技馆 409 个，科学技术类博物馆 724 个。2014 年共有 4192.31 万人次参观科技馆，比 2013 年增长 12.27%。[①]到了 2018 年，上述数字已有大幅提升。科技部在京发布的 2018 年度全国科普统计数据显示，2018 年全国共有科普场馆 1461 个；科普场馆展厅面积 525.70 万平方米。其中，科技馆 518 个；科学技术类博物馆 943 个。2018 年，科技馆共有 7636.51 万参观人次，科学技术类博物馆共有 1.42 亿参观人次。[②]国内已有多种主题的科技馆，比如核科技主题科技馆、天文馆等。1998 年 10 月，中国第一个核科技、核武器专题馆——中国工程物理研究院科学技术馆正式对外开放。2014 年 8 月山东核电科技馆正式对外开放。前者侧重核武器相关知识的科学普及，后者则侧重核电知识的科普。山东核电科技馆逐步开展核能及核电专题知

---

① 喻思娈. 我国 2014 年人均科普经费达 4.68 元，新媒体传播手段大幅增长[N]. 人民日报, 2015-12-01.

② 张蕾. 2018 年度全国科普统计数据发布：人均科普专项经费 4.45 元 每 95.51 万人拥有一个科普场馆[EB/OL]. http://news.gmw.cn/2019-12/24/content_33427174.htm[2019-12-24].

识科普宣传与教育，以加强公众对核能与核电基础原理及应用的认识和理解，消除公众对核的偏见和恐惧作为自己追求的目标。[①]如今，如何应对新兴网络工具所带来的挑战，并成功运用其服务于科学传播成为科技类场馆发展所面临的重要挑战之一。

就争议性科技风险沟通来说，科技类场馆的主要形式为展览与展示，面向公众尤其是青少年群体，系统性地介绍相关科技及其应用，或者让公众在实地探访中了解科技应用情况或科学研究现状。科技类场馆能够通过组织各种科普实践、讲座等活动，借助科学性、知识性、趣味性相结合的展览内容实现参观者的参与互动，加深其对科学的理解和感悟。参观者在参与中体验科学方法，学习科学知识，培育科学思想和科学精神，最终潜移默化地提高自身科学素质。[②]就受众群体而言，参观科技类场馆的公众，多数是对于科学技术比较感兴趣，或者对相应的科技类信息具有特定需求的群体，满足这一受众群体的信息需求具有重要的意义。伍新春和季娇等对北京育才中学在北京自然博物馆开设的生物课进行了跟踪研究，结果发现学生对科学家的消极刻板印象有所减弱，更清晰地认识和了解了科学研究这一职业的内容和特色。[③]

不仅仅是展览与展示，科技类场馆可以综合运用多种媒体渠道进行科技类信息的传递。传单等印刷资料能够将科技类信息进行形象化展示和说明，其网站则可以借助文字、图片、音视频等多种形式传递相应信息。除此之外，大型主题展览、论坛、讲座等活动更是能够吸引诸多的科技爱好者，甚至是各级各类媒体的广泛关注。科技类场馆还可以与大众媒体合作展开科学传播活动。许多国家的博物馆已经建立了网络博物馆。基于智能移动终端的博物馆 App 应用也已经走向公众。[④]

国内的科技类场馆在科技传播及科学风险沟通等领域已经有了比较多的实践和尝试。我国多数核电站都设置了公众开放日，抽出特定时间向公众开放，让其在实地探访中了解核电站的运作，形成对于核电风险的直观感受与认知。2015 年 7 月底至 8 月初，我国首届“全国核行业公众开放日”活动启动，16 个在运、在建核电基地集中面向公众开放，部分核工业产业链单位也同时向社会开放。如今，

---

① 详见山东核电有限公司网页 http://www.sdnpc.com/popularization/activity/index.html.

② 详见中国科学技术馆网页 http://cstm.cdstm.cn/e/action/ListInfo/?classid=87.

③ 伍新春，季娇，尚修芹，等. 初中生的科学家形象刻板印象及科技场馆学习经历对其的影响[J]. 华南师范大学学报(社会科学版)，2010(05)：58-64，159.

④ 杜志刚，孙钰. 面向公众的科学传播研究：一个综述[J]. 中国科技论坛，2014(03)：118-123.

核电行业的“公众开放日（周）”已形成制度化运作，公众得以在核电站现场进行全面体验，并与核电专家及相关工作人员进行互动交流。

许多博物馆和科技馆在网上设立虚拟科普场馆。以上海科技馆为例，其已形成集专业场馆、科技企业、社区展馆为一体的科普网络。上海科技馆开设了“上海科普大讲坛”。2015 年 9 月，“上海科普大讲坛”邀请到了中国科学院院士金力，金力院士以“探究遗传奥秘，奏响生命乐章”为主题进行了科普演讲。2014 年 4 月 27 日，由浙江省科协、浙江日报报业集团主办，浙江日报、浙江省科技馆、果壳网等承办的“科学+ASTalk”特邀海外美食作家冰清向公众进行转基因知识的科普，介绍转基因食品在美国的发展现状。

科技类场馆在科学传播及科普工作中所能发挥的作用已经得到广泛的认识和实践。还有另外一个庞大的、重要的群体在这一领域发挥作用的潜力还没有受到广泛重视和挖掘——大学及科研院所。大学及科研院所应服务于当地社区，这个服务也应体现在相应的科学知识普及与科技风险沟通上。大学及科研院所具有丰富的科技研发资源，但其科学普及与传播的意识和实践应进一步加强。目前，国外许多重要的实验室都有自己的开放日，许多学校每年也都至少组织一次类似于科技周之类的活动。这些活动充分利用本校或者本机构的人力及科技资源，与公众沟通交流，取得了良好的效果，值得国内科研院所及高校借鉴和推广。

普林斯顿等离子体物理实验室是由美国能源部与普林斯顿大学共建的一个国家实验室，主要开展核聚变以及与等离子体物理相关的研究。普林斯顿等离子体物理实验室在每个月的第一个及第三个星期五对外开放，公众可以预约前去参观，由等离子体物理实验室的物理学家和工程师们进行讲解，并带领公众参观相关的实验设施，回答公众的提问。在这一过程中，参观者可以进入国家球形托克马克实验大厅及实验控制间，并了解核聚变如何为未来提供“干净的、可负担得起的、安全的以及充足的”能源。[①]

三、科学节等情境中的科技风险沟通

目前，科学节作为集科学讲座与演讲、专题报告、展览、工作坊、动手实验等多种类型活动于一体的大型科学传播活动，在传播科学知识、普及科技成果、拉近公众与科学的距离、提升公民科学素养等方面发挥了重要作用。科学节在科

---

① 详见 http://www.pppl.gov/about/tours.

学家、媒体、公众等沟通主体之间架起了桥梁，是当前许多国家的机构与组织广泛采用的科学传播形式。

英国是公众理解科学运动的发源地，也是世界上最早创立科学节并开展科学节活动的国家。英国科学节起源于 1831 年，由英国科学促进协会主办，每年 9 月由英国不同城市轮流承办，由政府和企业提供资助。英国科学节每年举办近百场的活动，数以万计的公众聚集在一起，围绕科技议题展开交流。英国科学节激发了其他各类型科学节的发展，如曼彻斯特科学节、阿伯丁科学节等，这些科学节规模大小不同，持续时间长短不一，但都在激发公众参与科学方面发挥了重要作用。①

在美国，美国科学促进会（American Association for the Advancement of Science，AAAS）于 1989 年在旧金山举办了第一次公众科学节。之后，在每年召开年会的同时美国科学促进会也会举办公众科学节活动。除此之外，教育系统方面，各个学校也都会举办科学节，从幼儿园到小学到大学，无一例外。这些科学节由本校师生主办，面向公众。从 2011 年开始，密歇根州立大学在每年的 4 月份都会举办持续近 2 周的面向公众的科学节。科学节期间全部的活动对公众免费开放，密歇根州立大学几乎所有院系都会在科学节上设立自己的展台，介绍本院系教工的科研成果等（密歇根州立大学科学节的详细内容可见 http://sciencefestival.msu.edu/）。

美国国家科学基金会（American National Science Foundation，NSF）和英国研究理事会（British Research Council，BRC）专门制作了传播指南，还有一些科研机构成立了新闻办公室或者聘用了专门从事科学传播的工作人员，开展各种类型的科技风险沟通活动，包括开通具有教育功能的网站、拍摄纪录片、开展志愿服务等。美国神经科学学会（American Society for Neuroscience，American SFN）甚至组建了专业团队致力于帮助科学家同普通公众进行交流。②

总的来说，如今处于信息大爆炸时代，各种新的媒介形态不断涌现，抢夺着人们有限的注意力。科技风险沟通者要如何抢夺人们有限的注意力？《科学美国人》（*Scientific American*）时任总编玛丽埃特·迪克里斯汀娜（Mariette DiChristina）提出，我们可以把他们从电子游戏那里抢回来，但也可以利用电子游戏。既

---

① The BA Festival of Science 2006 Evaluation Report[EB/OL]. https://www.britishscienceassociation.org/Pages/FAQs/Category/past-british-science-festivals[2019-03-09].

② 大鹏的科普. 如何做好传播科学的“二传手”？[EB/OL]. http://www.guokr.com/article/437998/[2015-10-05].

然有网页的时候，我们能利用网页，有手机应用的时候，我们能利用手机应用，那么我们也用游戏化手段来达成科学传播。[①]各种路径，无论其是媒体路径或者非媒体路径，无论其是传统路径或者新路径，只要有助于进行科技风险沟通，在弄清其传播特点的基础上，科技风险沟通者都可以加以利用。在这一方面，《科学美国人》树立了榜样。它是第一个登上美国在线的杂志。“科学美国人始终相信，我们的任务是分享知识，只要出现了新的渠道，我们就会使用它，不管是互联网、推特、脸书、谷歌、视频。所以，我们会如何改变？每当出现了新的技术，我们就会随之改变。”[②]只有这样，才能在新传播科技迅猛发展的时代站稳脚跟。

---

① Ent. 科学人对话《科学美国人》总编玛丽特·迪克里斯汀娜[EB/OL]. https://www.guokr.com/article/439429/ [2016-11-05].

② Ent. 科学人对话《科学美国人》总编玛丽特·迪克里斯汀娜[EB/OL]. https://www.guokr.com/article/439429/ [2016-11-05].

第五章　争议性科技风险沟通的内容分析

研究科技风险沟通的内容与机制是分析和理解争议性科技风险沟通的合理路径。贝克认为，对风险信息的忽视有助于风险的增长和传播。[①]只有搞清楚各类媒体路径中传递了什么样的内容，才谈得上进行有效沟通。

从一般意义上讲，科技风险沟通的内容即科技风险信息。内容分析是考察"谁定义了争议性科技风险"和"如何描述与解释争议性科技风险"的问题。本书重点考察各类媒体中的科技风险信息呈现，以媒体的争议性科技报道与新媒体视频中的争议性科技呈现为例展开分析。

第一节　媒体中的争议性科技

科技报道与科技的进步和发展之间存在密切关系。早在20世纪30年代，《纽约时报》记者威廉·劳伦斯（William Lawrence）就将科技报道的写作者称为"普罗米修斯真正的后裔"，认为这些人"从实验室、大学、研究机构采集科学界的奥林匹克火种，并撒向全人类"。[②]媒体的科技报道如同普罗米修斯送来的光和热，为广大公众提供了所需的资讯，帮助他们做出恰当的判断和选择。媒体对于科学技术的报道不仅能够帮助公众认识科学实践及其成果对于社会政治经济发展的影响和作用，也能够帮助他们了解为何科学证据能够作为决策的依据，最终帮助其

① 乌尔里希·贝克. 世界风险社会[M]. 吴英姿，孙淑敏，译. 南京：南京大学出版社，2004：186.

② Murcott L, Williams A. The challenges for science journalism in the UK[J]. Progress in Physical Geography, 2013, 37(02): 152-160.

成为知情的公众。要想了解媒体领域的争议性科技风险沟通状况，弄清媒体报道和公众风险感知之间的关系，首先要弄清媒体如何报道争议性科技。近年来，这方面的研究在许多国家已逐渐取得一些成果，其中，有关媒体对于转基因科技报道的研究成果较为丰富。

转基因技术处于现代生物技术发展的前沿领域，围绕其可能带来的风险的讨论和争论始终如影随形。媒体在这些讨论和争论中起到了重要的作用。英国的普斯泰（Pusztai）转基因土豆事件（1998 年）、美国的帝王蝶（monarch butterfly）事件（1999 年）、墨西哥的玉米污染事件（2001 年）、我国的转基因主粮商业化争论事件（2010 年）等，都是由媒体率先发布，引发社会广泛关注，同时在媒体平台上掀起了激烈的意见交锋。

有关转基因科技的报道，相关研究发现，媒体倾向于采用正面态度来报道医学生物技术，采用负面态度来报道农业生物技术。[①]在比较了英国和美国媒体在报道时采用的框架后，莱奥妮·马克斯（Leonie A. Marks）等指出，在报道转基因时，英国媒体更多使用环境风险框架，而很少从成本及收益角度进行报道。[②]

美国媒体在报道转基因科技时采取了与欧洲媒体不同的框架。有学者比较了英国、美国和德国的媒体的相关报道，发现科学与经济框架在美国精英媒体对转基因的报道中处于支配地位，德国媒体在报道中体现出很强的伦理色彩，英国媒体则将转基因议题与其他公共议题紧密联系。[③]鉴于美国科学界普遍认可转基因较为安全的结论，美国媒体的科学与经济框架就更加容易得出支持转基因的结论。

对美国 1970—1999 年生物技术和大众传媒的关系进行历史分析后，马修·尼斯贝特（Matthew C. Nisbet）和布鲁斯·莱文施泰因（Bruce V. Lewenstein）发现：从 20 世纪 70 年代到 90 年代上半期，媒体基本不曾关注公众对于生物技术的看法和观点；直到 20 世纪 90 年代后半期，普斯泰转基因土豆事件、帝王蝶事件等引起有关转基因技术安全性的全球性大讨论后，媒体对转基因安全性争论的报道才大量增加，有近 70%的报道以争论为特征。从 20 世纪 90 年代后期开始，在各种争论事件中，公众的地位发生了重大转变，开始受到媒体重视，作为重要的行动

① 范敬群，贾鹤鹏，艾熠，等. 转基因争议中媒体报道因素的影响评析——对 SSCI 数据库 21 年相关研究文献的系统分析[J]. 西南大学学报（社会科学版），2014，40（04）：133-141.

② Marks A, Kalaitzandonakes N, Wilkins L, et al. Mass media framing of biotechnology news [J]. Public Understanding of Science, 2007, 16 (02): 183-203.

③ Listerman T. Framing of science issues in opinion-leading news: International comparison of biotechnology issue coverage[J]. Public Understanding of Science, 2010, 19 (01): 5-15.

者在媒体有关生物技术的报道中出现。①

有关电视节目中转基因科技的呈现，研究者发现，美国主要电视频道的晚间新闻对转基因的报道数量稀少，总体上呈正面态度，为美国食品药品监督管理局等政府部门赋予了解释转基因问题的极强权威性。与纸质媒体一样，电视对转基因的报道随热点波动，这些热点较多地涉及对转基因的争议。在出现争议的情况下，电视晚间新闻往往赋予美国食品药品监督管理局或美国农业部（United States Department of Agriculture，USDA）等部门一锤定音的权威性，而美国食品药品监督管理局和美国农业部非常支持转基因作物的发展。②

除媒体报道框架、文本分析外，琳达·斯坦纳（Linda Steiner）和诺拉·博德（Nora Bird）从媒体从业人员角度出发，对美国记者报道转基因科技的态度进行了研究。他们发现，美国记者普遍不认为转基因是一个重要议题。受访者都认为转基因有潜在风险，但会以相对而非绝对的眼光来衡量收益和风险，认为相较于大量应用农药和产量不足等问题，转基因的收益比风险更高。这一研究还有一个有趣的发现：尽管记者们普遍抱怨科学家难以打交道，但他们都认为，自己在与科学家的交流中获得了所需的消息，主要消息来源是大学和州一级的食品安全机构，而不是联邦政府。③

相较于欧美，我国学者探讨转基因科技媒体再现的研究不少，但多局限于对于报纸的分析。就转基因等争议性科技而言，其所带来的风险和收益在不同媒体平台中有不同的呈现方式。媒体报道不仅再现了科技风险，同时也在借由其所构建的拟态环境建构着科技风险，影响着公众对于风险的认知以及可能采取的行动。因此，探讨媒体如何报道争议性科技以及争议性科技所带来的收益和风险就显得异常重要。

第二节　新媒体中争议性科技的媒介框架

正如在第一章中我们所分析的那样，风险由社会建构形成，它是一种可能发

① Matthew C, Bruce L. Biotechnology and the American media the policy process and the elite Press, 1970 to 1999[J]. Science Communication, 2002, 23(04): 359-391.

② Nucci M L, Kubey R. We begin tonight with fruits and vegetables-genetically modified food on the evening news 1980-2003 [J]. Science Communication, 2007, 29(02): 147-176.

③ Steiner L, Bird N. Reporters see indifference on genetically modified food [J]. Newspaper Research Journal, 2008, 29(01): 63-76.

生的、客观的伤害威胁，同时也是一种文化和社会经验的结果。在媒体和公众的话语中，争议性科技往往被赋予复杂的政治、经济、社会等意义。新媒体语境下，新媒体成为这些意义被建构和分享的重要空间。保罗·斯洛维克（Paul Slovic）等指出，风险事件的能量释放具有“涟漪效应”：一个风险事件在经过社会阐释过程之后，会引发社会各界的一系列行动，风险事件就像一个投入池塘中的石头，激起层层涟漪，这些涟漪就是风险事件所带来的各种社会冲击，如产品滞销、社会抗议、政策调整及信任危机等。[①]对于争议性科技而言，上述“涟漪效应”的产生和扩散过程，其实就是某种科技的社会意义被建构和传播的过程。在此过程中，媒介框架起到了极其重要的作用。

在关于转基因科技的媒介框架研究中，主流研究集中在对报纸等传统媒体相关报道的研究上。但随着新媒体的兴起，科技争议也正在这一新的媒介空间酝酿、生成。社交媒体，尤其是社交视频网站在风险沟通中扮演的角色日益重要，在促进争议性科技议题的传播中发挥的作用尤为显著。2012 年 5 月，中国在线视频用户数量已经超越了搜索服务，在线视频成为互联网第一大应用。《2016 中国网络视听发展研究报告》显示，截至 2016 年 6 月，我国网络视频用户规模达 5.14 亿。[②]仅仅过了不到三年时间，《2020 中国网络视听发展研究报告》显示，截至 2020 年 6 月，中国网络视频用户规模已达 9.01 亿。[③]

通过上述有关我国不同媒体平台对于转基因科技报道的分析可以看出，尽管国内研究者对于转基因的媒体呈现关注的较多，但对于社交媒体在转基因科技风险沟通中所起的作用和产生的效果涉及不多，已有研究也主要限于关注新浪微博在文字上如何表现转基因科技争端（如王宇琦、曾繁旭的研究[④]），对于音视频形式的转基因风险沟通研究甚少，仅有李雪瑞于 2014 年对于凤凰网的分析[⑤]，以及

---

① Kasperson X, Kasperson E, Pidgeon N, et al. The social amplification of risk: assessing fifteen years of research and theory[J]. The Social Amplification of Risk, 2003(01): 13-46.

② 李晓东，高赛.《2016 中国网络视听发展研究报告》发布 我国网络视频用户达 5.14 亿[N]. 光明日报, 2016-12-07（06）.

③ 国家广电智库.《2020 中国网络视听发展研究报告》六个核心发现[EB/OL]. https://tech.qq.com/a/20201012/022017.htm[2021-03-08].

④ 王宇琦，曾繁旭. 谣言澄清与公众赋权——社会化媒体在风险沟通中的角色担当[J]. 当代传播, 2015(02): 14-18.

⑤ 李雪瑞. 网络视频新闻中转基因报道形象建构——以凤凰网视频为例[J]. 新闻研究导刊, 2014(04): 52-55.

苗伟山、贾鹤鹏对于美国 YouTube 视频分享网站上视频的分析[①]。上述研究现状并不利于我们全面了解争议性科技的风险沟通现状。本书以国内知名社交视频网站优酷网中的转基因食品视频为案例，从传播主体、媒介框架和传播技巧等方面来分析社交媒体对于科技争议的框架建构过程。

一、媒介框架与科技的媒介框架

欧文·戈夫曼（Erving Goffman）认为框架是人们将社会真实转换为主观思想的重要凭据，也就是人们或组织对事件的主观解释与思考结构。[②]框架建构过程涉及信息的选择、强调、重组，而经过选取和重新排列的素材可以建构问题的焦点、原因、评价和解决方式。但在此过程中必然伴随着信息的剔除或忽略，所以框架也会具有局限性。

在媒介研究中，框架指的是媒介呈现的对于事件进行解释的核心想法或角度。它是记者报道新闻事件时运用的策略，能协助其迅速选取信息、建构信息使受众了解，也是受众赖以建构事物真实的工具。虽然受众在进行信息解读及文本诠释时，能够通过选择性接触、选择性理解等机制对外界信息进行重新组织，并从个人角度进行信息意义的建构，但不少研究者的研究证实，媒介框架可以在一定程度上框限受众对于外界事物的认知。因此，框架被视为分析媒介文本对受众建构真实时所产生影响的利器。框架理论被广泛应用于新闻传播学领域，特别是针对媒介框架的研究中。

托德·吉特林（Todd Gitlin）认为，媒介框架是认知、解释和表达的连贯模式，是筛选、强调和排除新闻报道的过程。[③]不同的媒介框架架构方式使得同一个议题在不同的媒体报道中呈现出不同的意义。研究者发现，媒介框架在新闻从业者与消息来源的互动过程中产生，其产生过程同时也是新闻组织内外各种权力的角力过程。[④]现实的新闻报道中，未必只存在一种媒介框架。[⑤]不同的框架往往代

---

① 苗伟山，贾鹤鹏. 社交媒体中转基因食品的媒介框架研究——基于美国YouTube视频网站的案例分析[J]. 科普研究，2014，9（05）：14-23.

② 贺蕾，黄芝晓. 媒介与民主——《人民日报》1978-2012“两会”报道框架分析[J]. 新闻大学，2012（05）：47-57.

③ 托德·吉特林. 新左派运动的媒介镜像[M]. 张锐译. 北京：华夏出版社，2007：14.

④ Scheufele D A. Agenda-setting, priming, and framing revisited: Another look at cognitive effects of political communication[J]. Mass Communication and Society, 2000, 3（2-3）: 297-316.

⑤ Gamson W A, Modigliani A. Media discourse and public opinion on nuclear power: A constructionist approach[J]. The American Journal of Sociology, 1989, 95（01）: 1-37.

表着不同竞争者的意义偏好。多元框架并存的状况无疑会影响到人们对于科技的态度和认知，同时也影响到科技风险沟通的效果。

罗伯特·恩特曼（Robert M. Entman）认为，框架在本质上涉及“选择”和“凸显”：选择一个可感知现实的某个方面并使其在传播文本中更加突出，人们以这种方式推荐或提升特定的问题定义、因果阐释、道德评价和解决方案。①“选择”“凸显”“排除”“弱化”等机制主要作用于信息处理及信息意义建构层面，通过这一机制，媒介框架划定了事件的意义范围，并将其放置于特定的意义体系内。②

在认知层面，框架通过定义问题、解释因果、价值评判及提供建议等功能影响了受众的态度和认知。即使面对同一个媒介文本、同一种媒介框架，不同的受众从不同维度也可解读出不同框架。

在意义建构层面，媒介框架描述的是媒介的信息处理机制，即通过“选择”“凸显”“排除”“弱化”等方式处理信息，并在此过程中赋予并建构信息的意义。通过什么事实应该被呈现、什么事实应该被排除的等级原则来帮助维护世界的秩序。③从这个意义上说，媒介扮演着复杂的角色，其不仅生产新闻话语，建构媒介框架，同时也是各个社会群体争夺现实建构的场所。④

在科学传播及科技风险沟通领域，框架理论是一种重要的理论视角，主要被用来分析媒体如何报道特定科技议题，以及媒体报道如何影响公众对于某些科技的态度和意见。前者将框架视为因变量，关注媒介框架如何呈现有关特定科技议题的话语，如何建构特定科技话题的图像；后者将媒介框架作为自变量，研究媒介框架如何影响受众的态度和观点。目前科技传播领域的研究大部分集中在框架建构方面。关注的重点议题包括气候变化、核电站建设、转基因食品的安全性等。这些议题与普通公众的生活密切相关，但由于涉及多方利益，存在很大纷争，因此呈现出不同的媒介报道框架，也呈现出不同媒介框架的竞争和媒介话语的争夺。

如今，转基因成为科学传播以及科技风险沟通领域的热点话题，并以其极强的争议性引发社会的广泛关注。伴随着互联网的迅猛发展和社交媒体的出现，这

---

① Entman R M. Framing: Toward clarification of a fractured paradigm[J]. Journal of Communication, 1993, 43(4): 51-58.

② 郝永华，芦何秋. 风险事件的框架竞争与意义建构——基于“毒胶囊事件”新浪微博数据的研究[J]. 新闻与传播研究, 2014(03): 20-33.

③ Gitlin T. The Whole World is Watching: Mass Media in the Marking and Unmaking of the New Left[M]. Berkeley: University of California Press, 2003: 10-53.

④ Gamson W A, Modigliani A. Media discourse and public opinion on nuclear power: A constructivist approach[J]. American Journal of Sociology, 1989, 95(01): 1-37.

场争议变得更加广泛和激烈。

有关转基因争议的媒体框架，相关研究主要关注大众媒体在报道转基因科技时采用何种框架。例如，有学者发现部分英美媒体报道转基因时，更加重视采用环境风险框架，而很少从成本收益的角度进行报道。①2003 年，当时英国的布莱尔政府为让英国公众能接受转基因，在英国发起了名为“转基因国家？”的全国性大讨论，但研究发现，英国媒体报道转基因的关键词充斥了很多“战争”“战场”“侵占”等词语，这可能会给人们带来强烈的抵制转基因的心理暗示。②有研究者从欧洲多个国家的媒体 24 年间（1973 年至 1996 年）对生物技术的报道中发现，媒体对生物技术的农业应用持负面态度，以讲述科学道理为主的框架在舆论上难以占到上风。③美国的情况则有所不同。针对美国记者的研究显示，他们中没有人认为转基因不存在潜在风险，但都会以相对的眼光看待利益和风险，并认为相比于大量应用农药和产量不足等问题，转基因的收益更多。④

二、新媒体中的争议性科技框架——以优酷网转基因视频为例

本书以中国较为知名的视频分享网站优酷网（https://www.youku.com/）的视频为例进行分析。选择优酷网作为分析样本是因为，自 2006 年 12 月成立以来，优酷网已发展成为中国互联网领域具有一定知名度的视频分享平台。视频分享网站上的视频节目，根据制作主体的不同，大致可分为：分享节目，即由电视机构制作并授权播出的视频节目；网站原创节目，即由具有网络内容生产资格的机构组织生产，在网络空间和传统电视机构播出的视频节目；用户生产内容。⑤通过拍客训练营等推进用户生产内容的上传，优酷网在网民原创作品以及自制内容的开发和推广领域具有较高的知名度。

本书围绕以下研究问题展开：

---

① Marks A, Kalaitzandonakes N, Allison K, et al. Media coverage of agrobiotechnology: Did the butterfly have an effect?[J]. Journal of Agribusiness, 2003, 21(01): 1-20.

② Augoustinos M, Crabb S, Shepherd R. Genetically modified food in the news: Media representations of the GM debate in the UK [J]. Public Understanding of Science, 2010, 19(01): 98-114.

③ Gutteling J M, Olosson A, Fjastad B, et al. Media coverage 1973-1996[C]. In Bauer M W, Gaskell G. Biotechnology: The Making of a Global Controversy. Cambridge: Cambridge University Press, 2002: 95-128.

④ Steiner L, Bird N. Reporters see indifference on genetically modified food [J]. Newspaper Research Journal, 2008, 29(01): 63-76.

⑤ 颜梅. 从家长制到消费者制：网络视频原创节目的媒介生产机制[J]. 国际新闻界，2013，35(05)：112-119.

第一，谁在建构媒介框架？细分问题包括：新媒体环境下，什么样的机构或个人建构了转基因科技及其应用的媒介框架？建构者中是否存在着多元竞争主体？如果存在框架竞争，哪类主体具有更大的话语权？

第二，建构了什么样的框架？细分问题涉及：关于转基因科技及其应用的媒介框架都有哪些？其分布有何规律和特点？建构的是多元框架，还是表面多元但本质上仍然单一的框架？

第三，采用了什么样的框架建构技巧？细分问题包括：媒介框架是如何被建构的，哪些策略和技巧在媒介框架建构过程中经常被使用？

第四，这一框架产生了什么样的传播效果？具有什么样的影响？受众对这一框架的意见和态度如何？

具体的样本搜集步骤是：在优酷网的官方网站上，以“转基因”为关键词进行搜索，然后借助其视频筛选功能在“最多播放”中选择观看排名前30的以转基因为主要关注对象的视频作为分析单元。数据收集时间为2017年5月16日。在这些有效视频样本中，发布时间最早的为2011年上传的视频。

之前的研究中，并没有研究者将受众对转基因视频的留言等体现框架影响的内容纳入分析领域，本书的讨论涵盖受众对转基因视频的留言，借以分析转基因视频框架所产生的影响和作用，或者可以称为转基因视频框架的传播效果。具体的编码类目如下。

1. 框架建构者

转基因视频的框架建构者涉及双重建构主体，即视频发布者，以及视频中的消息来源。本书将框架建构者分为如下类型：官方机构或代表、非政府组织、国内媒体、国外媒体、企业、普通公众、科学家、其他专业人士、无法识别。

2. 视频框架

在进行框架识别时，本书将恩特曼提出的框架所具有的功能（即问题定义、诊断原因、道德判断和解决方案）作为参考，集中探讨主要研究问题。通过反复阅读视频样本，我们要求编码员仅识别“风险定义”框架、“原因诊断”框架（涉及风险归因与归咎）与“解决方案”框架（涉及行动建议），并根据视频中行动者的语意来识别框架。在具体的框架识别中，有些视频样本中可能不只出现一个框架，而有些样本则可能没有包含框架信息。

本书依据对优酷视频的分析，将转基因视频的框架类型总结如表5-1所示。

表 5-1 转基因视频的框架类型

框架	具体内容
食品安全	关于转基因食品安全对人类健康影响的讨论
环境影响	关于转基因对生态环境影响的讨论
社会影响	对传统农业和传统饮食等领域的影响
国家安全	对国外粮食或种子的依赖；对国防安全等领域的影响
科技介绍	对转基因科普、转基因科研进展的介绍
科技风险	转基因科技的不确定性、转基因科技所具有的风险
经济因素	转基因科技所带来的商业利益
政治因素	是否存在政治利益集团
监管问题	审批程序问题；决策过程问题；质疑决策的合法性
个体权利	个体的知情权；个体的选择权等
行动建议	学会鉴别转基因食品；告知他人不要买；拒绝转基因食品

3. 框架建构方式

本书依据对优酷网中视频的分析，采取以下维度分析转基因视频的框架建构方式（表 5-2）：视频类型、视频呈现方式，以及视频时长。

表 5-2 转基因视频框架建构方式的分析维度

分析维度	类别
视频类型	国内媒体节目（新闻）、国外媒体节目、国外纪录片；网民拍摄的短视频（国内、国外）；网民自制短视频（国内、国外）；网民自制剧；网络脱口秀
视频呈现方式	演讲；访谈；辩论；介绍；讲故事
视频时长	2 分钟以内；2 分钟到 10 分钟；10 分钟到 30 分钟；30 分钟以上

4. 转基因视频框架的影响

本书将转基因视频框架所具影响的分析指标分为四个方面：点击量、点赞数量、差评数量、评论数量。

（一）转基因科技的框架建构中存在多元竞争主体

在科技风险沟通过程中，各个不同身份的框架建构者都在试图为科技相关议题赋予意义，并影响他人对于科技风险的认知和态度。他们是科技风险沟通中参与意义竞争和协商的行动者。

1. 转基因科技相关视频的发布者：普通公众占主导地位

优酷网上有关转基因科技的 30 个最具影响力的视频样本中，并未出现由官方机构或代表、科学家、企业或国外媒体直接发布的视频。排名前 30 的视频的发布者为普通公众、国内媒体、非政府组织和其他专业人士。其中普通公众发布的视频占据了 60%的份额（表 5-3），这说明普通公众的话语在视频分享网站上得到了极大的彰显。

就视频发布者而言，普通公众也出现了差异和分化。有些公众具有较强的视频拍摄剪辑能力，能够译制国外的相关视频并重新拼接；有些公众发布的视频仅由"图片+文字+音乐"构成，甚至有些视频仅为图片和音乐的组合；还有公众成立了自己的工作室，专门致力于视频的拍摄和制作，如"郑云影视工作室"。有关转基因的 30 个最具影响力的视频样本中，"郑云影视工作室"拍摄制作的自制剧就占了 2 个。有些人基于自身兴趣爱好，致力于国外转基因相关纪录片或者短视频的翻译和发布，如网友"earth_shepherd""xuedreamerxue"等。前 30 个视频样本中，网友"earth_shepherd"译制的片子占了 2 个。有部分人自制网络脱口秀节目，其中的某一期主题恰好是转基因，如"麻辣书生"。有些人不仅自己反对转基因，还想将自己的观点传播给别人，于是制作了相应的科普视频，如网友"喂喂猪 99"上传的《转基因与非转基因食品对比》。还有些人士是恰巧听到了有关转基因的言论，或者看到相关新闻、讲座，就将其录制下来上传到网上与大家分享。

表 5-3　转基因科技相关视频的发布者类别

视频发布者	数量/个	比例
其他专业人士	1	3.3%
普通公众	18	60.0%
国内媒体	9	30.0%
非政府组织	2	6.7%
合计	30	100%

作为视频发布者的非政府组织有"MED 中国"和"儒釋道傳播"。前者是致

力于“换一种方式说健康”的 MED 中国官方视频频道，发布的视频名称为《方舟子：〈转基因〉》，后者直接将自己发布的视频命名为《转基因食品-让我们断子绝孙》。二者对待转基因的态度完全不同，一个是支持，一个是坚决反对。

2. 转基因科技相关视频的消息来源

由表 5-4 可知，科学家作为消息来源之一的视频数量最多，为 10 个（25.6%）。鉴于转基因议题的复杂性，这些科学家致力于弥合科技术语与公众认知间的落差。然而，上述科学家信源中，对转基因科技持正面肯定意见或中立意见的仅为 3 例。其中 2 例持肯定意见的科学家交代了明确的身份，分别为中国科学院院士张启发，以及抗虫转基因研发项目负责人、华中农业大学教授林拥军，另外一例中仅笼统地提及“日本转基因科学家”。这些科学家支持转基因科技，认为转基因产品是安全的。科学家们的相关论说与民间流传的某些论调展开隐形对抗。

表 5-4　转基因科技相关视频的消息来源

消息来源	数量/个	比例
科学家	10	25.6%
其他专业人士	8	20.5%
普通公众	7	17.9%
国内媒体	3	7.7%
官方机构或代表	5	12.8%
非政府组织	3	7.7%
转基因企业	1	2.6%
无法辨别	2	5.1%
合计	39	100%

注：由于四舍五入，表中各项比例数据加和非 100%，余同

其他涉及科学家的视频中，显示的都为科学家对于转基因的负面评价或者对转基因科技安全性的质疑。如在两个视频样本中都出现过的加拿大日裔遗传学家大卫·铃木，还有法国、美国等国家的部分科学家。

作为转基因科技领域的权威，科学家们在科技基础上采用审慎的、理性的视角来看待转基因。视频内容显示，两类科学家所持有的对立的观点均建立在科学实验和客观数据的支撑基础上。科学家阵营中意见的分裂更加剧了网民对于转基因科技安全性的疑问。

官方机构或代表在转基因相关视频中作为信息发布者存在。官方信源的代表主要是中央农村工作领导小组时任副组长陈锡文、中国储备粮管理集团有限公司（简称中储粮）等。这类信源的出现主要是发挥澄清、辟谣的功能。

其他专业人士的意见在视频中也得到了集中展现，如媒体从业人员、军事领域的少将、宗教界人士等。在引用其他专业人士充当信源方面，优酷视频中现身的其他专业人士包括反转派代表人物崔永元、挺转派代表人物方舟子等。优酷视频中属于挺转派的其他专业人士仅方舟子，而反转派包含宗教界人士、媒体从业人员、军事领域的少将等，涉及范围较为广泛。

在优酷网上发布的视频中，不论是作为视频发布者，还是作为消息来源，公众的话语都得到了极大的凸显。相关视频中展现了公众对于转基因事件的真实意见、情感与判断。

以往有关框架提供者或者框架建构者的研究，多数是针对某一媒体或某类媒体进行考察，多仅关注消息来源，对于新闻发布者的研究较少。本书中，视频发布者的类型多样，故将其作为重要分析内容。本书发现，视频的发布者所承担的主要角色是框架选择，即框定所要表达的内容。而框架的设置与建构则由视频中所展示的消息来源完成。自制剧则是视频的发布者借助虚构的故事来表达自己的意图。总的来说，新媒介环境下，关于转基因的媒介框架构建领域存在着多元竞争主体，在其中，公众、科学家具有较大的话语权和影响力。而转基因企业、官方机构或代表等的话语权和影响力较弱。

（二）优酷网视频中转基因科技的媒介框架现状

1. 转基因科技相关视频的态度倾向：反对转基因占主导地位

从表 5-5 可以看出，反对转基因科技及其应用的视频数量为 23 个，占到了总数的 76.7%，占据绝大多数。支持转基因的仅有 2 个视频，分别是《方舟子：〈转基因〉》，以及反映了张启发、林拥军等学者观点的《转基因大米正做猕猴喂养实验[广东早晨]》。《转基因大米正做猕猴喂养实验[广东早晨]》截取了广东卫视新闻节目的片段，不是一个完整的内容。整体的新闻可能是中立的态度，但这一新闻片段仅呈现了中国科学院院士张启发，以及抗虫转基因研发项目负责人、华中农业大学教授林拥军的观点，呈现出两人对于转基因科技的正面、支持态度。持中立态度的视频占总数的 16.7%，主要涉及一些媒体发布的新闻节目。

表 5-5 转基因科技相关视频的态度倾向

态度	频数	百分比
支持转基因	2	6.7%
反对转基因	23	76.7%
中立	5	16.7%
合计	30	100%

2. 转基因视频框架的频次分布

报纸媒体框架中，总体来看，“确认安全性”“介绍研发进展”“辟谣挺转”“建议法律规范”这 4 种框架占很大的比重，而“科普”“警示风险”“描述冲突”“质疑安全性”“呈现不确定性”这 5 种框架的比重较小，整体而言我国报纸媒体对转基因的报道是正面的、积极的。①

通过对优酷网上 30 个最流行转基因视频进行编码分析，本书发现，网络视频中的转基因框架与传统纸媒上转基因科技的框架分布具有明显的不同。其中，“食品安全”是涉及最多的话题（19 次），其次是“科技介绍”（11 次）、“个体权利”（10 次）、“监管问题”（9 次），“经济因素”“行动建议”出现的频次都为 8 次，“科技风险”出现了 7 次。最后是“政治因素”“国家安全”，这两个框架分别出现了 3 次，详见图 5-1。

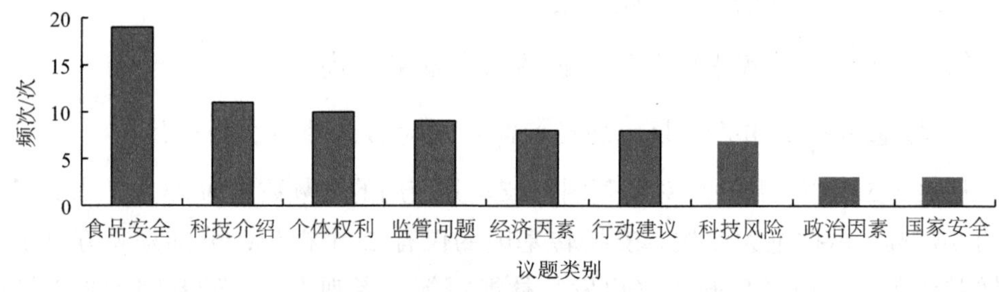

图 5-1 转基因视频框架的频次分布

由图 5-1 中展示的数据可以看出，视频样本中转基因科技的框架大体分为三个梯队或层次。

① 翁苏伟，邱鸿峰. 中国主流媒体转基因议题关注周期与报道框架[J]. 浙江传媒学院学报，2016, 23(04): 98-104, 153-154.

第一个层次是“食品安全”，这是最受关注也是最频繁出现的框架。食品安全领域，除了在《方舟子：〈转基因〉》中借方舟子之口讲述：安全性是一个相对的概念，相对于同类非转基因食品一样安全，转基因食品甚至更安全；强调国际机构、多国政府的共识“已上市的转基因食品是安全的,因为经过了一系列安全检测”；转基因比杂交更好、更安全、更准确，杂交不做检测就上市，美国之前有杂交土豆，引发食物中毒。其他视频均强调转基因科技会危害食品安全，危害人类健康。

第二个层次的框架是“科技介绍”“个体权利”“监管问题”“经济因素”“行动建议”“科技风险”等，相关视频对上述框架的关注度比较均衡，没有明显差异。

除了持中立观点或赞同认可转基因科技观点的视频，其他视频在对转基因进行“科技介绍”时必然伴随“科技风险”框架。也就是说，不少视频在介绍转基因科技的同时，会强调转基因科技对于人体健康等领域带来的风险和危害，以及转基因具有科学隐患和不确定性。上述伴随框架的出现体现了视频发布者和制作者对于转基因科技的负面态度。这一点与转基因科技相关视频负面态度居多的发现相互印证。

“个体权利”框架强调公众的知情权及选择权。这一框架认为转基因科技与普通公众息息相关，公众有必要且应该有途径了解有关转基因研发以及转基因相关产品上市的情况，知晓与转基因相关的知识，有权利知道购买的食品是否为转基因食品，并具有辨别转基因与非转基因食品差别的能力。同时，该框架认为公众具有选择非转基因食品的自由，相关机构和企业应为公众提供多样化的选择空间。

“监管问题”框架主要涉及“非法转基因作物的种植和销售”“转基因食品人体试验的程序合法性”“转基因食用油流入国储库”“农业部在转基因监管方面存在的漏洞”等议题。这一框架暴露了转基因科技及相关产品目前在监管领域所存在的问题。与之紧密关联的是广大公众对于转基因监管领域的严重担心，对于相关监管部门和科技工作者能力与态度等方面的不信任等问题。相关视频的共同之处在于，普遍表达的态度为不相信转基因会得到严格且有效的监管。

“经济因素”框架主要涉及的是相关公司或者转基因推广者所获取的经济利益，甚至是转基因研究者及机构通过转基因水稻等的研发和推广已经获取或将可能获取的经济利益，还有个别个体或机构借助转基因作物与非转基因作物的价格差异赚取的非法利益等。优酷网视频中所体现的“经济因素”框架并没有涉及相关产业发展、国际领域的竞争等内容。

“行动建议”框架主要涉及对于公众的行动的建议，倡导公众不吃转基因食品，同时呼吁公众向自己的亲戚朋友建议不买、不吃转基因食品。比如在点击量排前列的一个视频中，一名中年女性在北京的公共汽车上公开宣讲转基因食品的危害，要大家“一定要告诉亲朋好友不要吃转基因食品”（详见视频《北京女士公交车上揭露转基因危害，真给力》）。“行动建议”中不仅涉及对于公众的建议，同时也有在国家层面提出的建议。如作为第十一届全国政协委员的罗援少将建议国家设立专门的生物安全实验室，军队中也应设立单独的生物安全实验室，以实现制衡，摆脱集团利益（详见视频《罗援少将谈转基因危害》）。

第三个层次中，有少量视频所涉及的框架有关政治因素和国家安全。政治因素主要涉及对于转基因科技相关政治利益集团的关注。国家安全层面则包括对国外粮食或种子的依赖，对国防安全等领域的影响等。如罗援少将认为：转基因属于美国的“新生物战役”之一，将造成人口绝育、人口体质弱化等问题。转基因的威胁是各方面的，不仅涉及农业，同时军粮受到污染，影响战备（详见视频《罗援少将谈转基因危害》）。又如网友“八分斋”认为，孟山都在中国各个层面培植了支持自己的力量（详见视频《网眼八分斋_脓大转基因_网眼》）。

（三）转基因科技相关视频的框架建构策略

视频框架的建构策略指的是这些视频通过什么样的方式、技巧以及策略来搭建框架。本书发现，优酷网上大部分受欢迎的视频具有一些共同的特点，比如都有刺激性标题、时长少于 10 分钟、内容诉诸情感等。相关视频采用多种策略来参与框架建构与意义创造。

1. 转基因科技相关视频类型

转基因科技相关视频类型（图 5-2）涉及国内外媒体节目、网民自制内容、网络脱口秀与国外纪录片等等。其中，网民自制内容的数量最多，其次为国内媒体节目。

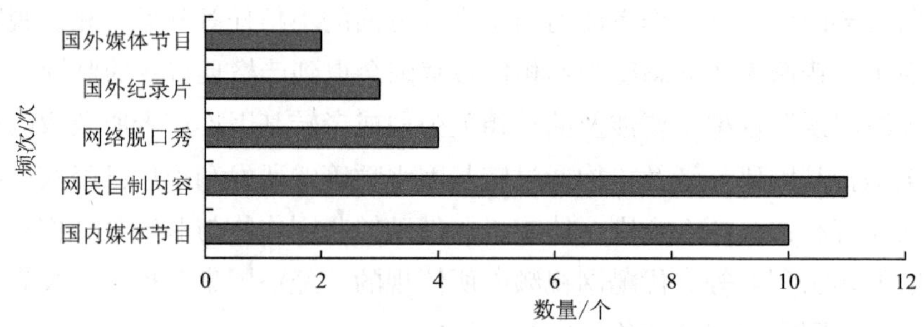

图 5-2　转基因科技相关视频类型及其数量

从表 5-6 可见，网民自制内容的类别多种多样，包括了网民自制短视频（数量为 5）、网民拍摄的短视频（数量为 4）、网民自制剧（数量为 2）。如果严格计算的话，网络脱口秀节目有些也属于网民自制内容。另外，国外纪录片、国外媒体节目都需要网民将其翻译成中文，加上中文字幕，所以，在其中也有网民的付出与劳动。

表 5-6　网民自制内容的种类

网民自制内容的种类	数量/个
网民自制短视频	5
网民自制剧	2
网民拍摄的短视频	4

媒体节目在视频类型中也占据了一定的份额。其中不仅有国内媒体节目，也有国外媒体节目。来自国外的纪录片以其新异性同样吸引了网民的眼球。

2. 转基因科技相关视频时长

统计显示，优酷网上最受欢迎的转基因科技相关视频中，10 分钟以内的视频共 21 条，占据了全部视频 70%的份额。如果就新闻类型而言，2 分钟以内的新闻多为消息类，简要介绍事件概况。就转基因科技相关视频而言，2 分钟以内的 9 个视频中，6 个为国内媒体新闻节目的摘录和节选。2 分钟至 10 分钟的视频所包括的内容比较详尽，所涉及的视频类型也更加多样，如访谈节目、网民自制剧等等。10 分钟以上的视频多为访谈节目，或者是会议视频。30 分钟以上的视频多为纪录片，或者是有关转基因科技的讲座，充足的时间使其内容涉及转基因科技的方方面面。

3. 情感色彩浓厚：偏向于诉诸情感，而非诉诸理性

除新闻节目与部分国外纪录片外，优酷网上点击量最高的转基因科技相关视频均呈现出浓厚的情感色彩。情感色彩在视频标题、内容层面均有体现。一般而言，与科技相关的内容会诉诸理性，冷静、理智、客观地介绍相应科技知识、科技带来的影响等。然而，优酷网上点击量最高的转基因科技相关视频中，诉诸理性的较少，诉诸感性的占据大多数。这一现象的出现在某种程度上与视频这一媒介表达方式有关。纸质媒介、电子媒介等不同媒介类型在内容表现方面具有各自的特点，纸质媒介偏重文字，文字符号能更多地调动阅读者的理性思维，电子媒介诉诸声音、图像，刺激的是人的多种感官系统。优酷网上转基因科技相关视频

中的情感色彩具有多种体现方式。

（1）标题拟定策略

标题广泛使用“震惊”等表达强烈情感色彩的词汇，如《转基因玉米的惊天内幕》《记录者之揭秘转基因骇人真相》《007-震惊人类的转基因真相》《惊心！转基因的世纪悬念》。夸张的表达方式只为吸引人的眼球。“惊天”“骇人”“震惊”“惊心”等词语带有强烈的情感色彩，这些词语的使用给人带来较强的视觉刺激与情感刺激。

在标题中亮明态度、做出判断或给出结论。不少视频在标题中已经表明了制作者对于转基因的态度，或者是做出了判断。如《基因学家：为什么我不吃转基因》《北京女士公交车上揭露转基因危害，真给力》《罗援少将谈转基因危害》。“不吃转基因”“真给力”“转基因危害”等词语表明了视频制作者对于转基因科技的鲜明立场：转基因具有危害，反对转基因。

而类似于《转基因食品-让我们断子绝孙》《异想百科：疑似转基因恐怖动物引发网友恐慌》的标题直接表明视频发布者认为转基因视频会带来严重的甚至可以说是人类难以承受的后果，易引发观看者的恐慌心理、害怕心理，从而使网民对转基因“畏而远之”。

采用揭秘性质的标题。类似的标题如：《转基因的真相》《转基因玉米的惊天内幕》《记录者之揭秘转基因骇人真相》《007-震惊人类的转基因真相》《日本开始揭露美国的转基因粮食操控世界的阴谋》《基因学家：为什么我不吃转基因》。上述标题中呈现的词语如“揭露”“骇人真相”“揭露……阴谋”等具有揭秘色彩，设置了悬念，吸引着网民的点击。

（2）图片及音乐的使用

转基因相关视频的内容呈现方面，部分视频采用夸张的图片引发网民的负面情感。有视频甚至仅仅由夸张的、真假难辨的图片及音乐构成。如《全球罕见动物及转基因物种实录（幼儿勿看）》以及《转基因与非转基因食品对比》等。《全球罕见动物及转基因物种实录（幼儿勿看）》中呈现的是千奇百怪的图片，但是并没有任何图片说明。这些图片中展示的有猪头人身、蛋壳中的婴儿、玉米中长出的婴儿、人头马身等，明显为人为制作出来的图像，仅在视频最后以小字呈现“图片收集于网络”。这些奇异的图片，明显地违背自然规律，由相关绘图软件人工绘制或者由多幅图片组合而成，而非真实的转基因作物或转基因动物的照片，但还有大量的网民给该视频点赞。

4. 科技风险、收益呈现中“单面理”居多

对于转基因科技所带来的风险和收益，视频中多呈现的是转基因科技可能会带来的风险，对于收益则极少提及。所有 30 个视频中仅 14 个视频涉及转基因科技所带来的风险和收益。视频中展示的风险涉及“危害人体健康”“危害国防安全”“危害人口安全”“破坏环境”等。14 个包含了风险收益内容的视频中，有 4 个视频谈到转基因科技会给农作物带来特定收益，如产量提升、某些性状得到优化等，但也仅是只言片语，并没有详细展开进行说明。单方面讲述转基因科技所带来的风险及危害而不涉及其带来收益的视频数量多达 13 个，占所有涉及风险与收益视频的 92.9%。因此，在框架建构的特征方面，优酷网上转基因科技相关视频呈现的说服技巧较为单一，采用的是“单面理”，而不是“双面理”的内容表现方式，即相关视频倾向于仅关注转基因科技的风险，而非风险与收益二者并重。

5. 大量编译国外视频内容

不少视频借助译制片方式来呈现转基因科技及其应用在国外的发展及研究情况。译制片的类型多样，包括国外的新闻节目、访谈节目、纪录片，以及国外网民拍摄的视频、科普短视频等等。编译者及上传者对这些国外视频内容的选择具有很强的目的性和倾向性，他们选取的均为他国科学家揭露转基因危害的内容，这些科学家主要来自日本、美国、法国三个国家。而对于国外视频内容的真实性并没有认真核实。其中，网民“学而知之者-”发布的视频《转基因的真相》内容有关于法国科学家证明转基因玉米诱发肿瘤的实验。该实验论文发表一年后，已被刊登它的《食品与化学毒理学》（*Food and Chemical Toxicology*）杂志撤稿，被指出该实验存在设计、统计上的缺陷。“转基因玉米致癌”也登上了由北京地区网站联合辟谣平台、北京市科学技术协会和北京科技记者编辑协会共同发布的 2014 十大“科学”流言榜。但是这一视频仍然在优酷网上得到了广泛的传播和赞同。截至 2016 年 10 月 7 日，仍有网民留言认可这一实验的结论。

（四）转基因科技媒介框架的传播效果

本书依照网民对优酷网上转基因科技相关视频的点击量、点赞数、差评数和在评论区的留言数来衡量视频的传播效果，并以视频发布时间作为参考。表 5-7 是对优酷网上转基因科技相关视频点击量排序列出的表格，数据收集时间为 2017 年 5 月 16 日。

表 5-7　转基因科技媒介框架的传播效果

视频名称	发布时间	点击量/次	点赞数/次	差评数/条	留言数/条
转基因玉米的惊天内幕[①]	3 年前	2 145 005	5 601	897	900
记录者之揭秘转基因骇人真相	3 年前	1 902 090	15 085	611	6 125
007-震惊人类的转基因真相	3 年前	1 800 407	4 656	776	1 388
惊心！转基因的世纪悬念	4 年前	483 484	4 074	169	585
日本转基因老鼠能像鸟儿一样唱歌 101222 新闻晚高峰	6 年前	345 690	997	5 825	878
李连达："黄金大米"引发的"转基因"恐慌	4 年前	322 423	678	34	2 500
转基因大米正做猕猴喂养实验[广东早晨]	3 年前	310 377	200	2 499	1 085
美机构用我儿童做转基因大米试验	4 年前	305 649	782	19 963	2 205
基因学家：为什么我不吃转基因	5 年前	254 858	1 628	31	956
方舟子：《转基因》	3 年前	219 218	17 736	7 687	3 193
两会崔永元说转基因	3 年前	168 921	493	29	33
异想百科：疑似转基因恐怖动物引发网友恐慌	3 年前	166 128	211	11	15
国储库被曝已流入大量转基因菜油[广东早晨]	3 年前	165 775	134	1 463	386
北京女士公交车上揭露转基因危害，真给力	6 年前	153 864	3 489	53	652
转基因与非转基因食品对比	4 年前	144 735	958	39	152
崔永元复旦大学转基因讲演问答环节完整版	2 年前	130 190	663	17	459
全球罕见动物及转基因物种实录（幼儿勿看）	2 年前	127 110	169	15	8
转基因的真相	4 年前	124 189	716	30	634
罗援少将谈转基因危害	4 年前	108 199	1 273	32	1 613
转基因食品-让我们断子绝孙	3 年前	107 519	617	7	49
日本开始揭露美国的转基因粮食操控世界的阴谋	3 年前	103 320	533	6	109
中储粮承认千吨转基因菜油流入国储库[上海早晨]	3 年前	102 274	44	158	56
美国最新纪录片《GMO OMG》：面对转基因，我们该作何选	2 年前	97 947	687	6	1 466
科普视频（一）什么是转基因生物	3 年前	85 679	169	10	161
麻辣书生 274：中国人素质与转基因水稻	3 年前	78 385	760	213	255

① 表格中所有的下划线均为研究需要所加。

续表

视频名称	发布时间	点击量/次	点赞数/次	差评数/条	留言数/条
转基因食用油，你在吃么?	6 年前	73 469	419	22	138
央视揭露超市大米含转基因以后吃还是不吃	2 年前	73 752	113	20	32
网眼八分斋_脓大转基因_网眼	1 年前	72 807	72	4	11
陈锡文：中国转基因农产品主要集中在大豆上其用途是榨油	4 年前	72 542	40	1 917	557
小晓说 2013：《转基因食品有害吗》	3 年前	65 844	165	62	54

参与式文化语境下，无论是“点击者”“搜寻者”“反馈者”，或是“制作者”“传播者”“对话者”，都是受众在参与过程中扮演的角色，显示出他们在“参与阶梯”上自由穿梭的行为特征和行动方式。①

从位于“参与阶梯”最底层的“点击”来看，“点击”是鼠标赋予网民进行自由选择的权利，同时也是网民在资讯洪流之中对于特定信息的选择性注意。表 5-7 显示，排名前三位的转基因相关视频的点击量为排名第四的视频点击量的 4 倍左右。而点击量排名前三位的视频名称中无一例外地包括了“真相”“内幕”，及其相关形容词“惊天”“骇人”“震惊”。

“点赞”“差评”属于上述“参与阶梯”中的“投票应答”环节，显示出受众参与具有一定的自觉性和主动性，同时也展示了受众对于特定视频的积极参与。无论是选择给该视频“点赞”还是给“差评”，都加入了受众有意识的思考，是其依据自己对于视频的了解所做出的判断。

点赞数的落差较大。从表 5-7 可以看出，仅两个视频的点赞数超过 10 000 次，分别是《方舟子：〈转基因〉》（点赞数为 17 736 次）与《记录者之揭秘转基因骇人真相》（点赞数为 15 085 次）。前者是方舟子发表的言说，正面肯定转基因科技，后者是网友编译的国外纪录片，对转基因科技持否定的抨击态度。两者的时长均超过 30 分钟。但是方舟子收获的差评数量（7687 次）远超“记录者”（差评数量为 611 次）。

点赞数在“5000 次至 10 000 次区间”的视频仅有一个，是由“郑云影视工作室”上传的自制剧《转基因玉米的惊天内幕》（点赞数 5601 次）。这一网民自制剧采用讲故事、无厘头、搞笑的方式讲述转基因玉米的危害。在视频中充满了对

① 岳改玲. 新媒体语境下受众的“参与阶梯”[J]. 青年记者, 2016(33): 11-13.

转基因推广者的调侃（视频指出转基因推广者自己坚决不吃，只是借助转基因作物发财）。

截至 2017 年 8 月 23 日，“郑云影视工作室”在优酷网上共有 37.05 万粉丝，收获的视频播放数为 6.2 亿次。其所拥有的庞大粉丝群体为其所制作的转基因科技相关视频带来了较高的点击量和较多的点赞数。

点赞数在“1000 次至 5000 次区间”的视频有 5 个。其中《007-震惊人类的转基因真相》（点赞数为 4656 次）由网友“Juveric”上传，但视频左上区域显示的是“优酷教育”。视频内容是对 4 个美国 Ted 演讲视频的拼接，里面还加上了对于崔永元的短暂采访，属于一系列短视频的编译与重新剪辑、拼贴。“郑云影视工作室”的自制短剧《惊心！转基因的世纪悬念》（点赞数为 4074 次），视频前面的 4 分半钟没有提及任何“转基因”相关字眼，内容也与转基因没有任何关系，仅仅是无厘头的搞笑；在其后的视频中，涉及的内容包括“转基因推广者自己都不吃转基因”“转基因是为美国公司推广的”“转基因采取行政命令强制推行”等。该视频在最后以加粗字体强调自己的观点“转基因粮食已经引起一些地方的动物发生异常，在没有完全确定安全之前，恳请相关部门慎重再慎重。因为这关系到我们整个中华民族的繁衍生息……”。

优酷网上转基因科技相关视频的差评数的差别很大。《美机构用我儿童做转基因大米试验》的差评数近 2 万次。然而其他视频的差评次数均少于 1 万次。《方舟子：〈转基因〉》收获了较高的点赞数，但同时它的差评数排名第二，为 7687 次。差评数排名第三的是《日本转基因老鼠能像鸟儿一样唱歌 101222 新闻晚高峰》（差评数为 5825 次）。接下来是《转基因大米正做猕猴喂养实验[广东早晨]》，差评数为 2499 次；《陈锡文：中国转基因农产品主要集中在大豆上其用途是榨油》，差评数为 1917 次；《国储库被曝已流入大量转基因菜油[广东早晨]》，差评数为 1463 次。

上述差评数较多的转基因科技相关视频具有一些共同点：第一，展示出转基因食品与公众日常生活的紧密联系；第二，涉及转基因科技的研发进展，或者转基因作物在我国的发展情况；第三，相关视频对转基因所持的多为中立及支持的态度。对于具有上述特点的视频，较多的网民持否定态度。

留言数作为一个指标同样可以衡量网民对于相关视频的参与程度。从“参与阶梯”来看，“留言”是比单纯地“点击”和“点赞”等更加深入的参与方式。在评论中，受众以原始信息文本为主要材料，评论内容有时是针对视频文本中某个观点的强调或反驳，有时是对视频中某一观点进行的补充或者修订。无论其采取的是何种方式，受众的留言和评论都实现了对于原始信息的内容延伸，并进入了对于信息内容进行重塑的进程。[①]

在优酷网点击量排名前30的视频样本中，点击量排名第2的《记录者之揭秘转基因骇人真相》以6125条留言数居于留言数榜首。排名前列的还有《方舟子：〈转基因〉》《李连达："黄金大米"引发的"转基因"恐慌》《美机构用我儿童做转基因大米试验》《罗援少将谈转基因危害》等。

本书发现，在对事件发表意见和评论时，道德问题、经济利益、政府的行政责任等仍然居于网民关注的中心。在观看与转基因科技相关的视频时，网民仍然倾向于激活道德基模，赋予事件浓厚的道德意义。

政府可以调动科学资源来论证争议性科技相关政策的合理性，科技工作者也可以通过各种渠道发声支持政府的科技政策，公众在拒绝官方立场的同时，也会产生对于科学结论以及科学工作者本人的质疑。[②]在媒体中发声的科学家会被认为是"带着任务的信源"，他们可能会被认为更多地服务于政府或科学共同体的利益，而不仅仅是普及科学。[③]因此，优酷网上有关转基因科技相关视频的留言中，专家的话语和知识并没有形成先在的权威性，大量留言呈现的是网民对于专家话语的质疑和拒绝。

三、新媒体中争议性科技的媒介框架建构与竞争

就框架建构者而言，优酷网上点击量最高的转基因科技相关视频主要是由普通网民以及国内媒体发布，非政府组织和其他专业人士占据少量份额，政府机构及其他主体发布的视频并未进入点击量排序的前30名。这说明普通公众发布的视频在社交媒体平台上具有较大的影响力。转基因科技相关视频的消息来源分布较为均衡，科学家和其他专业人士占据较大比例，普通公众、官方机构或代表和非政府组织也都发出了自己的声音。而转基因产品的生产或销售企业的声音非常少，仅在一个视频中被简单提及。

由以上数据可以看出，新媒体中有关转基因科技的媒介框架出现了双重建构

---

① 岳改玲. 新媒体语境下受众的"参与阶梯"[J]. 青年记者, 2016(33): 11-13.

② 王大鹏, 钟琦, 贾鹤鹏. 科学传播: 从科普到公众参与科学——由崔永元卢大儒转基因辩论引发的思考[J]. 新闻记者, 2015(06): 8-15.

③ Molotch H, LesterM. News as purposive behavior: On the strategic use of routine events, accidents, and scandals[J]. American Sociological Review, 1974, 39(01): 101-112.

主体：视频发布者和视频中的言说者（即消息来源）。由于最终的视频发布权仍然掌握在视频发布者手中，所以可以说是视频发布者在借消息来源来发表自己的观点。视频发布者的主体多为普通公众及国内媒体。他们借助科学家及其他专业人士的话语表达自身对于转基因科技的态度和观点，并借此建构起转基因科技的媒介框架。所以，虽然在优酷网的转基因科技相关视频中存在着多元的话语主体，但普通公众及国内媒体具有更大的话语权和影响力。

本书研究显示，优酷网上最受关注的转基因科技相关视频搭建起了"转基因科技会危害食品安全、危害人类健康"的框架。相关视频多是负面基调，显现出反对转基因科技的态度，重心放在了转基因科技与转基因食品带来的风险上。许多视频仅单向度地呈现转基因食品存在的风险。对于转基因科技，相关视频并不是采取温和的态度，通过呈现不同意见群体的声音，塑造转基因科技与转基因相关产品的形象，而是表现出强烈的情感色彩，旗帜鲜明地表达自身对于转基因科技的负面态度，以及对于转基因科技所具风险的认知。同时，这些视频中塑造的不是转基因科技所具有的风险不确定的形象，而是风险已定，转基因科技及其应用具有极大的风险和危害。这是一种表面多元但本质上仍然单一的框架。

媒介框架的概念能够透析媒体对文字符号、音视频符号等的凸显、强调和排除。媒介框架是对来自各种消息来源的观点进行生产，对各类话语背后的意义进行挖掘和审视。作为一种社交媒体形式，视频分享网站与传统的纸质类媒体不同，与电视媒体也不同，因此，其所涉及的转基因科技相关话语呈现出完全不同的媒介框架与话语特征，在这一场域中，不同力量的博弈也体现出不同的特点。

优酷网上有关转基因科技的视频是掺杂着多重利益色彩，并经过整合的有机文本，不同背景的视频制作者们或巧妙或不自觉地将自身的意图与价值观灌输于视频文本之中，试图对他人的态度与行为产生影响。视频中呈现的是自我的表达、自我彰显以及个体意见的抒发。这一个体意见的表达伴随着传言与谣言的大量滋生。

在新媒体空间，谣言和不实信息不受辩驳地存在，改变了对新媒体空间科学争议的乐观看法。传统观点认为，"传言"是偏离科学轨道的，在争论立场和逻辑标准上，"传言"无法与"真相"进行理性辩论。[①]然而，在视频分享网站上，普通网民制作的许多明显偏离科学轨道、只能称得上是"传言"的视频内容获得

① 徐旭东. 让转基因论争回归科学轨道[N]. 人民日报, 2014-07-04.

大量点击，甚至拥有大量正面的留言评价。行政话语与专家话语处于弱势地位，很少有他们对传言的驳斥与申辩。在一些视频的相关评论中，“传言”更是大行其道。逻辑与理性在这里隐身，“传言”与感性得到凸显。

新媒体语境下，具有多重背景的行动者们主动搜索信息、阐释事件、发表意见和建议的行为非常活跃，呈现出行动者之间所存在的框架竞争和意义争夺。在框架竞争过程中，行动者所建构的框架偏向以及框架的说服效力各不相同。在具体的勾连过程中，不同的框架整合方式就是不同的视频的再加工方式，从而生产出新的“事件意义”。框架具有语境化等特点，与特定的社会文化传统、价值观等紧密相关，并会随时间的发展不断变化。

在框架的建构过程中，不同的主体展开话语竞争。其中最引人注意的是普通公众在视频分享网站转基因科技风险沟通过程中的优势地位，以及普通公众话语的公开表达。网民的参与形态多样且在其中体现出较强的主体性和主体意识。

网民在视频分享网站的参与形态多种多样。他们可能仅点击浏览视频，也可能对视频进行转发和评论；或者借助已有的视频素材进行编译，剪切、拼贴；或者在生活中发现相关内容进行摄录、上传，甚至也会组建视频制作团队，策划、拍摄相关的视频内容、制作视频动画。在优酷网上转基因科技相关视频中，受众对来自各个领域的素材进行整合，其中甚至包括与自己的观点完全不同的视频素材的使用。在这一过程中受众体现了自主性再生产。从简单地对于他人视频的点击观看到复杂地自己摄制并剪辑视频内容，从无目的的自发状态到自觉的行动，受众的参与程度由浅入深，所需掌握的媒介技能逐渐增多，在参与过程中付出的时间和精力逐渐增加，其参与行为所带来的影响力大小也各不相同。

普通公众作为视频浏览者、视频制作者、视频发布者、视频评论者、视频消息来源的身份呈现在与转基因视频相关的内容中，其身份多种多样，参与形态也多种多样。这些参与实践由个人开始，以个人为中心，体现出极强的个人化和个性化色彩。借助各种社交媒体平台，这些个性化色彩浓厚的受众参与实践又相互关联，混杂而生。

从“点击”到视频的创作和分享，随着参与阶梯的逐渐攀升，普通公众抛弃了传统上被动的、被告知的科技信息接受者角色，成为主动的科技信息制作者和传播者，对科技风险传播实践的掌控度也逐渐增加。在受众参与阶梯的最高阶段（科技相关视频的制作和传播阶段），普通公众摇身一变成为民间的转基因科技信息传播者，其实质上“充当了一个组织化媒体的角色，成为一个‘准’公共传播者、社会化的传播者”。[①]在上述种种科技风险沟通参与实践过程中，伴随着传播权力的转移与重新分配，传统的组织化的风险沟通者对传播过程的控制逐渐减弱，而受众则在其中逐渐实现了自我赋权。

优酷网上有关转基因科技的视频中一大部分是通过网络用户自己发布的。这些视频以及有关视频的评价和讨论建构起了视频分享网站上转基因科技的媒介框架。视频多由视频网站用户上传发布，留言和讨论也来自数量庞大的网络用户，共识（如果达成了共识）也是由无数匿名或者非匿名的网络用户自发讨论形成的。这可能会产生一些问题。

转基因相关视频的制作和发布、疑问的提出、回答及结论都由网民自己掌控，中间并没有受到许多的干预和影响，也就是说，这一过程中并没有真正体现科学精神的规范化、系统化的干预，科学界在转基因产品媒介框架的建构过程中发挥的作用极其有限。一旦这些视频内容是错误的或者明显是误导性的，就可能会引发对于转基因科技的误解和不必要的恐慌。转基因科技的争议性强，难以得出确切结论，于是相应议题的负面导向性明显。这就可能会造成网民对转基因科技的理解和认知充满不确定，也会造成其难以形成自己独立的、理性的看法和观点。在负面导向性较强的文章中，许多的质疑和论说仅仅是建立在对转基因技术不信任的观念之上，而非建立在具体的事实和证据的基础上。不同意见的存在有其合理性，但如果争论和质疑仅仅建立在猜测之上而非事实之上，对于科技的负面情绪夹杂对于科技工作者的人身攻击时，讨论就容易走向真正科学精神的反面。

同时，通过提供各种背景，框架的设定可以帮助受众对其不熟悉的信息进行认知。争议性科技类似于一种复杂的、模棱两可的事物，框架的建立通过对信息的情景化减少了种种模糊性。[②]然而，一旦某一框架在公共话语中被建立起来，就很难被改变。例如，一篇文章将抗害虫的转基因玉米与帝王蝶联系在一起，那么，转基因玉米与帝王蝶之间的对立就立刻深入人心。[③]

总的来说，在视频分享网站上，就转基因科技的相关信息而言，自上而下的单向传播模式不复存在，普通公众获得了一定的话语权，参与至信息的制作与传播，社交媒体逐渐成为不同阶层的公众表达自身诉求与意见的平台。在这里能够

① 杨保军. 简论网络语境下的民间新闻[J]. 新闻记者, 2008(03): 20-23.

② 后常规科学下的科学传播：以转基因为例[C]．见中国科普研究所科学媒介中心. 科学媒介中心2015年推送文章合集(下). 北京: 中国科普作家协会, 2016: 121-123.

③ 后常规科学下的科学传播：以转基因为例[C]．见中国科普研究所科学媒介中心. 科学媒介中心2015年推送文章合集(下). 北京: 中国科普作家协会, 2016: 121-123.

听到来自民间社会的声音。公众在这里进行自我表达与展示，并与官方构成对话和协商。

然而，普通公众借助新媒体平台形成的民间舆论与传统媒体所构建的舆论之间存在着巨大的落差。通过对转基因科技视频相关留言的分析可以看出，对于转基因等具有争议性的科技，民间舆论呈现出极为严重的极化现象。舆论的落差和分裂，妨碍了官方与民间进行良性互动，不利于科技政策的实施，也不利于社会的稳定与发展。因此，消除“双重话语空间”存在的隔阂，改变针对特定科技议题的话语在公共意见场域的分裂状态，促成公众与专家、政府展开理性协商和良性对话成为当前需要重点关注的议题。

第六章　争议性科技的风险感知：现状与影响因素

第一节　科技风险、风险感知与风险沟通

传统的对于风险的定义聚焦于伤害、破坏或损失发生的可能性。与之相对应，风险管理层面，应对新科技风险的传统方法经常依赖专家等少数群体，要求其在技术层面进行更好的分析以及尽量避免科技工作者产生疏忽等等。

随着研究的不断发展，社会科学家们开始拒绝“真实风险”或“客观风险”概念，认为风险在本质上是主观的（相关论述详见第一章）。也就是说，科技风险对不同的人具有不同的含义，它是一种社会建构，无法脱离我们的文化和价值观来进行分析和测量。什么是恰当的或不恰当的，危险或不危险，都经常被协商或重新定义。某项科技所带来的风险和收益，也经常需要被重新审视和再定义。当然，要想做出恰当的风险决策，技术层面的分析必不可少。但如果单纯以提供更多的科学和技术分析来处理相应的争议性风险，不考虑风险的情景依赖性和文化依赖性，可能会恶化现有冲突。[①]贝克将这种现象视为科学理性和社会理性在处理风险和危机时的“裂隙和落差”。“裂隙和落差”源于风险管理层面对于公众科技风险感知现状不了解、不清楚，源于风险沟通者、风险管理者、科技工作者以及公众对科技风险感知的落差。

本书对我国的科技工作者进行了网络问卷调查。结果发现，接受调查的 72 名科技工作者中，70.8%的人认为“公众对科学所知甚少”，仅 2 人（所占比例为

① Slovic P, Gregory R. Risk analysis, decision analysis, and the social context for risk decision making [C]. In Shanteau J, Mellers A, Schum A. Decision Science and Technology: Reflections on the Contributions of Ward Edwards. Boston: Kluwer Academic, 1999: 353-365.

2.8%）不赞同这一观点，见表 6-1。

表 6-1　科技工作者对"公众认知科学"的态度

说法	非常赞同	比较赞同	不赞成也不反对	比较反对	强烈反对	合计
"公众对科学所知甚少"	8(11.1%)	43(59.7%)	19(26.4%)	2(2.8%)	0(0%)	72（100%）

上述研究显示，科技工作者们倾向于将公众视为感性的而非理性的个体，认为他们缺乏相关科学知识，并不存在自身与公众进行对话的基础。科技工作者的上述行为特点，使他们更愿意从事让公众增加科学知识的交流活动，而相对忽视公众的情感需求和其他方面的关切。同时，"科学理性认知"和"公众主观感知"对应的是两种"风险感知观念"，这两种风险感知观念相互排斥，各自发展，建构出完全不同的风险话语体系。本书在对大众传媒中的争议性科技风险建构与新媒体的科技风险建构的考察中同样发现了这一现象。维尼认为这会带来严重的社会问题，将造成公众远离科学，将自身与科学家对立起来，并排斥任何具有不确定性的科学研发活动；维尼指出，基于"科学理性认知"的风险话语目前在科学界占据支配性地位，许多人认为这就是要对公众进行科学教育、科学启蒙、科学普及的原因所在。①

科学技术的不确定性与复杂性，加上自身认知的局限性以及科学知识掌握不足，使普通公众很难从科学本身的角度来评估其风险。然而，公众的风险感知远比科技工作者想象的要复杂，轻易地指责公众的风险态度是无知、非理性及主观感情用事，是不负责任的。和科学家一样，普通公众在理解外部世界时，也会运用一套复杂的抽象构造来解释认知对象，这一复杂的抽象构造是在个人以往主观经验的积淀中逐渐生成的，是普通公众理解世界的基础。阿尔弗雷德·舒茨（Alfred Schutz）认为，在面对各种情境时，先前的主观经验构成了人们可以借鉴的知识。与科学知识相比，这些主观经验显得并不连贯，甚至可能是模糊不清的。但这些经验是人们在日常生活中用来解决实际问题的最经常使用的知识，是他们习惯性用来对社会现象进行解释的窍门。②

普通公众由于自身经验和经历的不同，对科技的认知以及对科技风险的阐释

① Wynne B. Creating public alienation: Expert cultures of risk and ethics on GMOs[J]. Science as Culture, 2001, 10(04): 445-481.

② 杨嫚. 沟通的错位: 公众风险认知与科学议题报道[J]. 科学学研究, 2014, 32(04): 481-485, 492.

存在差异，而科技工作者以事实为依据的认知也与公众以价值观为基础的认知产生落差，从而出现不同论点互相竞争，导致沟通不畅。事实上，当有风险出现时，公众较少关注以事实和科学为依据的危害本身，而科技工作者也可能忽略公众以价值观和情感为基础的表达，因而双方出现对风险感知的分歧。

“风险感知”指的就是人们对正在或可能影响他们（或者他们的设施、环境）的危险的判断和评估，必须同时考虑经验和信仰。[①]对科技风险而言，公众并不是处于纯粹的无知状态，他们对风险的感知是一种相当混杂的判断，仅仅用科学理性所提供的技术上的风险解释无法左右其判断。公众对于科技风险的认知并不像科技工作者所认为的那样，只要经过启蒙和教育，就会产生“正确”的认知。科学界有时对公众对科技风险产生的误解往往不能释怀，其问题的症结就在于科学界习惯于单方面的科学宣导与教育方式，认为公众只要接受正确的引导，就能够且应该对科技产生正确的认识，然而实际生活中我们往往看到的是反效果。科技工作者如果仅仅站在科学理性角度拒绝或简单否定公众有关风险的价值判断（社会理性），如果忽视公众怀疑的、不信任的或不满的声音，会使公众丧失对科技工作者及相关风险决策机构的信任。

信任与风险感知密切相关。研究显示，风险感知是个人行为、主观的价值承载的社会建构过程，公众的价值选择和决定，有其自身的认知依据和价值判断，其中社会价值所型构出的问题认知和界定，与所形成的对此认知或感知的信任，都是重要的发展过程。[②]换句话说，风险问题的界定、风险议题的型构和与其关联相当密切的价值的认知，将决定公众对风险评估的信任或不信任的发展。

公众对风险信息的来源、认知与价值接受具有高度的敏感性和脆弱性。因此，风险信息的传递非常重要，一旦传播了不完整的风险信息，或者在风险评估时暗箱操作，就会造成公众在形成风险感知的过程中存在疑惑。公众对科技争议一开始的参与涉入，往往有助于其对风险信息和争议性科技信息的学习与判断。这一方面能大幅度提升公众对风险信息的信赖程度，同时也能增进公众对科技争议的理解，从而发展出积极的社会效果。

另外，将科技工作者与公众对于科技风险的认知对立起来，其实是相当极端

---

① 奥尔特温·雷恩，伯纳德·罗尔曼. 跨文化的风险感知[M]. 赵延东，张虎彪译. 北京：北京出版社，2007: 4.

② Slovic P, Monahan J, MacGregor D G. Violence risk assessment and risk communication: The effects of using actual cases, providing instruction, and employing probability versus frequency formats[J]. Law and Human Behavior, 2000, 24(03): 271-296.

且生硬地将科学事实和社会价值选择分开，无视科学事实、科学解释和社会价值选择之间的关联性。科学事实和社会价值选择镶嵌于科学、科技政策和社会价值之间，它们并非独立存在，而是一种相互关联、互动影响的缠绕关系。总之，风险感知议题涉及对风险问题的界定及不同理性（科学、社会、环境、伦理）间的竞争。

科学、科技政策与社会价值之间相互影响，不同理性（科学理性、社会理性、经济理性、环境理性、伦理理性等）之间也存在相互竞争，不应单纯地主张科学理性一家独大，并将科学理性与社会理性或其他理性对立起来。同时，也不应过度强调基于“科学理性”的风险感知建构起的技术性与工具性的风险沟通目的。如今仍有不少研究者认为可以仅仅通过对于公众的教育或者科学知识普及就能消除公众与科学家等群体之间的认知落差，相应的代表人物有斯洛维克等。依照斯洛维克等人的理解，公众的风险感知与沟通是可以设定的，而科学理解仅仅通过简单的程序便可达到其目的，即无论是国家或科学专家，只要细心地规划、教育，就可以解决国家、科学专家、公众之间的认知鸿沟问题。[①]然而，现实情况是，原先兴致勃勃而后受挫折的科学家们经常懊恼地抱怨科学和社会的鸿沟，而公众对复杂科技的恐惧和排斥，也形成科技政策的难题。风险沟通成为发展公众感知、衔接风险评估、形成科技政策建议的重要过程。因此，泰勒在分析转基因食品在英国社会的公众风险感知与沟通过程时指出，那不仅是风险评估与解决的问题，也是一个基本的沟通问题，更是一个结构的与风险文化的问题。[②]

第二节　不同国家公众对于争议性科技的风险感知差异——以转基因科技为例

横跨大西洋，在美国和欧洲国家之间，围绕着转基因科技，产生了巨大的政策差异和公众对于转基因科技的认知与态度差异。早先，美国的消费者和农民们接受转基因食品，欧洲国家（在 20 世纪 90 年代初期）对转基因产品实施了许可

① Slovic P, Monahan J, MacGregor D G. Violence risk assessment and risk communication: The effects of using actual cases, providing instruction, and employing probability versus frequency formats[J]. Law and Human Behavior, 2000, 24(03): 271-296.

② Taylor P M. British Propaganda in the 20th Century: Selling Democracy[M]. Edinburgh: Edinburgh University Press, 1999: 163.

政策。转基因科技在农业上的应用被认为具有一些好处，包括提升农作物产量、减少农药使用，以及修改食品中的某些营养成分、减少食品成本等。然而，当全球具有极高声誉的《自然》（*Nature*）杂志上发表了一篇文章称基因工程可能具有负面影响后，这一认知发生了巨大变化。[①]另外，欧洲公众对于转基因食品的担心在一次次的食品安全丑闻中得到了放大（比如，疯牛病所带来的牛肉危机），这些食品丑闻同样在欧洲塑造了不信任转基因食品的意见气候。

从某种程度上说，横跨大西洋的这场争论以转基因食品为起点，涉及食品安全、贸易保护、转基因标签以及专利权的保护等议题。更进一步的观察显示，文化价值观（对于可怕的和未知风险的敏感、个人经验，以及社会文化语境）同样带来了欧洲公众对于源自美国的转基因食品的抗拒。欧盟内部，各个成员国对于生物科技的支持程度并不相同：西班牙、荷兰、芬兰比较支持，奥地利、丹麦、希腊和法国非常反对。

比如，法国一直强调“烹饪的主权”（culinary sovereignty），以应对美国快餐食品文化对法国传统食品和饮食习惯的侵蚀。[②]如果一种文化认为自身受到了另外一种文化的入侵，其公众就会产生一种可怕的风险将要到来的感觉。这种风险感知的程度取决于这一入侵所具有的不可控性、非自愿性、对后代的威胁程度，以及不公平感。所谓不公平感指的是人们会认为相应风险由入侵者带来，而受益者同时也是入侵者，受害者反而是自己。

对本地食品的偏好与对有机食品的偏好同样影响了欧洲国家公众对转基因产品的风险感知。转基因产品被视为地方性产品（local product）的对立面，从有机农业而来的地方性产品更受欢迎。[③]本地化的有机产品被视为“慢食品”（slow food），与“快餐食品”（fast food）相对，被赋予了反对添加剂、激素和快餐食品的色彩。快餐食品通常没有清晰标明食物的成分及来源，并且被视为美国主宰的标志。[④]

---

① Losey J E, Rayor L S , Carter M E. Transgenic pollen harms monarch larvae[J]. Nature, 1999, 399(6733): 214.

② Klee K, et al. Frankenstein foods? [J]. Newsweek, 1999, 134(11): 33-35.

③ Grabner P, Hampel J, Lindsey N, et al. Biopolitical diversity: The challenge of multilevel policy making[C]. In Gaskell G, Bauer M W. Biotechnology 1996-2000: The Years of Controversy. London: Science Museum, 2001: 15-34.

④ Grabner P, Hampel J, Lindsey N, et al. Biopolitical diversity: The challenge of multilevel policy making[C]. In Gaskell G, Bauer M W. Biotechnology 1996-2000: The Years of Controversy. London: Science Museum, 2001: 15-34.

转基因食品相关研究发现，德国公众显示出对转基因酸奶和啤酒的抗拒。薇薇安·摩西（Vivian Moses）试图弄清为什么德国人如此抗拒转基因食品。他的研究发现包括：反对纳粹种族政策的思想仍然存在，这种思想使德国公众倾向于反对任何同基因与遗传学相关的事物；对于新事物，德国人存在一种保守的态度，他们认为，“我已经拥有了完美的食物，为什么要去尝试其他那些遥远的、存在种种不确定性的食物？”[①]

在英国和中国台湾，相对于为了治疗疾病和防治害虫而推广的转基因科技，公众对为了增加产量而推行的转基因科技持有更加负面的态度。研究者发现，英国公众、英国学生、中国台湾学生对针对动物的转基因科技和针对植物的转基因科技具有不同的观点。[②]在欧洲，相对于植物领域的转基因科技应用，公众更加反对有关生产转基因动物的生物工程技术的应用。[③]

还有一些群体认为，转基因科技的理念与他们的信仰系统相背离。比如，一些宗教团体担心，转基因可能会扰乱自然的秩序，释放不可预知的后果。

简言之，反对转基因食品的原因可能多种多样，但是不外乎重要的社会文化信念、价值观、风俗习惯和历史。在人们面对不确定性时，正是上述因素帮助人们进行决策。

有关转基因生物收益和风险的争论和公共意见调查多数是针对富裕的发达国家，因为生物科技最早是在这些国家被开发和进行商业化推广的。近年来，一些研究者呼吁扩展关注的范围，因为转基因科技所产生的最大影响（无论是好的还是坏的影响）可能发生在发展中国家。莱斯·列维多（Les Levidow）指出，转基因作物的种植、转基因动物的养殖可能会给发展中国家带来一些明显的好处。比如，转基因农作物会明显有利于土地贫瘠、缺水、地形险峻、劳动力短缺、遥远的农村地区，能帮助作物增产增收，利于当地民众的生产和生活。另外，抗除草剂、抗虫的转基因作物可能会减少农药对于地表水和地下水的污染，减少耕作。更高产量的农作物、更高产的牲畜会有利于农村自然生态系统的可持续发展。富含特定营养元素的农作物也会对人的健康带来好处，比如强化了维生素A的大米

① Moses V. Biotechnology products and European consumers[J]. Biotechnology Advances, 1999, 17(08): 647-678.

② Chen S Y, Raffan J. Biotechnology: Student’s knowledge and attitudes in the LJK and Taiwan[J]. Journal of Biological Education, 1999, 34(01): 17-23.

③ Moses V. Biotechnology products and European consumers[J]. Biotechnology Advances, 1999, 17(08): 647-678.

有利于帮助减少甚至消除一些穷人的眼睛损伤。①

相反，也有一些研究者认为，尽管转基因食品和作物对发展中国家具有潜在的收益，但是同样也具有环境和健康风险。比如，一些发展中国家欠缺恰当的风险管理架构，可能会变成新的和具有潜在风险的食物的试验场地。②许多发展中国家（特别是亚太地区国家）具有丰富的自然生物多样性资源，转基因种子和作物可能会带来作物基因的同质化，不利于当地生物群落的发展。另外，相对于发达国家而言，发展中国家进行复杂且完善的田间检测、监测的能力不足，增加了不可控的生物灾害的风险，比如可能导致抗除草剂的“超级杂草”的出现。最后，在转基因产品的世界市场上，较为贫穷的国家难以获得经济利益。③有研究者指出，如果有足够的能力来处理转基因科技的有形和潜在风险，科技、工业、社会相互协调发展的局面就会出现。然而，较低的科技水平和较弱的政治、经济能力使得发展中国家很难安全且平等地获取转基因科技所带来的利益。④

发展中国家具有各自独特的政治、经济和社会环境，欧盟对转基因科技及其应用的谨慎态度、预防政策以及美国的政策都不一定会适用发展中国家国内转基因科技的发展。发展中国家应基于自身的需求和价值观来制定与转基因科技相关的政策。虽然文化价值观等因素对发展中国家公众的转基因科技风险感知起着重要的作用，目前却很少有研究关注这一议题。对于发展中国家来说，首先需要弄清楚的是公众对于争议性科技风险感知的现状与特点如何，有哪些重要的因素影响了公众对转基因科技的风险感知等问题，并将其纳入政策的讨论和决策制定的过程之中。我国是最大的发展中国家，本书即以我国为例展开相关探索。

第三节　我国公众对转基因科技的态度与风险感知现状

本书所进行的实地调研活动于 2016 年 7 月至 8 月展开，所进行的网络调查在

---

① Levidow L. Regulating Bt maize in the United States and Europe: A scientific-cultural comparison[J]. Environment: Science and Policy for Sustainable Development, 1999, 41(10): 10-23.

② Paarlberg R. Genetically modified crops in developing countries: Promise or peril[J]. Environment: Science and Policy for Sustainable Development, 2000, 42(1): 19-27.

③ Paarlberg R. Genetically modified crops in developing countries: Promise or peril[J]. Environment: Science and Policy for Sustainable Development, 2000, 42(1): 19-27.

④ Tutangata T. Genetic engineering: The right to say no[J]. Islands Business, 1999, 42.

2016 年 8 月 1 日至 9 月 1 日展开。实地调研部分为“公众对转基因的态度及风险感知调查”，在北京、江苏徐州、江苏邳州、四川绵阳、四川成都、重庆、广东广州、河南郑州八地的大型超市展开调研，每个城市选择两家大型超市，随机对消费者进行问卷调查，共发放问卷 650 份，回收有效问卷 597 份，回收率为 91.8%。有效样本中，男性比例为 40%，女性比例为 60%。样本年龄集中在 18 岁至 50 岁之间，这一年龄段的样本数占到总样本量的 90%以上。样本的具体构成情况详见表 6-2 至表 6-3。

表 6-2　样本的性别构成

性别	人数/人	比例
男性	239	40.0%
女性	358	60.0%
合计	597	100%

表 6-3　样本的年龄构成

年龄	人数/人	比例
18 岁以下	18	3.0%
18—30 岁	228	38.2%
31—40 岁	178	29.8%
41—50 岁	137	22.9%
50 岁以上	36	6.0%
合计	597	100%

就受访者的受教育程度而言，本科或大专学历的占据 60%。初中及以下人群占比较少（表 6-4）。

表 6-4　样本的受教育程度

受教育程度	人数/人	比例
初中及以下	36	6.0%
高中/中专/技校	142	23.8%
本科或大专	358	60.0%
硕士及以上	61	10.2%
合计	597	100%

就受访者所在地而言，来自直辖市及省会城市的公众占到总数的39%，地级市为27.5%，乡镇及村庄住户的比例为9.4%，见表6-5。

表6-5 样本的所在地情况

所在地	人数/人	比例
直辖市	98	16.4%
省会城市	135	22.6%
地级市	164	27.5%
县级市/县城	140	23.5%
乡镇	38	6.4%
村	18	3.0%
其他	4	0.7%
合计	597	100%

一、相关概念的操作化定义

与其他消费品一样，公众对转基因科技的接受也受到其对于消费收益和消费风险感知的影响。有学者用“收益感知”（benefit perception）与“风险感知”（risk perception）来描述这两种认知类型。①

就转基因食品而言，收益感知包括对口味改良、增加营养、减少农药和化肥使用以及降低成本和价格等方面的认识②；风险感知涉及的主要是对身体健康的负面影响，对自然环境、传统作物的冲击等。已有研究发现，风险感知与收益感知对于消费者的态度分别产生负向和正向的影响，且风险感知对态度的形成起主导作用，也就是说，收益感知对转基因食品接受度有正面影响，风险感知则体现出负面影响。③

罗格斯大学的粮食政策研究所（Food Policy Institute，FPI）在威廉姆·豪曼（William K. Hallman）教授主持下，从1991年开始至2005年共开展了三次针对

① Siegrist M. The influence of trust and perceptions of risks and benefits on the acceptance of gene technology[J]. Risk Analysis, 2000, 20(02): 195-203.

② Hossain F, Onyango B, Adelaja A, et al. Nutritional benefits and consumer willingness to buy genetically modified foods[J]. Journal of Food Distribution Research, 2003, 34(01): 24-29.

③ Costa-Fontm, G. Structural equation modeling of consumer acceptance of genetically modified (GM) food in the Mediterranean Europe: A cross country study[J]. Food Quality and Preference, 2009, 20(06): 399-409.

美国公众对于农业生物技术态度和认知的调查研究。对于美国公众有关购买转基因食品的态度，研究者设计了如下问题：如果购物时看到转基因标签产品，你愿意买得更多还是更少？如果价格相同，你是否愿意购买下列转基因工程食品：番茄、苹果、牛奶、玉米、牛肉、婴儿食品？如果转基因食品比普通食品更少使用杀虫剂/更少的脂肪/对环境更友善/更便宜/味道更好，你是否愿意购买？①

借鉴豪曼教授的题目设置方式及题目选项，并进行有针对性的修改，本书设置了如下对公众购买转基因食品态度进行测量的问题：①购物时如果看到转基因产品标签，您会放弃购买/少买一些/没有影响/买得更多？②如果转基因食品比普通食品更有营养，您是否会购买？③如果转基因食品比普通食品更少使用杀虫剂，您是否会购买？④如果转基因食品比普通食品更少使用化肥，您是否会购买？⑤如果转基因食品比普通食品味道更好，您是否会购买？⑥如果转基因食品比普通食品价格更低，您是否会购买？问题②—⑥分别针对转基因食品五个方面的属性设置相应题目。

如本章第二节文献探讨部分所述，公共论述中对转基因科技风险的讨论主要涵盖健康、环境、对传统作物的冲击等方面，这几个视角在国内外也经常被不同研究使用，作为测量公众风险感知的依据。故本书采用其作为测量公众对转基因科技风险感知的题项。

详细来说，本书通过对身体健康的影响、长期影响、对自然发展的影响、对生态环境的影响、对人类长远发展的影响和干扰野生物种等六个维度来测量公众对于转基因科技的风险感知。受访者通过对问卷中 1—5 的量表选项（1 表示强烈反对，5 表示非常赞同）进行选择来回答关于转基因科技相关风险的问题：①吃转基因食品对我和家人的身体健康有害；②转基因作物对环境的长期影响目前并不清楚；③转基因作物威胁了生物的自然发展；④转基因食品对生态环境有害；⑤转基因生物可能会干扰自然界中的野生物种；⑥转基因食品会危害人类的长远发展。每个问题的答案相加以取得总分，分数越高代表公众认为转基因科技具有越高的风险。

有关“收益感知”，国内外研究中所涉及的转基因科技带来的利益主要为利于环保、食品口味/营养改善、价格降低、提升产业竞争力等方面。因此，本书借

① Hallman W K, Hebden W C, Cuite C L. Americans and GM food: Knowledge, Opinion and Interest in 2004[M]. New Brunswick, NJ: Food Policy Institute, Cook College, Rutgers, The State University of New Jersey, 2004: 19-23.

用相关研究成果，从改善食品品质、降低价格、增加产量、有利于环境和经济发展等角度来衡量公众对于转基因科技的利益认知。

本书在问卷调查中请受访者从1—5的量表选项（1表示强烈反对，5表示非常赞同）进行选择来收集其对下列六个问题的意见：①转基因食品将会改善食品的品质；②转基因将会降低食品价格；③转基因技术将会增加作物的产量；④转基因将会增加市场中食品的选择；⑤有效地减少化肥、农药等对环境的污染；⑥从长期来看，转基因食品产业将有益于经济发展。本书将此六个问题加总，以每个问题的答案相加以取得总分来代表公众的利益认知，分数越高代表公众认为转基因科技带来的此方面利益越大。①

乔治·加斯克尔（George Gaskell）等主持的欧洲转基因态度调查中，设计了一些判断是非的题目来测量公众对生物科技知识的掌握情况。②国内外许多研究者在自己的研究中应用了加斯克尔设计的是非题目，如豪曼教授等开展的美国公众对农业生物技术态度和认知的调查研究，国内的张明杨等对江苏省消费者转基因技术应用态度的调查等。本书参考上述研究设计了类似问题，对公众转基因科技知识的掌握情况进行考察。具体而言，本书通过六个是非题来测量公众的转基因相关知识：①转基因食物是用辐射创造出基因突变；②动物基因可以转给植物；③转基因动物比普通动物大；④普通番茄不含基因，转基因的才有；⑤鲤鱼的基因转到番茄将使之出现“鱼味”；⑥即使人们吃了转基因水果，自身的基因也不会被转。本书询问受访者对于上述六道是非题的答案，然后计算其答对题数，分数越高代表公众的转基因科技知识越多。

二、公众对转基因科技的态度

（一）多数受访者对转基因产品持拒绝态度

本书的问卷调查结果显示，购物时看到转基因产品标签，选择直接放弃购买的占到被调查人数的一半以上；会减少购买相应商品数量的占到近三成；仅不足2%的被调查者会买得更多。约18.3%的被调查者认为转基因产品标签并不会影响自己的购买决策（表6-6）。上述数据显示，本书的大部分被调查者对转基因相关

① 施琮仁. 不同媒体平台对公众参与科学决策能力之影响：以纳米科技为例[J]. 新闻学研究，2015(124): 165-213.

② Gaskell G, Bauer M W, Durant J, et al. Worlds apart? The reception of genetically modified foods in Europe and the U.S.[J]. Science, 1999, 285(5426): 384-387.

产品持拒绝态度，接受转基因产品的被调查者（选项为“没有影响”及“买得更多”）不足 20%。

表 6-6 公众对转基因产品的态度

购物时如果看到转基因产品标签，您会：	数量/人	比例
放弃购买	309	51.8%
少买一些	171	28.6%
没有影响	109	18.3%
买得更多	8	1.3%
合计	597	100%

（二）受访者更支持转基因科技在医药领域的应用

对于转基因科技在不同领域的应用，公众的态度具有较为明显的差异。表 6-7 显示，24.8%的被调查者支持转基因科技在食品领域的应用，对于转基因科技在医药领域的应用，支持的比例上升至 41.7%。45.4%的被调查者反对转基因科技在食品领域的应用，对于转基因科技在医药领域的应用，反对者的比例下降至 30.3%。

表 6-7 公众对转基因科技不同应用领域的态度

题目	强烈支持	比较支持	既不支持也不反对	比较反对	强烈反对
对于转基因科技在食品领域的应用，您的态度是	37(6.2%)	111(18.6%)	178(29.8%)	163(27.3%)	108(18.1%)
对于转基因科技在医药领域的应用，您的态度是	40(6.7%)	209(35.0%)	167(28.0%)	95(15.9%)	86(14.4%)

如果将“强烈支持”“比较支持”“既不支持也不反对”“比较反对”“强烈反对”这五种态度分别赋值为 2、1、0、–1、–2。对于转基因科技在食品领域的应用，公众态度的均值为–0.4，倾向于中立，稍微偏向反对的态度。对于转基因科技在医药领域的应用，公众态度的均值为+0.05，倾向于中立。

上述研究发现与国际食品信息委员会（The International Food Information Council，IFIC）有关美国公众转基因态度的研究发现有部分相似之处，即对于转基因科技在不同领域中的应用，公众的支持态度有所不同。国际食品信息委员会在 2006 年的研究结果显示，有 42%的美国人支持将转基因科技用于植物食品生产、药用玉米或大米。在动物食品生产问题上支持率较低，仅 19%，但这一支持率在 2014 年上升至 31%。[①]

在调查过程中，有相当一部分受访者（近 30%）对于转基因科技在医药领域或食品领域的应用的态度是“既不支持也不反对”。出现这一现象的原因可能是一些人对转基因议题并不熟悉，或者暂时还没有形成鲜明的意见和态度。

（三）影响公众态度的转基因食品特性

沙伦·库赞索夫（Sharron Kuznesof）等将消费者划分为拒绝者、犹豫不决者和接受者三种类型，用以描述其对于转基因食品的不同接受程度。库赞索夫等的研究发现，犹豫不决者占总体的大部分，另外两类（拒绝者和接受者）相对比较平均；消费者对转基因食品的接受程度会随产品的使用、感知到的消费者收益（相对于生产者收益）、价格、感知到的产品质量提高（味道和自然性）、感知的产品纯度（化学药品使用的减少）和感知的产品健康性的提升而提升。[②]

本书调查发现（详见表 6-6 和表 6-8），公众最在意的转基因食品的特点为“更少使用杀虫剂”，如果转基因食品能够“更少使用杀虫剂”，46.2%的人会选择购买，而没有这一特点，愿意购买的人仅为 19.6%。公众其次重视的转基因食品特性为“更少使用化肥”。如果转基因食品“更少使用化肥”，44.4%的人会选择购买。公众第三看重的转基因食品特性为“转基因食品比普通食品更有营养”。公众对转基因食品的口感与价格因素并不敏感。“转基因食品味道更好”仅增加了 8.9%的愿意购买者，而“转基因食品比普通食品价格更低”仅增加了 2.8%的愿意购买者。

表 6-8 影响公众态度的转基因食品特性

题目	会	不会
如果转基因食品比普通食品更有营养，您是否会购买？	250 (41.9%)	347 (58.1%)
如果转基因食品比普通食品更少使用杀虫剂，您是否会购买？	276(46.2%)	321(53.8%)
如果转基因食品比普通食品更少使用化肥，您是否会购买？	265(44. 4%)	332(55.6%)
如果转基因食品比普通食品味道更好，您是否会购买？	170(28.5%)	427(71.5%)
如果转基因食品比普通食品价格更低，您是否会购买？	134(22.4%)	463(77.6%)

① 刘春燕. 被塑造的转基因态度：基于美国民意调查的分析[J]. 中国农业大学学报（社会科学版），2015, 32（05）: 91-101.

② Kuznesof S, Ritson C. Consumer accept ability of genetically modified foods with special reference to farmed salmon[J]. British Food Journal, 1996, 98（4-5）: 39-47.

从上述数据可以看出，能够促进我国公众对于转基因食品购买意愿的转基因食品属性依次是：更少使用杀虫剂、更少使用化肥、更有营养。上述几个方面主要涉及身体健康与生态环境因素。口味与价格因素并没有明显提高我国公众对转基因产品的接受度。

上述研究发现与国际食品信息委员会对于美国消费者的调查发现和豪曼教授的发现相一致。自 1997 年开始，国际食品信息委员会连续多年开展美国消费者对于食品生物科技的态度调查。有关购买生物科技相关食品的意愿，国际食品信息委员会在 2014 年的调查显示，如果生物科技能够使食品更新鲜、味道更好，有 58%的美国人愿意购买；如果生物科技能够使食品“更少使用杀虫剂”，有 69%的消费者愿意购买。[①]豪曼教授的研究显示，美国人更看重的转基因食品特性依次为：对环境更友善（31%）、更少脂肪（26%）、味道更好（21%）、更便宜（12%）。[②]

三、公众对转基因食品的风险感知和收益感知

依照前述对转基因食品的风险感知和收益感知的概念操作化说明，本书将相关的风险感知和收益感知操作化为 12 个选项（表 6-9）。其中前六个说法（说法 1 至 6）对应的是公众对转基因食品的风险感知，后六个说法（说法 7 至 12）对应的是公众对转基因食品的收益感知。被调查者在问卷中以 1—5 的量表（1 表示强烈反对，5 表示非常赞同）赋予表 6-9 中各选项分值，并将其加总，最后得分显示出公众对转基因所带来风险或收益的认知情况。

表 6-9 的数据显示，我国公众的转基因风险感知中，“转基因生物可能会干扰自然界中的野生物种”居于其所关注风险议题的首位，其次是“转基因作物威胁了生物的自然发展”，接下来分别为“转基因食品会危害人类的长远发展”、“转基因作物对环境的长期影响目前并不清楚”和“吃转基因食品对我和家人的身体健康有害”。另外有 48.1%的被调查者认为“转基因食品对生态环境有害”。由以上数据可以看出，我国公众担心的首要问题是转基因作物对自然界中其他生物的负面影响，其次是转基因食品对人体健康和人类长远发展的负面影响。

---

① 刘春燕. 被塑造的转基因态度：基于美国民意调查的分析[J]. 中国农业大学学报（社会科学版），2015, 32（05）: 91-101.

② Hallman W K, Hebden W C, Aquino H L. Public Perceptions of Genetically Modified Foods: A National Study of American Knowledge and Opinion[M]. New Brunswick, NJ: Food Policy Institute, Cook College, Rutgers, The State University of New Jersey, 2003. 转引自刘春燕. 被塑造的转基因态度：基于美国民意调查的分析[J]. 中国农业大学学报（社会科学版），2015, 32（05）: 91-101.

表 6-9 公众对转基因食品的风险感知和收益感知情况

对于下列有关转基因的说法，您的态度是	非常赞同	比较赞同	既不赞同也不反对	比较反对	强烈反对	总分
1. “吃转基因食品对我和家人的身体健康有害”	184(30.8%)	155(26.0%)	180(30.2%)	41(6.9%)	37(6.2%)	2199
2. “转基因作物对环境的长期影响目前并不清楚”	184(30.8%)	192(32.2%)	123(20.6%)	53(8.9%)	45(7.5%)	2208
3. “转基因作物威胁了生物的自然发展”	213(35.7%)	184(30.8%)	134(22.4%)	41(6.9%)	25(4.2%)	2310
4. “转基因食品对生态环境有害”	172(28.8%)	115(19.3%)	238(39.9%)	52(8.7%)	20(3.4%)	2158
5. “转基因生物可能会干扰自然界中的野生物种”	201(33.7%)	209(35.0%)	135(22.6%)	24(4.0%)	28(4.7%)	2322
6. “转基因食品会危害人类的长远发展”	209(35.0%)	152(25.5%)	167(28.0%)	45(7.5%)	24(4.0%)	2268
7. “转基因食品将会改善食品的品质或丰富营养”	70(11.7%)	164(27.5%)	179(30.0%)	94 (15.7%)	90(15.1%)	1821
8. “转基因技术将会增加作物的产量”	122(20.4%)	312(52.3%)	97(16.2%)	29(4.9%)	37(6.2%)	2244
9.“转基因将会降低食品价格”	90(15.1%)	246(41.2%)	143(24.0%)	70(11.7%)	48(8.0%)	2051
10 “转基因将会增加市场中食品的选择”	66(11.1%)	262(43.9%)	163(27.3%)	49(8.2%)	57(9.5%)	2022
11. “有效地减少化肥、农药等对环境的污染”	57(9.5%)	185(31.0%)	216(36.2%)	41(6.9%)	98(16.4%)	1853
12. “从长期来看，转基因食品产业将有益于经济发展”	37(6.2%)	98(16.4%)	221(37.0%)	86(14.4%)	155(26.0%)	1567

相较于对各类转基因科技所带来的风险普遍较高的赞同比例，公众对转基因科技所带来的各种收益的赞同比例差别较大（表 6-9）。数据显示，转基因收益感知中，公众最为赞同的转基因收益为“转基因技术将会增加作物的产量”，这一收益以 72.7%的赞同比例居于首位；其次是“转基因将会降低食品价格”（56.3%），接下来分别是“转基因将会增加市场中食品的选择”（55.0%）以及“有效地减少化肥、农药等对环境的污染”（40.5%），“转基因食品将会改善食品的品质或丰富营养”（39.2%）。“从长期来看，转基因食品产业将有益于经济发展”这一收

益选项的赞同比例仅为 22.6%，居于末位。

本书调查发现，有相当大比例的受访者对一些有关转基因风险或收益的说法态度是“既不赞同也不反对”。本书调查共设置 12 个议题，对于其中的 11 个议题，20%—40%的受访者持“既不赞同也不反对”的中立态度。本书调查认为，高比例的“既不赞同也不反对”选项可能是由于本书调查的受访者不熟悉转基因科技议题，还没有形成鲜明的意见和态度，所以选择了既不赞同也不反对的中立态度。加斯克尔等在一项类似的研究中也发现了此类现象：19%的美国人和 27%的欧洲人并没有给出有关问题的完整回答。因此，加斯克尔等假设，这一部分人可能是因为不熟悉这一议题，所以没有态度（nonattitudes）。然而，无论是“中立态度”还是“没有态度”，都是不太稳定的认知方式，因为一旦这一议题变得富有争议，上述两种态度将会迅速分化，并趋于明朗。因此，加斯克尔等认为，对许多议题来说，“是/否”这样一种两分法将不太适用，不能仅将公众分为支持者或者反对者，而应将公众分为支持者、接受风险的支持者（risk-tolerant supporter，这类人预见到风险，但是仍然选择支持）和反对者。[①]

四、公众对转基因科技相关知识的掌握情况

本书调查以公众对转基因相关说法的辨别和判断结果作为公众转基因知识掌握情况的指标。如表 6-10 所示，调查发现，6 道题目中，仅 1 道题目“普通番茄不含基因，转基因的才有”的回答正确率超过 50%，其余题目的回答正确率均低于 40%。6 道题目回答的平均正确率为 36.5%。

由上述统计数据可知，目前我国仍有大量公众并不具有转基因相关知识。一方面表现为，公众对转基因相关题目的回答正确率比较低，另一方面体现为，对于本调查给出的转基因相关说法，近一半的公众不知道如何作答。本书调查中，对于转基因相关说法的判断题目，选项为“不知道”的公众占调查总数的 43.7%。

上述现象并不是特例，生物科技知识水平测试结果显示，美国公众的生物科技知识水平同样并不乐观。2004 年，对于“动物基因可以转给植物”这一说法，仅有 30%的人判断正确。对于“普通番茄不含基因，转基因的才有”这一说法，

① Gaskell G, Bauer M W, Durant J, et al. Worlds apart? The reception of genetically modified foods in Europe and the U.S.[J]. Science, 1999, 285(5426): 384-387.

答错和“不知道”的人有60%。①

表 6-10 公众对转基因相关说法的判断

下列有关转基因的说法，您认为是否正确	是	否	不知道	合计
1. 转基因食物是用辐射创造出基因突变	80（13.4%）	210（35.2%）	307（51.4%）	597（100%）
2. 动物基因可以转给植物	149(25.0%）	163（27.3%）	285（47.7%）	597（100%）
3. 普通番茄不含基因，转基因的才有	110(18.4%）	307（51.4%）	180（30.2%）	597（100%）
4. 转基因动物比普通动物大	127(21.3%）	222（37.2%）	248（41.5%）	597（100%）
5. 鲤鱼的基因转到番茄将使之出现“鱼味”	87（14.6%）	237（39.7%）	273（45.7%）	597（100%）
6. 即使人们吃了转基因水果，自身的基因也不会被转	182(30.5%）	141（23.6%）	274（45.9%）	597（100%）

总的来说，本书调查相关数据显示，我国公众对转基因科技及其产品和应用的了解程度并不高，转基因科技相关知识的掌握情况不佳，他们更倾向于将转基因科技，特别是转基因食品与高风险、低收益联系起来，这就造成公众对转基因科技的接受度不高，大多数人持负面的、拒绝的态度。我国公众担心的首要问题是转基因作物对自然界中其他生物的负面影响，其次是转基因食品对人体健康和人类长远发展的负面影响。

在转基因风险感知中，“转基因生物可能会干扰自然界中的野生物种”“转基因作物威胁了生物的自然发展”“转基因食品会危害人类的长远发展”“转基因作物对环境的长期影响目前并不清楚”“吃转基因食品对我和家人的身体健康有害”等均为公众比较关注的风险问题。而转基因收益感知中，公众最为赞同的转基因收益为“转基因技术将会增加作物的产量”；其次是“转基因将会降低食品价格”，接下来分别是“转基因将会增加市场中食品的选择”“有效地减少化肥、农药等对环境的污染”“转基因食品将会改善食品的品质或丰富营养”，相比较而言，“从长期来看，转基因食品产业将有益于经济发展”这一收益选项赞同者比例较低。能够促进我国公众对转基因产品购买意愿的转基因食品属性主要涉及身体健康与生态环境因素，比如更少使用杀虫剂、更少使用化肥、更有营养。口味与价格因素并没有明显提高我国公众对转基因产品的接受度。

① Hallman W K, Hebden W C, Cuite C L. Americans and GM food: Knowledge, Opinion and Interest in 2004[M]. New Brunswick, NJ: Food Policy Institute, Cook College, Rutgers, The State University of New Jersey, 2004. 转引自刘春燕. 被塑造的转基因态度：基于美国民意调查的分析[J]. 中国农业大学学报（社会科学版）, 2015, 32（05）: 91-101.

第四节 科技风险感知的影响因素分析

公众对风险的认知发生在社群或社区背景之中，这一背景由多渠道来源的信息、社会新近发生的事件等组成，这些背景、信息、事件等构成了公众科技风险感知发生的社会语境，社会学将研究焦点放置在这些社会语境因素对个体认知影响的分析上。通过访谈、焦点小组讨论和大众媒体分析，萨利·麦金泰尔（Sally Macintyre）和同事们描述了在不确定的情境中，个体如何使用不同的语境和经验来进行决策。他们发现，年龄、性别、收入、个人经验、国家和认同等因素与饮食和健康的决策相关。比如，英国的女性比男性更加关注食品安全，特别是当她们怀孕或者有小孩子时。类似的，在欧洲其他地区的研究同样发现男性比女性更支持转基因科技。①麦金泰尔等认为，公众对食品安全信息的理解、反应是依赖于情境的，在新闻媒体和娱乐媒体的结构和文化中，通过社会互动被积极地建构。②

英国学者所进行的焦点小组研究同样指出，消费者们使用拇指规则（rule of thumb），或称经验法则，来进行决策。拇指规则常指那些并非很准确但却很奏效的方法，这些方法通常来自于人们的实践经验或常识。英国的研究显示，英国公众对食品安全的判断基于食物产自的地理区域。产自本地的食物被认为比产自更远地方的食物更加安全，家庭制作的食物或菜园生长的食物被认为最安全，而进口食品被认为具有最大的风险性。③

传播学研究重点关注媒体报道、信任、科学素养等因素对公众转基因认知的影响和作用。1999 年加斯克尔等发表在《科学》杂志上的一篇文章《天壤之别？欧洲和美国的转基因食品接受》（“Worlds apart? The Reception of Genetically Modified Foods in Europe and the U.S.”）考察了欧洲和美国公众对转基因科技的态度和认知，分析了媒体对转基因科技的报道以及较长时间段的政策制定和执行情况，通过比较转基因科技在医药、基因测试、农作物、食品、异种器官移植等五个领域的应用，从媒体报道、对监管过程的信任和科学素养三个方面探讨了美

① Gaskell G, Allum N, Bauer M, et al. Biotechnology and the European public[J]. Nature Biotechnology, 2000, 18(09): 935-938.

② Macintyre S, Reilly J, Miller D, et al. Food choices, food scares, and health: The role of the media[C]. In Murcott A. The Nation’s Diet: The Social Science of Food Choice. London: Addison Wesley Longman, 1998: 228-249.

③ Draper A, Green J. Food safety and consumers: Constructions of choice and risk [J]. Social Policy & Administration, 2002, 36(06): 610-625.

国和欧洲为什么对待转基因产生了那么明显的差异和不同。[①]针对公众有关转基因科技的认知，研究者们1996年在欧洲15个国家，1997年在美国进行了两项调查。这两项调查采用基本相同的问题，重点关注公众如何看待转基因科技，即询问公众研究者所列出的五种转基因应用是否有用（useful）、是否是危险的（risky）、是否在道德上能够接受（morally acceptable），以及是否应该被鼓励发展（encouraged）。

加斯克尔等发现，对于转基因科技在不同领域的应用，美国和欧洲公众的支持程度完全不同。基因类药品和基因测试无论在美国还是在欧洲都得到广泛的赞同和支持。转基因农作物和转基因食品的支持程度中等，异种器官移植在两个地区的支持程度都最低。他们还发现，美国公众并不是支持所有的转基因科技，大部分的美国人反对异种器官移植。欧洲人也并不是无论哪个转基因科技领域都更反对，欧洲人比美国人更支持基因检测。[②]

在分析欧洲和美国对于转基因科技认知和态度差异的原因时，研究者首先指出的是新闻的影响和作用。他们认为，新闻报道的内容（无论是正面的或负面的），都会在相应的方向塑造公众的认知。他们所提出的另一种解释认为，在与科技相关的争议中，起决定作用的是媒体报道的数量：媒体报道的越多，公众的认知越倾向于负面。[③]

对12个欧洲国家全国性报纸和美国《华盛顿邮报》的报道的历时性分析显示，1984年至1990年，欧美国家对转基因科技及其产品的报道轨迹大致相似，但欧洲的报道数量增幅更快。加斯克尔等并没有假设这些报纸得到了公众的广泛阅读，但是这些全国性报纸是政客们以及其他新闻从业人员的主要信息来源，同时也体现了全国性争议中的舆论导向。1984年至1990年两地的主流报道框架都是“进步”和“经济前景”，重要的报道主题是“健康”、“基础研究”和“经济”。从1991年开始到1996年，欧美两地的报道差异出现，《华盛顿邮报》的报道主题由“进步”转变为“经济前景”。欧洲各国媒体中占主导地位的报道主题为“进步”。1996年后，美国媒体中逐渐出现的报道主题是“公众责任”和“自然/营养”，

① Gaskell G, Bauer M W, Durant J, et al. Worlds apart? The reception of genetically modified foods in Europe and the U.S. [J]. Science, 1999, 285(5426): 384-387.

② Gaskell G, Bauer M W, Durant J, et al. Worlds apart? The reception of genetically modified foods in Europe and the U.S. [J]. Science, 1999, 285(5426): 384-387.

③ Gaskell G, Bauer M W, Durant J, et al. Worlds apart? The reception of genetically modified foods in Europe and the U.S. [J]. Science, 1999, 285(5426): 384-387.

欧洲媒体中逐渐出现并增多的报道主题则是“伦理”。与欧洲相比，美国的报道更多关注“风险/收益”，较少仅关注“收益”。但在欧洲，“风险”之类的报道并没有增加。

这一研究结果并没有证实“公众的认知反映了媒体报道的内容”这一观点。相反，与美国媒体相比，尽管欧洲媒体对转基因议题的报道更加正面，但是，1996年对欧洲公众的意见调查结果显示，公众对转基因科技的认知更加负面。研究者由此得出结论：媒体对科技争议报道数量的增多与负面的公众认知相关。

尽管1996—1997年，围绕几个关键事件（包括1996年美国孟山都公司的转基因大豆登陆欧洲引发许多西欧和北欧公众的反对等），欧洲媒体进行了大量报道，但欧洲公众认为他们仍然并不具备转基因相关的知识。[①]弗里沃等的研究认为，对某一特定灾害风险报道的数量与内容的突然变化可能会带来公众态度的变化，这一发现与“风险的社会放大”理论观点具有一致性。[②]

传播学者们关注的转基因认知的第二个影响因素是公众对管理机构的信任。对转基因的监管，欧洲和美国有着完全不同的历史和现状。在美国，20世纪80年代后期，一场持续时间相对较短的公开论辩解决了大多数有关转基因监管的关键议题。因为美国的管理层并不认为生物科技具有与其他科技不同的、独特的风险，所以，转基因相关产品的监管条例被包含在现有的处理新产品已知风险的法律和规章之中。在欧盟各国，与之相反，长时间的公开讨论并没有形成一个切实可行的跨越国界的合意。欧洲的管理层将生物科技视为需要新的管理条例的一种特别的科技。

美国的调查数据显示，被访者中信任美国农业部的占据90%，信任美国食品药品监督管理局的占据84%。对于管理层面的信任，在美国比在欧洲更高。[③]

许多研究指出，缺乏信任是专家和普通公众风险感知落差产生的重要原因。斯洛维克的研究发现，在对监管部门的不信任和风险感知之间存在直接联系。[④]对

---

① Bauer M W, Kohring M, Allansdottir A, et al. The dramatisation of biotechnology in elite mass media [C]. In Gaskell G, Bauer M W. Biotechnology 1996-2000: The Years of Controversy. London: Science Museum, 2001: 35-52.

② Frewer L J, Miles S, Marsh R. The media and genetically modified foods: Evidence in support of social amplification of risk[J]. Risk Analysis, 2002, 22(4): 701-711.

③ Gaskell G, Bauer M W, Durant J, et al. Worlds apart? The reception of genetically modified foods in Europe and the U.S. [J]. Science, 1999, 285(5426): 384-387.

④ Bazerman M H, Tenbrunsel A E , Messick D M . Environment, ethics, and behavior: The psychology of environmental valuation and degradation[J]. Contemporary Psychology, 1997, 43(10): 713-714.

环境风险感知和接受新科技来说，是否愿意信赖政策和政策制定、执行机构及其相关从业人员，或者这些机构或个人是否让人产生信任感，非常重要。比如，研究发现，公众越信任美国食品药品监督管理局，就越不在意使用重组牛生长激素（recombinant bovine growth hormone）所带来的有害影响。[①]然而，上述结论在其他一些国家并不适用。1998 年在日本进行的一项调查显示，政府对转基因大豆安全性的支持并没有增加消费者对转基因大豆的接受度。[②]

对信源的信任是影响公众有关转基因决策的重要因素之一。迈克尔·西格里斯特（Michael Siegrist）发现，信任影响了对生物科技的风险感知、受益认知，并且对于是否接受转基因科技产生了直接的影响和作用。对从事转基因研究或使用转基因产品的机构和个人的信任度是影响公众对转基因科技认知的最重要的因素。[③]弗里沃等发现，信息来源各自所具有的不同特点造成公众对他们产生了不同的信赖程度。专长（expertise）并不必然带来信任，除非在具备专长的同时也具备了其他的一些特点，比如负责任（accountability）。[④]

英国及美国的相关研究中都发现了公众对政治家、科学家以及媒体的不信任。在一些欧洲国家，政府机构和部门是最不受信任的信息来源，其受信任程度甚至低于企业信源。[⑤]欧洲晴雨表的跨国调查结果显示，消费者组织最受信任，其次是环境保护组织，接下来是学校/大学，公共机构（public authorities），以及企业。[⑥]但是，对生物科技的支持者和反对者对于环保组织的看法完全不同，有 75%的生物科技反对者认为环保组织“在生物科技领域，对社会做出了贡献”，而仅有 49%的生物科技支持者持有相同观点。而对消费者组织而言，则不存在这种差异。无论是生物科技支持者还是反对者，他们都认为消费者组织对社会做出了贡献。[⑦]

① Grobe D, Douthitt R, Zepeda L. A model of consumers' risk perceptions toward recombinant bovine growth hormone（rbGH）: The impact of risk characteristics[J]. Risk Analysis, 1999, 19（04）: 661-673.

② Hoban T J. Consumer acceptance of biotechnology in the United States and Japan[J]. Food Technology, 1999, 53（05）: 50-53.

③ Siegrist M. A causal model explaining the perception and acceptance of gene technology[J]. Journal of Applied Social Psychology, 1999, 29（10）: 2093-2106.

④ Frewer L J, Howard C, Hedderley D, et al. What determines trust in information about food-related risks? Underlying psychological constructs[J]. Risk Analysis, 1996, 16（04）: 473-486.

⑤ Moses V. Biotechnology products and European consumers[J]. Biotechnology Advances, 1999, 17（08）: 647-678.

⑥ Barling D, Vriend H D, Cornelese J A, et al. The social aspects of food biotechnology: A European view[J]. Environmental Toxicology and Pharmacology, 1999, 7（02）: 85-93.

⑦ Gaskell G, Allum N, Bauer M, et al. Biotechnology and the European public[J]. Nature Biotechnology, 2000, 18（09）: 935-938.

在英国，消费者组织被认为不仅知识丰富，在提供信息方面积极主动，是受到信任的信息来源，非常关注消费者的权益，并且较少与商业利益相连。①对比利时、德国、法国、意大利、荷兰、挪威、瑞典以及英国的研究表明，消费者组织的主要目的在于保证消费者了解真相，并且具有选择权。②

在中国，调查所得数据与欧美等国又有所不同。本书调查请被调查者依照其所认为的可信程度为各种发布和提供转基因相关信息的来源打分，最不可信为 1，最可信为 5。调查结果如表 6-11 所示。科学家在所有的转基因信息来源中，可信度平均得分最高，其次为环保组织、中央政府机构。消费者组织、地方政府机构、公众人物的得分较低，而转基因产品的生产、销售企业可信度平均得分最低。媒体层面，互联网属于较不受信任的信源，传统媒体（报纸、广播、电视）比互联网的可信度得分高，但仍然排在第四位，属于较受公众信任的信息来源。公众对政府机构的信任度方面，对中央政府机构的信任度高于地方政府机构。可信度平均得分低于 3 分的，都属于较不受信任的信息来源，其中包括公众人物、互联网以及生产、销售企业。

表 6-11　各类型转基因信息来源的可信度得分

信息来源	可信度平均得分
1. 科学家	3.7
2. 环保组织（如绿色和平组织）	3.6
3. 中央政府机构	3.5
4. 传统媒体（报纸、广播、电视）	3.2
5. 地方政府机构	3.0
6. 消费者组织	3.0
7. 崔永元等公众人物	2.7
8. 互联网	2.6
9. 生产、销售企业	2.3

① Frewer L J, Howard C, Hedderley D, et al. Reactions to information about genetic engineering: Impact of source characteristics, perceived personal relevance, and persuasiveness[J]. Public Understanding of Science, 1999, 8(01): 35-50.

② Moses V. Biotechnology products and European consumers[J]. Biotechnology Advances, 1999, 17(08): 647-678.

管理机构和公众互动的一个重要基础是公众信任管理机构。一个例子是美国和欧洲公众对于转基因产品所具有的完全不同的反应。在科学家、管理者、农民、环境保护人士之间进行的讨论，带来了 20 世纪 80 年代美国的田间试验，相应的试验数据完全公开、共享，并且针对讨论者们关切的问题进行了更加深入的实验。①1992 年，美国食品药品监督管理局颁布了一个法令：快速将包含转基因原料的食物推向市场，且不用进行标签。美国的管理者并不认为转基因带来了特殊的风险，管理也是在原有法律框架之内，仅关注新产品已知的、可见的风险。加拿大采取了跟美国类似的管理路径。

与美国不同，欧洲各国政府并没有给转基因科技开绿灯，或采取特别的举措来减轻公众对转基因科技的恐惧。生物科技被视为一个新的领域，需要新的监管法规和策略。欧洲在 20 世纪 90 年代早期进行的田间试验没有能够促进公众和管理机构之间的讨论，美国的管理系统和美国的赞成并不足以说服欧洲公众。②牛海绵状脑病（俗称疯牛病）和二噁英污染等破坏了欧洲公众对于食品安全系统的信任。20 世纪 90 年代早期在英国，政府对疯牛病危机采取轻描淡写的态度，低估了其风险，由此造成公众对政府信任度的急剧下降，以及对食品风险感知的飞速上升。政府受到批评，公众认为其采用了专制主义手段，相关批评在英国食品标准局（Food Standards Agency，FSA）成立时达到顶峰。公众对监管机构的不信任促使这一机构从英国政府内阁中分离出来，专门负责农业领域。英国有关食品的公共政策逐渐发生转变：将消费者视为政策的对象，消费者具有自己的权利，并且具有与生产者相互区别的、具有相对独立性的利益。③

除了英国，疯牛病所带来的恐慌也严重影响到了欧洲其他国家的公众，造成他们对于整体食品安全问题的担忧。在这一背景之下，欧盟建立了一个新的科学机构——欧洲食品安全局，为相关食品安全议题提供独立的并且客观的建议。欧洲食品安全局成立于 2002 年 1 月 28 日，其主要目标在于：在食品安全领域保障消费者的健康，并由此建立和保持消费者的信心。

大体而言，欧洲公众将生物科技视为一个威胁而非机遇，为了应对这一威胁，

---

① Beachy R N. Facing fear of biotechnology[J]. Science, 1999, 285 (5426) : 335.

② Beachy R N. Facing fear of biotechnology[J]. Science, 1999, 285 (5426) : 335.

③ Draper A, Green J. Food safety and consumers: Constructions of choice and risk[J]. Social Policy & Administration, 2002, 36 (06) : 610-625.

欧盟制定了详细且明确的预先防范原则（precautionary principle）。①这一原则意味着“可以在没有完整的科学证据表明存在风险时就采取预防措施”。欧洲食品安全局认为其风险交流要实现的最终目标是：协助利益相关者、消费者和普通大众理解为什么要做出这样的风险决策，并帮助其达成均衡判断，这些判断反映的是事实真相并且关系到其自身的利益和价值观。②通过搭建食品风险交流平台、采用多样化的传播手段、制定风险交流指南以及推进国际合作，欧洲食品安全局建立起相对完善的食品安全风险交流机制。

经过了十余年的努力，欧洲食品安全局的风险交流取得了较好的成效。调查结果显示，大部分欧洲人认为欧洲食品安全局是一个值得信赖的食品风险信息来源，并认为它是一个较为成功的沟通者。③

研究者们关注的第三个影响因素是科学素养在公众认知中的角色。加斯克尔等将对于科学素养的考察划分为两个部分：有关生物学和转基因的知识，以及转基因食品的形象。一般认为，科学素养以及科学知识能够带来对于科学技术的支持。然而，加斯克尔等的调查结果显示，欧洲人的科学素养比美国人要高。有关生物学和转基因的知识，其研究所关注的 17 个欧洲国家中，仅有 4 个国家的得分比美国低。这一结果显示出一般的课本知识并不能解释为什么更多的美国公众对于转基因持有正面的、积极的态度。但是，他们的研究发现了一个两地公众之间的明显差异：美国公众对转基因食品令人害怕的形象的评分的均值远远低于欧洲公众的评分均值。所有 17 个欧洲国家样本中，得分最低的那个国家的分值都是美国公众分值的两倍多。这一结果显示出欧洲公众对于转基因食品的强烈的恐惧感，研究者认为这一恐惧感可能与其对食品安全的恐惧相关。④

总的来说，对于各个国家公众在转基因认知方面呈现差异的原因，没有单一的解释框架，各种因素掺杂进去并相互关联。媒体报道因素与科技及其产品管理的历史都呈现出与公众科技风险感知的相关性。各个国家公众对转基因科技风险感知的差异也反映出更深层次的文化上的敏感性。这一文化上的敏感性不仅影响

① Grabner P, Hampel J, Lindsey N, et al. Biopolitical diversity: The challenge of multilevel policymaking[C]. In Gaskell G, Bauer M W. Biotechnology 1996-2000: The Years of Controversy. London: Science Museum, 2001: 15-34.

② 岳改玲. 欧洲食品安全局的风险交流机制及启示[J]. 新闻界, 2013(13): 70-74, 76.

③ 岳改玲. 欧洲食品安全局的风险交流机制及启示[J]. 新闻界, 2013(13): 70-74, 76.

④ Gaskell G, Bauer M W, Durant J, et al. Worlds apart? The reception of genetically modified foods in Europe and the U.S.[J]. Science, 1999, 285(5426): 384-387.

了该文化语境下公众对农业和环境问题的认知，同时也影响了他们对于食品和新的食品科技（如转基因）的风险感知。[①]从这个意义上说，理解风险感知的社会文化建构对于改进转基因食品、转基因科技的风险沟通和政策发展非常重要。在这一领域，道格拉斯等的文化理论能够给我们带来一定的启发。

要更好地理解风险感知的建构，就要系统地检视与不同风险感知相关的社会文化因素。道格拉斯等的文化理论有助于理解那些对个体产生引导和激励的各种社会文化因素。风险感知和判断在某种程度上受到所谓“非科技”因素，比如文化价值观、信仰系统的影响。文化理论描述了人们如何使用根植于社会的文化观念去探索一个复杂的、不确定的、有时是危险的世界，在某种程度上提供了理解人们害怕什么以及为什么的框架。[②]因此，文化理论在风险感知的相关讨论中具有较大的影响力。

道格拉斯认为，感知到的风险受到“生活方式”的影响。“生活方式”源于文化偏见（共享的价值观和信仰）和社会（人际）关系。每一文化群体都会选择关注某些风险、忽略另外一些风险，以维系特定的生活方式，所以，感知到的风险被视为一个集体现象（collective phenomenon）。

由于文化之间的巨大差异，许多跨文化比较常常是无效的，道格拉斯试图解决这一问题。在《洁净与危险》（*Purity and Danger*）一书中，道格拉斯拒绝那种认为所有文化都存在一种普遍的认知反应的假定，而是认为文化群体由其边界的强度，以及施加给成员的权力和责任来界定。基于“格栅/群体”图式（grid / group scheme），文化被划分为四种类型：平等主义（egalitarianism）文化、等级主义（hierarchy）文化、个人主义（individualism）文化、宿命主义文化。其中，平等主义文化中，人们不信任机构和专家；等级主义文化中，人们支持当权派，敦促对于专家的信任，厌恶社会越轨行为；个人主义文化中，人们优先考虑个人成就，强调人应该基于其工作获得物质报酬。[③]

卡尔·达科（Karl Dake）拓展了文化理论。他指出，不同文化的世界观（认

① Gaskell G, Bauer M W, Durant J, et al. Worlds apart? The reception of genetically modified foods in Europe and the U.S.[J]. Science, 1999, 285(5426): 384-387.

② Slovic P, Peters E. The importance of worldviews in risk perception[J]. Risk Decision and Policy, 1998, 3(02): 165-170.

③ Douglas M, Wildavsky A. Risk and Culture: An Essay on the Selection of Technological and Environmental Dangers[M]. Oakland: University of California Press, 1983: 126-152. 转引自黄剑波，熊畅. 玛丽·道格拉斯的风险研究及其理论脉络[J]. 思想战线, 2019, 45(04): 13-21.

为世界和世界的社会结构应该如何进行组织）与风险感知的特定倾向相关联。比如，赞同平等主义世界观的群体认为权力和财富应广泛分布，厌恶分级排列的角色分化，这类人群倾向于关注对自身社会结构造成的威胁。与之相反，赞成等级主义世界观的群体赞同上级/下级社会关系，厌恶底层的反抗，这类人群倾向于关注工业和科技风险所带来的机遇。[①]美国的两个大型调查结果显示，个人越倾向于赞同反映权威主义观点的陈述，就越少感知到来自转基因细菌和转基因农作物的风险。[②]希瑟·希伊（Heather Sheehy）及其同事指出持等级主义观念的人们认为，生物科技和转基因资讯过于复杂，破坏了他们依靠自身做出明智决策的能力，所以他们更倾向于依靠专家的经验来进行决策，而不是依靠自身并不完善的知识。[③]

另一方面，个人主义者希望能够给他们提供有助于自身在生活中和市场上进行自我决策的信息，这些人希望能够基于自己的个人信念和偏好来对风险进行评估。部分公众对于专家所做出的饮食建议持怀疑态度，可能源于专家在表达自身对饮食的观点时采用了过于肯定的态度。对个人主义者来说，感觉、审美判断、常识等常人知识可能“胜过”专家知识。[④]因此，企业界和政府宣称的“实现公众接受生物科技的解决之道在于知识和教育”这一论断是错的。[⑤]诸如食品选择之类的事项被文化、社会及物质环境所框架。

上述例子展示了文化理论在解释公众风险感知领域的独特视角。然而，并不是所有文化理论的相关研究都得出了相似的结论。有研究者指出，其在巴西和瑞典的研究中并没有找到支持文化理论的证据，他认为文化理论仅仅解释了影响风险感知的一个次要的变量，因此就断定文化世界观与风险感知之间存在关系及估测关系的强度可能会存在问题。[⑥]还有一些批评者质疑这一理论在平等主义文化、等级主义文化、个人主义文化、宿命主义文化以及社会文化观点和价值观的情境

---

① Dake K. Orienting dispositions in the perception of risk: An analysis of contemporary worldviews and cultural biases[J]. Journal of Cross-cultural Psychology, 1991, 22 (01): 61-82.

② Finucane M L, Slovic P, Mertz C K, et al. Gender, race, and perceived risk: The “white male” effect[J]. Health, Risk & Society, 2000, 2 (02): 159-172.

③ Sheehy H , Legault M , Ireland D . Consumers and biotechnology: A synopsis of survey and focus group research[J]. Journal of Consumer Policy, 1998, 21 (04): 359-386.

④ Green J, Draper A, Dowler E. Short cuts to safety: Risk and “rules of thumb” in accounts of food choice[J]. Health, Risk & Society, 2003, 5 (01): 33-52.

⑤ Urban D, Hoban T J. Cognitive determinants of risk perceptions associated with biotechnology[J]. Scientometrics, 1997, 40 (02): 299-331.

⑥ Sjöberg L. Explaining risk perception: An empirical evaluation of cultural theory[J]. Risk Decision and Policy, 1997, 2 (02): 113-130.

依赖性等方面的解释力。他们认为社会价值观与有研究者所指出的风险感知的建构特性类似。

随着世界经济的全球化及快速发展，全面理解公众对于科技的认知、价值观以及思考方式非常重要。来自心理学、社会学、人类学以及其他学科领域的研究者采取定性、定量等方法对转基因科技的风险感知进行了研究。研究结果非常丰富，且其中都蕴含一个重要发现：社会文化因素是转基因食品风险感知的重要决定因素。今后，仍然需要相关研究来提升我们对于文化价值观的情境依赖性与建构性的理解，因为正是这些文化价值观影响了对于新科技及其产品的采纳，而公众对转基因食品风险和收益的认知同样具有情境依赖性与建构性。

相应的科技政策制定者以及决策者需要认真思考一个问题：对来自不同文化的个体来说，什么是他们看重的，为什么他们看重这些事项？因为对来自不同文化的个体来说，某些与科技相关的文化、价值观可能比已经得到确认的风险本身更能影响其对于特定科技的态度。科技政策制定者以及决策者要能够识别这些事项并对其保持敏感性。如果缺乏对上述问题的重视和正确对待，就很有可能在科技风险沟通过程中走上弯路。正如孟山都公司前首席执行官罗伯特·夏派罗（Robert Shapiro）所指出的："我们认为我们的产品对农民和环境都有好处"，"我们曾经天真地认为世界上其他国家和地区都会关注这个信息（孟山都倡导的生物技术及产品），并且会得出相同的结论"。[①]然而，事与愿违，孟山都的生物技术产品在世界上的许多国家和地区遭到拒绝或抵制。正是隐身在公众背后的文化、信仰、价值观等的差异带来了不同国家及地区公众对待转基因科技的风险感知差异，并使得转基因科技在不同国家、不同地区推广过程中呈现巨大差异。尽管在美国和欧洲国家有许多针对转基因食品在本国和他国的公众意见调查，但这些调查提供的数据多是生硬的，并且在很大程度上忽略了发展中国家的文化、价值观方面的因素。要理解在处理转基因所带来的复杂的技术和伦理议题时所存在的跨文化的差异性，就必须发展一个比现有架构更加复杂、更符合实际的框架。中国人的观念和生活深受中华传统文化及传统伦理道德的影响，现代农业生物科技如何与中华文化传统共生，并不断发展出具有鲜明中国特色的科技观，是值得我们深入思考的问题。

总的来说，认知是客观事物通过感觉器官在人脑中的直接反映。由于不同的

---

① Kilman S, Burton T M. Monsanto boss's vision now confronts reality[N]. Wall Street Journal, 1999-12-21.

人有着不同的背景和文化经验，因而对同一风险亦会有不同的感知和关注。对涉及转基因食品的认知、价值观、态度和行为的跨文化差异进行系统分析，将有助于消减现有的认知落差，也有利于对国际上涉及转基因食品的冲突做出回应。只有全面理解风险的心理和社会文化决定性因素，才能在有关转基因食品的决策制定和风险传播过程中获得成功。[①]

① Finucane M L, Holup J L . Psychosocial and cultural factors affecting the perceived risk of genetically modified food: An overview of the literature[J]. Social Science & Medicine, 2005, 60 (07): 1603-1612.

第七章　争议性科技热点事件风险沟通中的话语类型与话语竞争

对争议性科技风险沟通的研究，热点事件是一个无法绕开的重要研究对象。围绕着争议性科技，涌现出许多热点事件，如转基因科技领域的“黄金大米事件”“崔永元与卢大儒的转基因之争”“方舟子与崔永元的转基因论战”等，还有由核电站建设、垃圾焚烧项目、PX 项目等选址所引发的社会抗争。这些热点事件由争议性科技引发，延伸至环境、公共健康、政府治理、企业伦理等多个领域，场域界限逐渐模糊。因为风险沟通的失误，许多争议性科技热点事件甚至引发了地方群体性冲突。

由于热点事件，科技争议呈现出逐渐扩大且不断泛化的趋势。伴随热点事件的引爆，争议性科技的风险变成了备受关注的“显性风险”。热点事件在设置公众议题方面扮演着重要角色，能够引发公众注意，并促使其采取行为。争议性科技热点事件中的风险沟通与日常语境下的争议性科技风险沟通具有完全不同的语境与特点。因此，本书特设专门章节来探讨争议性科技热点事件中的风险沟通相关议题。

就 PX 来说，围绕着相关项目的选址和建设，从 2007 年开始，全国已发生多起群体性事件。其中除了九江 PX 项目，其他的 PX 项目无不遭遇困难，要么迁址，要么停工。在 PX 项目争议引发的科技热点事件中，从项目选址、立项、审批到开工建设，涉及包括政府机构，包含运营企业在内的市场力量，以及媒体、专家[①]、非政府组织和公众等组织和个人。在 PX 项目的风险沟通过程中，上述机构、组织或个体悉数出场，主动或被动地涉入其中，展开对话或博弈。各科技风险沟通

① 本章中所指的专家，是指来自石油化工行业、高等院校、环境保护部门以及专业咨询机构的掌握化工、环境相关知识、技术的权威人士。

主体的悉数出场及互动博弈，给由 PX 项目建设引发的科技热点事件笼上了一层纷繁复杂的面纱，也给研究者提供了一个探讨争议性科技风险沟通中多元主体如何互动竞争的切入口。本书试图立足国内 PX 项目建设的科技风险沟通实践，阐释争议性科技风险沟通场域中多元主体的话语竞技，以期为类似的科技风险沟通实践及科技风险决策提供有益的支持。

第一节　风险话语与话语类型

一、风险话语及其相关研究

话语即承载意义的符号。马腾・哈杰（Maarten A. Hajer）认为，“话语是一个观念、概念与范畴的特定集合体，它们在特定实践场景中得以产生、复制和转变，经由该话语，意义被赋予到社会现实之上”。[①]话语能够“展现故事”，“故事情节是关于社会现实的叙事”，是话语的重要内容，它能够将复杂抽象的“概念”“范畴”“框架”等话语符号“通俗化”，从而有助于话语与意义的传播。[②]在风险沟通研究领域，曾繁旭等以 PX 事件中的风险故事为例，分析了风险传播中专家与公众的风险故事竞争。[③]

从话语理论视角来看，争议性科技的风险沟通就是一个围绕特定科技议题的话语建构、意义诠释与竞争的过程。正是在有关科技风险定义和建构的持续竞争中，话语被塑造出来。话语包含了权力的运作。从环境运动的角度出发，约翰・汉尼根（John Hannigan）认为话语有三种表现形式：首先表现为制度实践内部的行动提供路标的“故事线”；其次表现为环境运动组织所构建的社会运动“框架”；再次表现为围绕语词、意象、概念和实践建立起来的环境“修辞”。汉尼根构建起的环境话语的修辞模型由“规制话语”、“科学话语”以及“诗意话语”搭建。其中，“规制话语”位居三角形顶端，由负责决策和制定环境政策的权力机构散

① Hajer M. The Politics of Environmental Discourse: Ecological Modernization and the Policy Process[M]. New York: Oxford University Press, 1995: 44.

② 张海柱. 话语联盟、意义竞争与政策制定——以互联网“专车”论争与监管政策为例[J]. 公共行政评论, 2016, 9(05): 3-23.

③ 曾繁旭, 戴佳, 杨宇菲. 风险传播中的专家与公众: PX事件的风险故事竞争[J]. 新闻记者, 2015(09): 69-78.

布。“科学话语”依赖技术性的数据和专家的证言，“诗意话语”则以强调自然的美丽、灵性和情感力量的描述为基础，两者分别占据三角形的一角。这三种强大的环境话语并非相互排斥，而是往往混合在一起。①

借鉴汉尼根所提出的环境话语的类型学，我国学者卜玉梅分析了邻避冲突场域中的话语竞技。她认为，邻避冲突牵涉价值和利益之争，用诗意话语进行分析不太恰当。她将运营企业纳入，分别用规制话语、科学话语、技术话语对应于政府、环评机构和企业的话语类型。②卜玉梅的研究具有一定的启发性，但是她分析的主体只有三种类别（政府、环评机构和企业），忽略了风险沟通实践中占据很大比例的公众，以及专家、非政府组织、媒体等主体类型。

曾繁旭等以彼得·M.韦德曼（Peter M. Wiedemann）的风险故事模型为基础，构建起“专家和外行人士的风险观念模型”，分析了 PX 事件中专家、公众、媒体的风险故事竞争。③他们认为，中国语境下地方政府机构、企业往往借专家之口进行项目论证，因此在研究中预设地方政府、企业、专家的风险故事同构，将其统一为“专家风险故事”，在其研究中并未关注非政府组织的话语。本书不采用三者话语同构的预设，而是将其作为有待深入探讨的问题之一，同时将非政府组织话语纳入分析架构。

韦德曼的风险故事模型详细分析了专家与外行的风险故事，汉尼根所提出的环境话语的类型学为理解争议性科技热点事件中多元主体的话语提供了重要启发，本书借鉴二者来分析专家与公众等风险沟通主体的话语类型。基于对风险竞技场中主体的界定，本书采用规制话语、科学话语和日常话语等类型，分析争议性科技热点事件发展不同阶段中不同主体的风险话语类型与特征，在此基础上，发现各沟通主体科技风险话语之间的对抗与竞争，以对争议性科技热点事件中的风险沟通进行审视，探寻冲突化解的可能路径。

二、风险沟通主体的话语类型

基于以上理论视角来思考争议性科技热点事件相关问题可以发现，在风险话

---

① 卜玉梅. 邻避风险沟通场域中的话语竞技及其对冲突化解的启示[J]. 中国地质大学学报（社会科学版），2018, 18（05）: 104-112.

② 卜玉梅. 邻避风险沟通场域中的话语竞技及其对冲突化解的启示[J]. 中国地质大学学报（社会科学版），2018, 18（05）: 104-112.

③ 曾繁旭，戴佳，杨宇菲. 风险传播中的专家与公众：PX事件的风险故事竞争[J]. 新闻记者，2015（09）: 69-78.

语竞技场中，政府、企业、专家、公众、媒体、非政府组织等都是重要的参与主体。其中，某些地方政府、专家和企业负责人等主体活跃于其中并积极定义科技风险，试图主导风险的话语。作为对专家、企业等主体的话语做出回应，也不断创造出新话语类型的主体，公众、非政府组织等在科技风险沟通过程中会对他者的话语内容和阐释方式提出质疑和挑战。媒体对风险的报道和阐释对科技风险的传播和风险放大产生了重要影响。他们共同构成了争议性科技热点事件竞技场中的话语主体。

就围绕着 PX 事件的风险沟通来说，在中国，政府经常既是 PX 项目的实质推动者，也是科技风险沟通的责任人，多重角色集于一身。有研究者指出，在利益博弈时，某些地方政府容易偏袒经济利益集团，经济优先主义倾向成为邻避问题出现的诱因。[①]科技热点事件的风险沟通中，大众传媒发挥着重要作用。在厦门 PX 事件中，大众传媒通过对社会角色认同感的塑造并借由自身的影响力在抗议大众中产生强大效果。[②]还有研究发现，环保非政府组织作为第三方介入邻避冲突，在促进公众认知调解、增强政府回应能力、疏导公众集体情绪等方面具有显著作用。[③]总之，各类风险沟通主体在争议性科技热点事件中，借助特定话语相互联系、不断调适，合力推动风险升级或者逐渐消弭。风险沟通过程中风险话语的生成与互动是影响沟通效果的重要环节，也是本书考察的主要对象。借鉴汉尼根的环境话语的类型以及韦德曼的风险故事模型，本书将地方政府、企业、专家、公众、媒体、非政府组织等主体的风险话语分为下列类型。

（一）地方政府的风险话语类型

1）“规划话语”。相应话语强调 PX 项目作为国家或地方规划发展的需要，具有重要的意义与价值。“规划话语”从资源配置、基础设施建设、经济发展等方面出发，强调政府在 PX 项目立项与规划建设中综合性、全方位的考虑。

2）“可控性话语”。此类话语中，地方政府表现出对技术及企业的绝对信任，强调自身在防控风险方面的措施和能力，以表明项目风险的可控性。

---

① 王彩波，张磊. 试析邻避冲突对政府的挑战——以环境正义为视角的分析［J］. 社会科学战线，2012(08): 160-168.

② 温雪姣. 大众传媒的身份认同感构建分析——对厦门 PX 项目事件媒介报道的部分个案研究[J]. 东南传播, 2008(07): 76-78.

③ 张勇杰. 邻避冲突中环保 NGO 参与作用的效果及其限度——基于国内十个典型案例的考察[J]. 中国行政管理, 2018(01): 39-45.

3）“收益话语”。此类话语涉及地方政府对于项目会带来好处的说法。例如，昆明的相关项目被地方政府视为“百年难遇”的重大机遇，能够解决本地缺油少气等难题，并会带来促进就业等好处。

4）“保证话语”。典型的话语为“我们保证，……”，体现出政府的决心。地方政府的许多话语可以纳入这一类型，如“坚持环保一票否决制”“一定会依法严格验收”“大多数群众说不上，市人民政府就决定不上”等。

（二）公众的风险话语

1）“安全话语”。这一话语类型关注事故发生的可能性。

2）“信任话语”。本书将涉及PX项目利益纠葛和操作内幕的猜疑言论归为“信任话语”。

3）“环境及健康风险话语”。这一话语类型假定伤害已经存在。本书将“生态破坏”“空气污染”“水污染”“水资源短缺”等解读环境及健康风险的话语归入这一类型。

4）“追责话语”。这一话语类型“不仅假定伤害已经造成，而且声称找到了造成伤害的原因”，其显著特点是愤怒和呼唤行动。本书将“相关责任者的言行举止和道德特征”“项目违法施工”等言论归入“追责话语”。

5）“收益话语”。此话语类型涉及与科技相关的产业为地方及自身所带来的好处。

6）“改进话语”。此话语类型认为与科技项目相关的还有许多需要改进的地方。

（三）专家的风险话语类型

1）“危险未证实”。“这种风险故事假定但没有证实某种物质对人体健康或环境产生有害影响”，只是“怀疑有危险”。本书将专家有关“PX属于易燃、低毒物质”“危险性尚未定论、国际标准不一”等涉及PX自身特性及其对人体健康和环境产生影响的言论归入此类。

2）“事故可能性”。这一风险话语强调“事故发生的可能性有多大，会产生什么样的后果”。本书将专家有关“PX爆炸事故在什么情况下发生”“事故发生概率”“如何防范伤害和污染排放”等涉及科学技术安全性的说法归为“事故可能性”风险话语类型。

3）“风险影响”。这一风险话语强调“已经毫无疑问存在可能造成伤害的污染物”，关键问题在于受影响程度、受影响的细节，是对科技风险的量化。本书将含有“PX 影响身体健康”“PX 在多大程度上污染环境”“选址的合理性”等言论归为“风险影响”的话语类型。

4）“损害的证据”。此类话语强调存在观察到的损害，但原因不明，需要“获取推定因果关系的证据以便加以解释”。本书将“其他地区的空气质量变化”“其他地区的反 PX 事件”等致力于解释 PX 项目带来影响的言论归为“损害的证据”话语类型。

5）“事故的发生”。这一话语类型着眼于评估和澄清与危险物质排放相关的更长期风险的问题。本书将“其他地区的 PX 事故”一类存在归咎追责的言论归为“事故的发生”话语类型。

6）“发展风险”。相关话语关注与科技相关的产业对经济与社会发展的重要性，认为如果不发展相关产业将会带来经济与社会发展风险。

7）“收益话语”。此话语类型强调与科技相关的产业对地方经济与社会发展的重要性。本书将“有利于云南省调整经济结构，加强和改善基础设施，带动地方经济发展”等话语归入这一类型。

8）“改进话语”。此话语类型认为与科技项目相关的还有许多需要改进的地方。

（四）媒体的风险话语类型

1）“质疑话语”。部分媒体对争议性科技项目在选址、立项、施工等环节中不够透明公开的部分提出质疑。

2）“理解话语”。此话语以“已经在努力了”为代表，展现的是某些地方政府与企业立场。部分媒体则强调政府、企业已经在努力依法推进，只是需要公众等予以更多地理解与配合。

3）“改进话语”。“还需要改进”，涉及意见与建议。部分媒体提出地方政府应完善制度，决策更公开透明，公众的参与应更理性等。具体话语为“环境问题的信息公开”“完善公众决策制度”“设立独立公正的第三方环评机构”“为大型化工企业建立制度和法律层面的监管体系”“民众增加环保知识、理性表达诉求和参与决策”等。

（五）企业的风险话语类型

1）“否认话语”。典型话语为“我们没有”。比如，在新闻发布会等环节，中国石油天然气集团公司（以下简称中石油）、云南云天化股份有限公司（以下简称云天化）等企业答复称公众关心的副产品配套项目并未建设，否认相应项目中 PX 装置的存在。

2）“工艺话语”。这一话语类型强调科技项目所采用的工艺先进。本书将企业有关“聘请国际知名的质量管理公司”等言论归入此类。

3）“经验话语”。相关话语涉及对国内外相关项目生产及管理经验等的宣称。

4）“收益话语”。相关话语涉及企业对项目会带来好处的说明和强调。

（六）非政府组织的风险话语类型

1）“公开话语”。此话语以“我们申请公开信息”为代表，强调环评等相关数据的公开。

2）“追责话语”。类似于公众的“追责话语”。

3）“改进话语”。类似于公众的“改进话语”。

三、案例选择依据与案例说明

本书关注争议性科技热点事件，通过分析热点事件中不同沟通主体的话语，透视进入话语场域的多重行动者之间的话语竞争、协作与融合，同时关注各主体通过不同话语体现的科技风险感知，以及所进行的意义建构。论争中的各主体借助特定观念或价值框架来谈论科技争议话题，针对 PX 项目的风险、合法性、安全性及监管方式等问题表达了不同看法与态度，这些都是本书重点关注的话语竞争的主要内容。本书具体的研究问题包括：争议性科技热点事件风险沟通中，多元主体有哪些风险话语？这些话语如何互动和竞争？不同媒体平台的风险话语是否存在差异？热点事件发展的不同阶段中风险话语具有什么样的变化？本书尝试丰富风险话语与风险故事模型理论在中国社会文化背景下的经验研究，并探索在争议性科技热点事件中如何更好地进行风险沟通。

本书采用单个案研究的方法，选择“昆明 PX 事件”来考察争议性科技热点事件中多元主体的话语竞争。

选择“PX”相关的热点事件进行分析，是因为在中国语境下，PX 早已超出原有意义所指，由一种普通化工产品发展成为饱含争议的符号。在多数业界专家看来，PX 只是一个普通的化工名词，所涉及的只是低毒的化工产品；PX 建设项目只是化工领域中十分正常且并不起眼的项目；PX 本身的化学特性、PX 项目的安全保障等都在正常范畴之内，并不存在太多问题。然而，这种原本普通的化工产品不断成为社会关注焦点，我国民众对 PX 项目建设谈之色变。自 2005 年以来，我国更是进入由 PX 项目所引发的社会抗争的高发期。从 2007 年的厦门，到 2011 年的大连、2012 年的宁波，再到 2013 年的彭州、昆明，2014 年的茂名……PX 项目建设无不遭遇困难，要么迁址，要么停工。中国工程院院士曹湘洪指出，PX 恐惧症已成为中国 PX 发展的最大阻力。①如何走出“一闹就停”的怪圈，已经成为一道治理难题。②

选择发生在昆明的 PX 事件作为案例基于以下几个方面的原因。

第一，该事件是近年来在我国发生的一起非常典型的争议性科技热点事件。“之前大连等地的 PX 工厂环境抗争，并没有昆明这次负能量累积之巨和成分复杂。同时也没有昆明如此典型和强烈的生态对比，大连、厦门、宁波皆是美丽的滨海城市，但是在文化、民族、生态多样性方面，和昆明还是不可同日而语。”③

由于文化、民族与生态的多样性，围绕此 PX 项目进行的科技风险沟通所涉及的主体多元复杂，公众、各级政府、企业、专家、非政府组织、媒体等风险沟通主体都在其中发挥了一定的作用，其背后深层次和个性化的问题值得关注。

第二，与发生在其他地区的 PX 事件相比，“昆明 PX 事件”中各主体之间的风险话语竞争更加激烈。许多的争议性科技热点事件，如“厦门 PX 事件”“宁波 PX 事件”等，在一次街头聚集和政府回应后基本落幕。“昆明 PX 事件”中，第一次街头聚集发生后，当地政府、企业、公众、非政府组织等主体之间进行了频繁的互动和沟通，但风险沟通实践并没有起到良好的效果，风险议题持续发酵，以至于发生了公众第二次街头聚集。总之，“昆明 PX 事件”全面地展示了争议性科技热点事件的发展历程，事件发展过程中各主体风险话语激烈竞争，非常符合本书的关切。

本书依“昆明 PX 事件”中关键节点（如街头聚集）出现的时间，将其划分为酝酿期、爆发期和后续期。

酝酿期为 2012 年 11 月 1 日至 2013 年 5 月 3 日。2012 年 11 月，就有网民发微博称：“昆明 PX 项目？求辟谣！”2013 年 2 月 6 日，《昆明日报》刊发《国家发改委正式批复中石油云南项目安宁将成西南石油中枢》，引起社会关注。3 月 29 日昆明市政府召开新闻发布会，表示项目经过国家部门的谨慎评估和严

① 陆琦，王珊．中国科学报：PX，一道待解的题[N]．中国科学报，2014-04-11.

② 顾远山．化解 PX 焦虑是道治理考题[N]．中国纪检监察报，2014-04-19.

③ 周雷．昆明PX运动和生态灾害新族群[EB/OL]．http://cn.Nytimes.com/article/china/2013/05/09/cc09kunming[2019-02-08]．转引自黄杰，朱正威，赵巍．风险感知、应对策略与冲突升级——一个群体性事件发生机理的解释框架及运用[J]．复旦学报（社会科学版），2015，57（01）：134-143.

格审查，符合国家各项标准和要求。4 月 18 日，环保组织“绿色流域”和“绿色昆明”到安宁石油炼化项目工地进行实地调查，并与草铺镇政府和工业园区负责人座谈。

爆发期为 2013 年 5 月 4 日至 2013 年 5 月 31 日。5 月 4 日，民众在街头聚集。5 月 8 日，《人民日报》发表《用什么终结“一闹就停”困局》，呼吁良性互动，协商解决问题。5 月 10 日和 13 日，昆明市政府分别召开新闻发布会和恳谈会进行回应。新闻发布会上，昆明市市长提出“大多数群众说不上，市人民政府就决定不上”，中石油称该炼化项目中不含 PX 装置，也不生产 PX 产品。5 月 16 日，民众再次进行街头聚集。5 月 17 日，昆明市市长开通新浪微博@昆明市长。

后续期为 2013 年 6 月 1 日至 2013 年 12 月。6 月 25 日，环评报告公布，公众质疑这不是全文。

为了对昆明 PX 项目论争中的各种话语及意义进行考察，本书主要采用各种公开发布的政策文本、媒体报道、风险沟通者在新媒体上的话语等作为资料来源进行分析。本书将网络论坛与新浪微博作为新媒体平台的代表，研究团队集中于 2019 年 2 月 18 日至 2 月 25 日进行研究资料搜集。

为保证研究的信度和效度，本书采用多种途径获取传统媒体的报道资料。①以“昆明 PX”“云南 PX”为关键词，通过“慧科新闻搜索研究数据库”获取相关文献；②以“昆明 PX”“云南 PX”为关键词，通过 CNKI（中国知网）“中国重要报纸全文数据库”获取相关文献；③以百度搜索等方式，从《昆明日报》《云南日报》等主流媒体，以及人民网、新华网等提取相关新闻、报道、评论。本书共获取 2012 年 11 月至 2013 年 12 月与昆明 PX 事件相关的新闻报道 304 篇，经过反复阅读和比较，排除转载及关联度不大的新闻，最终保留 118 篇报道。

本书主要通过“慧科新闻搜索研究数据库”获取网络论坛的文献资料。将“昆明 PX”或“云南 PX”作为关键词，以 2012 年 11 月至 2013 年 12 月为时间范围，共搜索到论坛中的相关内容有 979 条，经反复筛选，剔除大量被删帖文、重复帖文及无关帖文后共保留 106 条。

本书主要以新浪微博为观察对象。以“云南”为所在地的限定条件，搜索“昆明 PX”与“云南 PX”。剔除大量被删微博、重复微博及无关微博后，在酝酿期获得微博 280 条，在爆发期获得微博 379 条，在后续期获得微博 81 条，共获得微博样本 740 条。

四、“昆明 PX 事件”所处的社会语境

昆明 PX 事件所处的社会语境影响了各个主体的风险感知与风险话语。相应的社会语境包括云南地区缺油少气的状况，中缅油气管道项目的发展，云南当地水污染严重、干旱缺水的现实，以及 PX 的污名化等因素，具体可分为文化语境与情境语境两个方面。

从文化语境来看，首先，昆明处于中缅油气管道的重要节点，位于安宁的 PX 项目正是中缅油气管道化工类项目的延伸。这展示了昆明 PX 事件的国际维度。其次，云南处于全国成品油供应链的末端，成品油运输距离大、成本高，历来缺油少气。再次，当地干旱缺水，水污染现象严重，PX 项目用水需求与昆明多年缺水的困境形成反差。至 2013 年，云南已经经历了连续多年干旱。自从 20 世纪 90 年代初滇池由于污染无法取水之后，昆明一直缺水。最后，PX 的污名化。在此之前，厦门等地的反 PX 事件的行为示范，加上媒体报道与其他各类邻避事件的影响，造成了 PX 的污名化现象，公众对 PX 项目避之唯恐不及。

从情境语境来看，首先，昆明 PX 项目经历了漫长的研究与审批过程。2007 年 12 月，云南省政府、中石油及云天化达成建设协议，项目总体包含中石油炼油项目与云天化炼化项目（该项目会生产对二甲苯，即 PX）。[①]2013 年 1 月，云天化炼化项目的可行性研究报告才获国家发改委核准批复。其次，项目的选址位置引发争议。项目所在地位于昆明市区的上风向，且项目生产过程中会排放二氧化硫、氮氧化物、烟尘等有害物质，可能会导致市区污染。最后，项目的沟通程序不健全。2013 年 1 月云天化炼化项目获国家发改委核准批复后当地媒体才有公开报道。当地政府缺乏必要的信息公开与公众参与，导致公众不满情绪不断累积，与项目相关的谣言蔓延。

从上述语境因素可以看出，“昆明 PX 事件”的起因表面上是将要建设的中石油千万吨炼油及配套的炼化项目，实际上是困扰昆明多年的缺油少气、干旱缺水以及环境污染等问题的集中爆发。正是在这样的语境之下，各个主体发展出了自身对于 PX 的风险话语，并展开了风险话语的激烈竞争。

---

① 梁为，唐歆，何欣. 石化基础如何落地昆明[N]. 南方都市报，2013 -07 -31.

第二节　不同媒体场域的风险话语类型

一、传统媒体场域的风险话语

（一）各沟通主体的风险话语数量与立场

从表 7-1 可以看出，在 118 个传统媒体的风险话语样本中，专家话语出现的次数最多，共 189 次，远远超过了位居其后的媒体话语（113 次）和地方政府话语（111 次）。公众话语和企业话语出现的次数不多，非政府组织话语出现的最少（19 次）。总体而言，科学话语在传统媒体中占据主导地位，其次是媒体话语和地方政府的规制话语，质疑 PX 的公众话语以及非政府组织话语总数较少。就各方话语所持立场来看，中立的声音为主，占据 80%以上的份额，而反对和支持的声音均不显著，详见表 7-2。

表 7-1　传统媒体中各主体的风险话语数量及比例

项目	专家话语	企业话语	地方政府话语	公众话语	非政府组织话语	媒体话语	合计
数量/次	189	55	111	61	19	113	548
百分比	34.5%	10.0%	20.3%	11.1%	3.5%	20.6%	100%

表 7-2　传统媒体中风险话语的立场

立场	频数/个	百分比
反对	10	8.5%
中立	95	80.5%
支持	13	11.0%
合计	118	100%

（二）各沟通主体主要的风险话语类型

表 7-3 显示，传统媒体的专家风险话语中，“PX 危险未证实”出现的次数最多。专家着重借助传统媒体平台开展 PX 知识的科普，介绍及解释 PX 自身特性及其对人体健康和环境产生的影响。专家的“改进话语”次之。总的来说，传统媒体中的专家话语涉及面宽，涵盖 PX 的方方面面，从 PX 自身的特性，到 PX 对于环境、

经济、社会发展的影响，再到 PX 会带来的收益，都有较为详细的分析与说明。

传统媒体的公众风险话语中，出现次数最多的是“信任话语”（占 39.3%），其次是“安全话语”和“环境及健康风险话语”（表 7-4）。上述公众话语分布体现出，公众最在意的是围绕着 PX 项目的利益纠葛和操作内幕，其次是 PX 可能引发的事故，以及“生态破坏”“空气污染”“水污染”“水资源短缺”等环境及健康风险。公众话语中出现了部分“改进话语”，对政府改进风险沟通方式等方面提出了意见与建议。公众话语中较少关注 PX 项目可能带来的收益。

表 7-3　传统媒体中的专家风险话语类型

专家的风险话语类型	出现次数/次	百分比
PX 危险未证实	38	20.1%
事故可能性	21	11.1%
风险影响	19	10.1%
损害的证据	13	6.9%
事故的发生	12	6.3%
收益话语	23	12.2%
发展风险	29	15.3%
改进话语	34	18.0%
合计	189	100%

表 7-4　传统媒体中的公众风险话语类型

公众风险话语类型	出现次数/次	百分比
安全话语	15	24.6%
信任话语	24	39.3%
环境及健康风险话语	15	24.6%
追责话语	1	1.6%
收益话语	1	1.6%
改进话语	5	8.2%
合计	61	100%

地方政府的科技风险话语中，出现最多的是“保证话语”和“规划话语”（表 7-5）。

保证话语涉及地方政府的承诺，如“坚持环保一票否决制”“一定会依法严格验收”“大多数群众说不上，市人民政府就决定不上”等。“规划话语”强调PX项目作为国家或云南省发展的需要，具有重要的意义与价值。“规划话语”与“收益话语”两类话语相互缠绕，共同服务于地方政府说服民众接受PX项目的目的。

表 7-5　传统媒体中的地方政府风险话语类型

地方政府风险话语类型	出现次数/次	百分比
规划话语	34	30.6%
可控性话语	21	18.9%
收益话语	18	16.2%
保证话语	38	34.2%
合计	111	100%

传统媒体话语多通过媒体的评论性语言表现。其中，“改进话语”最多，“质疑话语”次之，“理解话语”较少（表 7-6）。除了对PX事件进行事实报道，部分媒体还加入了自己的评论，为化解 PX 争议建言献策。“改进话语”或倡导环评信息的公开、增加信息透明度，或呼吁公众理性表达自身诉求。媒体的质疑话语，有对企业沟通方式与沟通姿态的质疑，对企业责任的反思，也有对昆明 PX 项目为什么频频遭遇反对的追问。部分媒体提出“民众反对，地方政府宣布停建。看上去是尊重民意，但是问题并没有说清楚，反倒给社会留下了‘PX项目果然有问题’的印象”。[①]还有媒体肯定政府、企业等主体所付出的努力，呼吁社会给予更多的理解与支持。上述话语类型中，“质疑话语”“改进话语”多为站在公众立场提出的质疑与建议，而“理解话语”则是站在政府与企业立场对公众进行的解释。媒体话语呈现出多元化特征。

表 7-6　传统媒体中的媒体话语类型

媒体风险话语类型	出现次数/次	百分比
质疑话语	38	33.6%
理解话语	24	21.2%
改进话语	51	45.1%
合计	113	100%

① 周东飞. PX项目脱敏需要补上两堂课[N]. 潇湘晨报, 2013-05-08.

企业的风险话语中，“工艺话语”（共出现20次）与“否认话语”（共出现19次）最多，“经验话语”（共出现10次）与“收益话语”（共出现6次）较少。一方面，企业致力于强调自身的先进工艺，打消公众疑虑，塑造自身值得信赖的形象；另一方面，企业通过大量的“否认话语”否认项目中PX装置的存在，试图剥离自身与PX的关联。

传统媒体平台上的非政府组织风险话语主要是“改进话语”（出现11次），围绕PX项目需要改进的地方或者PX项目的风险沟通中需要改进的地方展开。“改进话语”占据其所有话语数量的一半以上。倡导信息公开的“公开话语”（出现6次）数量较少，“追责话语”最少（出现2次）。

二、新媒体场域的风险话语

（一）网络论坛中的风险话语

随着互联网的发展，网络论坛也迅速发展壮大。各类网站都热衷于开设自己的论坛，以增加互动性，促进网友之间的交流，提升网站的吸引力。除此之外，各种专题类论坛致力于聚集对某一领域比较感兴趣的人，促进他们之间的交流，几乎每个人都能够找到自己感兴趣或需要了解的专题性论坛。论坛有版主，有核心成员，也有自身的主题和特色。版主对论坛的各个板块进行管理。对特定主题论坛的长期浸润能较为显著地影响个体的观念与主张，并提升论坛成员对该主题领域的了解，而普通网民也可以从论坛的帖子中得到启发。

本书发现，论坛中的帖子具有较强的理性分析色彩。帖子字数较多，篇幅较长，分析有理有据。部分公众会在论坛上对PX项目进行科普，解答公众疑惑，规劝最偏激的那部分公众相信政府、相信科学。论坛的专家、政府、媒体话语几乎是通过公众转载媒体文章来表达，很少会有公众直接引用专家和政府话语，基本都是通过媒体文章来获知。

在106个网络论坛的风险话语样本中，公众话语出现的次数最多，共79次（占38.5%），地方政府话语其次（52次），专家和媒体话语较少，企业话语非常少，未曾出现非政府组织话语（表7-7）。总体而言，公众话语在网络论坛中占据主导地位，其次是地方政府的规制话语和专家的科学话语。就各方话语所持立场来看，中立的声音为主（占48.1%），反对的话语也占据了较大份额（占34.9%），支持的声音较弱（占17.0%）（表7-8）。

表 7-7 网络论坛中各主体的风险话语数量

项目	专家话语	企业话语	地方政府话语	公众话语	非政府组织话语	媒体话语	合计
数量/次	38	12	52	79	0	24	205
百分比	18.5%	5.9%	25.4%	38.5%	0	11.7%	100%

表 7-8 网络论坛中的风险话语立场

立场	频数/个	百分比
反对	37	34.9%
中立	51	48.1%
支持	18	17.0%
合计	106	100%

1. 专家话语

网络论坛的专家话语中，“风险影响”出现的次数最多（11 次）。其次是“PX 危险未证实”（7 次）与“事故可能性”（7 次）。网络论坛中，很少出现专家原创的帖子。网络论坛中展示的专家话语多由普通网民转载或重新编辑，已经接受过帖子发表者的筛选与重组。

2. 公众话语

网络论坛中，公众的风险话语在数量上占据主导地位。与传统媒体相似，在各种类型的公众话语中，网络论坛中出现次数最多的是“信任话语”，占公众所有话语总数的 22.8%。“追责话语”的数量在网络论坛中迅速增加，占 21.5%。“环境及健康风险话语”的数量也较多（占 21.5%）。公众对 PX 项目可能带来的收益关注较少（占 10.1%）。

网络论坛上，地方政府的风险话语中，出现最多的仍然是“保证话语”，占据近一半的份额（24 次）。其次是“可控性话语”（12 次）和“规划话语”（11 次），“收益话语”较少（5 次）。与专家话语类似，网络论坛中的地方政府话语多由普通网民转载或重新编辑，很少出现地方政府机构或个人在网络论坛中直接发文。

网络论坛中媒体的风险话语以“质疑话语”为主，共出现 15 次，占据所有风险话语数量的近 60%。“理解话语”（4 次）和“改进话语”（5 次）的数量都比较少。

企业话语在网络论坛中出现的次数很少，仅有少量针对“工艺话语”的企业话语（7 次），企业的“否认话语”（2 次）和“收益话语”（2 次）的声音也非常微弱。

（二）新浪微博中的风险话语

据统计，740 条微博样本共涉及上述六个主体共 747 个风险话语样本。其中，公众话语占据压倒性的多数，共 634 次（占 84.9%），远远超过媒体话语（37 次，占 5.0%）和地方政府话语（33 次，占 4.4%）。企业话语、非政府组织话语和专家话语都非常少（表 7-9）。总体而言，公众的风险话语占据了微博平台，其他主体的声音比较微弱。就各方话语所持立场来看，反对 PX 项目的话语为主，中立的话语其次，支持的声音非常少（表 7-10）。

表 7-9　微博中各主体的风险话语数量

项目	专家话语	企业话语	地方政府话语	公众话语	非政府组织话语	媒体话语	合计
数量/次	22	13	33	634	8	37	747
比例	2.9%	1.7%	4.4%	84.9%	1.1%	5.0%	100%

表 7-10　微博中的风险话语立场

立场	频数/个	百分比
反对	519	70.1%
中立	185	25.0%
支持	36	4.9%
合计	740	100%

微博中，公众的风险话语在数量上占据绝对的优势地位。表 7-11 显示，各类型的公众话语中出现次数最多的是“环境及健康风险话语”，其次是“信任话语”。上述两类话语占据公众话语总数的 67.7%。另外有大量的公众话语中不存在科技风险信息的传递，而仅仅是自身对于 PX 项目反对情绪的表达，比如“请留下春城”“PX 滚出昆明”“救救昆明”之类的话语，在对微博的分析中，本书将上述

话语归入“其他话语”。

微博中的专家话语非常少。在这少量的专家风险话语中，“PX 危险未证实”共出现 15 次，占据所有专家话语的 68.2%。其次是“发展风险”（5 次）。其他的风险话语出现的次数都很少。

微博空间的地方政府的风险话语中，出现最多的仍然是“保证话语”，共出现 19 次，占据地方政府话语总数的 57.6%。其次是“规划话语”（8 次），“可控性话语”（3 次）和“收益话语”（3 次）较少。

微博中媒体的风险话语同样以“质疑话语”为主，共出现 22 次，占据所有风险话语数量的近 60%。“理解话语”（10 次）和“改进话语”（5 次）的数量都比较少。

企业话语在微博中出现的次数很少，在少量的企业话语中，“否认话语”较多（7 次），“工艺话语”“收益话语”“经验话语”的数量非常有限。

微博中非政府组织的风险话语数量很少，仅有少量的“公开话语”与“改进话语”。

表 7-11 微博中公众的风险话语类型

公众的风险话语类型	出现次数/次	百分比
安全话语	42	6.6%
信任话语	198	31.2%
环境及健康风险话语	231	36.4%
追责话语	41	6.5%
收益话语	42	6.6%
改进话语	20	3.2%
其他话语	60	9.5%
合计	634	100%

第三节 热点事件发展不同阶段的风险话语竞争

在争议性科技热点事件发展的不同阶段，随着不同风险话语的相互竞争，各个主体的风险话语的数量与类型不断发生变化，各个主体在不同阶段具有不同的话语侧重点。本书对昆明 PX 事件不同发展阶段各个主体的风险话语数量与类型进行统计（表 7-12、表 7-13、表 7-14），展现了这一话语竞争过程。

表 7-12　热点事件发展不同阶段传统媒体中各主体的风险话语数量

阶段	专家话语	企业话语	地方政府话语	公众话语	非政府组织话语	媒体话语
酝酿期	10	6	14	0	0	2
爆发期	124	41	81	58	15	85
后续期	55	8	16	3	4	26
合计	189	55	111	61	19	113

表 7-13　热点事件发展不同阶段网络论坛中各主体的风险话语数量

阶段	专家话语	企业话语	地方政府话语	公众话语	非政府组织话语	媒体话语
爆发期	30	12	47	66	0	19
后续期	8	0	5	13	0	5
合计	38	12	52	79	0	24

表 7-14　热点事件发展不同阶段微博中各主体的风险话语数量

阶段	专家话语	企业话语	地方政府话语	公众话语	非政府组织话语	媒体话语
酝酿期	2	0	8	271	1	2
爆发期	16	13	22	295	5	26
后续期	4	0	3	68	2	9
合计	22	13	33	634	8	37

一、酝酿期

从表 7-14 可以看出，在“昆明 PX 事件”的酝酿期，公众话语在微博等新媒体平台大量涌现。这一时期的微博中的公众话语以“环境及健康风险话语”（共出现 95 次）、“安全话语”（共出现 31 次）为主，显示出受厦门等地反 PX 事件的影响，昆明民众对 PX 已经产生先入为主的印象。在公众的认知中，PX 已被贴上“剧毒”“致癌”“污染环境”等标签。于是公众在新媒体平台发出了“别的地方不建，为什么我们要建？”等疑问。

而同一时期在传统媒体上，各主体的风险话语数量都很少，传统媒体对 PX

项目关注较少。有限的报道中，以地方政府话语和专家话语、企业话语为主，公众话语和非政府组织话语均未出现。传统媒体中的地方政府话语以“规划话语”（6 次）与“收益话语”（6 次）为主，强调 PX 项目建设在国家能源战略、云南经济发展中所具有的重要地位，以及 PX 项目建设会给当地 GDP 带来巨大增长等内容。专家话语以“收益话语”（4 次）与“PX 危险未证实”（3 次）话语为主。地方政府与专家话语均强调 PX 项目所带来的收益。代表性的传统媒体报道有 2013 年 2 月 6 日云南本地媒体《昆明日报》刊发的《发改委批中石油云南项目 安宁成西南石油中枢》。报道称这一项目“填补云南产业空白”，“为云南发展汽车工业、飞机制造、轻纺织工业等带来机遇”，“千亿 GDP 呼之欲出”。[①]

上述数据显示，在“昆明 PX 事件”的酝酿期，公众话语在新媒体空间占据多数地位，地方政府与专家话语在传统媒体空间具有优势。然而，由于传统媒体中的地方政府与专家话语同新媒体平台中公众的风险话语在关注点与话语类型上具有较大落差，双方并未形成对话空间。传统媒体平台中的地方政府与专家话语并未被公众话语吸收，传统媒体上对于 PX 低毒特性的科普及相应的专家话语起到的作用有限。由于传统媒体表达渠道的受阻，公众选择了微博、论坛等新媒体渠道进行话语表达。在争议性科技热点事件的框架下，微博变成“PX 微博”，微博话题围绕 PX 展开，“针对事件专门建立的 QQ 群”成了“PX 群”，抗争式话语和寻求参与式话语在新媒体平台被大量地制造，PX 热点事件不断升级。

二、爆发期

“昆明 PX 事件”的爆发期，无论是传统媒体平台还是新媒体空间，各方话语的数量都迅速增多，各主体展开了激烈的话语争夺。

传统媒体是专家、政府、企业话语的主要展现渠道。这一时期的地方政府话语，一方面仍重视“规划话语”（24 次），同时大量加入“保证话语”（29 次）与“可控性话语”（16 次），表现出地方政府试图通过保证性的话语打消公众的疑虑。企业的“否认话语”在爆发期集中出现（18 次）。中石油试图澄清安宁炼化项目“不含 PX 装置”也“不生产 PX 产品”，但公众的质疑声依然不断。

公众话语在这一时期的传统媒体上也得到了大量呈现。传统媒体上的公众话语关注点集中在“信任话语”（21 次），其次是“安全话语”（15 次）和“环境

① 殷雷. 发改委批中石油云南项目 安宁成西南石油中枢[N]. 昆明日报, 2013-02-06.

及健康风险话语”（15 次）上，另有少量的“改进话语”（6 次）。这一话语分布展现出公众的关注点已经逐渐由 PX 科技风险泛化延伸至对地方政府监管的评价，以及对企业 PX 项目运营风险等领域的质疑。

非政府组织的“改进话语”出现次数较多，其次是其倡导信息应更加公开透明的“公开话语”。爆发期，媒体的“质疑话语”（33 次）集中出现，同时也有部分“理解话语”（6 次）。

微博、网络论坛是公众话语展示的主要舞台。在微博上，公众话语集中在“环境及健康风险话语”（117 次）与“信任话语”（79 次）上。网络论坛的公众话语同样以“环境及健康风险话语”与“信任话语”为主。在一些公众的发言中，PX 已经被贴上“剧毒”“致癌”的标签。虽然在专家的话语中，PX 属于低毒化学原料，目前尚未有证据显示其会致癌，但公众仍对它充满戒心。同时，昆明 PX 项目选址在安宁，“安宁在昆明上风向”，以及 PX 项目用水较多，而昆明本就干旱缺水等是公众质疑较多的问题。相关话语中体现出公民强烈的不公平感、被剥夺感与被漠视感。

爆发期的舆论管制以及一些不恰当的维稳措施促使公众不断生成对于地方政府、部分企业、专家之间利益关联等的猜测与质疑。因此，公众的“信任话语”迅速增加。不信任的对象涉及地方政府、部分企业与环评机构。此类话语或者质疑企业的管理能力及水平，挖掘昆明 PX 项目总负责人的“黑历史”，或者猜测专家的身份与立场，认为其与企业存在利益勾连。公众的“信任话语”中包含着大量毫无根据的猜测与质疑，甚至有不少虚假信息，伴随着谣言的传播。“信任话语”的出现迅速瓦解了企业与专家话语的公信力。

PX 事件爆发后，面对舆论压力，地方政府从酝酿期较为被动的风险沟通方式，迅速转为主动、积极、态度明确的沟通方式，借助各类渠道进行沟通，希望通过回应公众诉求等方式平息事态，避免事件进一步恶化。相关话语也从让公众相信 PX 无害及 PX 项目有益等观点转向肯定与认可公众诉求，并尝试采用“否认话语”切割与 PX 的关联，采用“保证话语”获得公众的谅解。2013 年 5 月 17 日，当时的昆明市市长李文荣开通新浪微博@昆明市长，希望搭建一座与市民坦诚沟通的桥梁，“对大家提出的问题我将认真梳理，并尽快回应”。[①]

这一时期，专家的沟通活动比较多。他们在新媒体平台通过自己的博客、微

① 李严. 昆明市长开微博听民意，开明态度受网友赞许[N]. 昆明日报, 2013-05-18.

博等展开 PX 科普，同时积极参与政府组织的各项风险沟通活动，在新闻发布会、恳谈会、赴外地参观等活动中都有专家的身影出现。专家还不断接受媒体采访，借助媒体的声音传达自己的观点。除此之外，专家积极举办科普讲座，为社会各界进行 PX 相关知识的介绍与讲解。在昆明博物馆的炼油和石化科普展览期间，每天都有化工环保专家在现场答疑解惑。

伴随着公众与政府、专家、企业之间的话语竞争，媒体话语也加入其中。传统媒体与新媒体都是媒体话语积极参与竞争的场域。这段时间，无论是传统媒体或是新媒体平台，媒体的“改进话语”与“质疑话语”都比较多，也有部分“理解话语”。微博平台上，媒体微博表现活跃，广泛发声。部分媒体指出，公众对于 PX 项目激烈反对与表达的背后，实际上是未被尊重的权利、未被满足的诉求。同时也提醒公众，“散步”绝非解决问题的最佳途径，“一有矛盾就上街”更非治理常态。[①]

在微博上，“自然之友”等环境非政府组织通过展示其向云南省环保厅（现云南省生态环境厅）、昆明市环保局（现昆明市生态环境局）递交的信息公开申请，不断呼吁公开 PX 项目信息。

微博、论坛等新媒体平台中，PX 风险的传播不再是诉诸专家的理性数据与风险话语，而是诉诸个人或朋友的意见与建议，而后者比前者更能唤起网民的共鸣。在争议性科技热点事件爆发阶段，争议不断扩大，各方话语的关注范围也不断扩大，从 PX 项目本身延伸至气候干旱、滇池污染治理、政府信任等一系列问题。

三、后续期

“昆明 PX 事件”的后续期，无论是传统媒体或是新媒体平台上，各主体的风险话语均急速减少。爆发期过后，随着时间的推移，热点事件逐渐平息，民众的关注点转移。在其他地区相关项目发生重大事故时，或其他地区发生环境污染等问题时，才会有公众在新媒体平台上就这一话题展开讨论，表达对于本地区的担忧之情。

传统媒体平台上，专家话语、媒体话语在热点事件的后续期居于多数地位，随后是地方政府话语，公众话语最少（详见表 7- 12）。专家话语中，“改进话语”在爆发期（17 次）和后续期（17 次）均大量出现，呈现增长而非减少的趋势。媒

① 金苍. 用什么终结“一闹就停”困局[N]. 人民日报, 2013-05-08（005）.

体的“改进话语”在爆发期（36 次）和后续期（15 次）均大量出现。

媒体的“质疑话语”（33 次）集中在爆发期，在后续期（5 次）明显减少。媒体的“理解话语”贯穿至 PX 事件酝酿、爆发与落幕的整个过程。

这一时期，昆明市市长开通了市长微博，展现出与公众直接对话的姿态。从政务公开到微博问政，围绕着争议性科技热点事件的交流对话尝试取得了较好的效果，但仍有进一步提升的空间。

在这一时期，借助新媒体平台，非政府组织的话语不时出现，表现出其对于这一议题较为持续的关注。

第四节　科技热点事件中的话语倾斜、缺失、分裂与重构

各个媒体平台传递的不同风险话语不只建构了各主体对于科技风险的感知，也扮演了引导公众如何应对处理科技风险的角色，影响了风险沟通效果的发挥。虽然在各个媒体平台的话语场上出现各种声音，但各方话语并非处于平衡或平等的状态。对媒体资源拥有与利用率的不同，扩大了话语场中各主体的话语的不均衡性。从对各媒体平台不同的风险话语类型的分析，以及对于热点事件发展不同阶段不同主体风险话语竞争的分析来看，争议性科技热点事件中的风险话语争夺呈现出以下特点与问题。

一、竞争中的话语倾斜与话语缺失

在各个媒体平台上，各主体的风险话语表现出一定的排斥性与对抗性，呈现为话语倾斜与话语缺失状态。所谓话语倾斜，即整个话语和文本向某种言谈方式和话题倾斜；而所谓话语缺失，即为了使文化意义可理解、合乎某种表达逻辑，“排除”了事物的某些特定层面来谈论一个话题。①

传统媒体平台上，存在某些企业、某些地方政府与专家话语的倾斜。某些企业与某些地方政府在进行科技风险沟通时，倾向采取功利主义的观点，强调经济利益与社会效益，将 PX 的相关话语简化成“民众生活必需品与国民经济发展的重要命脉”，打着“提升当地就业机会与振兴当地经济”大旗，而相对忽略了其

① 单波. 跨文化传播的问题与可能性[M]. 武汉：武汉大学出版社, 2010: 202.

他层面的话语沟通。为了巩固这套话语，部分专家与媒体加入了相应话语的建构，共同塑造出支持 PX 项目建设的话语氛围。这样的风险话语并不能回应公众在风险事件发展不同阶段对于科技风险的不同关切，存在与公众话语的脱节。

新媒体平台上，出现公众话语的倾斜与企业、地方政府等话语的缺失。“去中心化”常被用来描述与精英的、主流的以及垂直层级结构等相对的传播特质。在微博等新媒体平台上，信息与噪音竞逐，情绪与理性对抗，“去中心化”造成权威信息源被过度消解。新媒体平台充斥的是公众的“信任话语”，涉及公众从日常逻辑出发对专家、企业所提出的科技风险与收益的反驳与拒斥。在公众眼里，专家成了不被信任的“砖家”。

新媒体平台中企业、地方政府等话语的缺失体现在两个方面。一方面，部分网民仅摘取相关报道中企业或地方政府的部分话语以支持、佐证自己的观点，或用来驳斥地方政府或企业话语。为了达到自己的言说目的，使企业、地方政府等话语合乎自身表达逻辑，“排除”了企业或地方政府话语的某些特定层面，仅仅截取其中的部分内容来谈论某一话题。另一方面，企业、地方政府等主体的话语在微博平台的影响力不足。这一点从相关主体话语的数量分布及转发情况就可以看出，无论是专家话语，还是地方政府、企业等话语，在数量与影响力上远远不及公众话语。在论坛、微博中，围绕着争议性科技热点事件，公众所构建的民间舆论场的影响力越来越大，地方政府、企业、专家的角色却依然没有完全到位。

二、竞争中的话语分裂

话语分裂首先体现为地方政府话语、企业话语、专家话语与其他主体话语的分裂。风险话语建立在各方风险感知的认知基础上，在良好的沟通过程中，各方的风险感知差异会不断缩小，风险冲突也将逐渐消减。而在“昆明 PX 事件”中，虽然当地政府、企业等在事件的爆发期采取了多种沟通方式进行沟通，但是其话语中传递的信息并没有建立在对公众等主体风险感知差异的准确把握之上，而仅从自身立场出发，强调整体规划，着重地方收益，沟通内容多为项目风险信息及相关科技知识，未曾关注公众等主体的情绪、情感。虽然建立了微博等新媒体沟通渠道，但针对相关事件的发文频率不高，也并没有及时接收、响应、处理公众的留言与评论。这是一种缺乏回应的单向话语，将进一步增加沟通主体之间的隔阂，制造出“信息真空区域”，猜测与虚假信息可能乘虚而入，为风险的升级埋下隐患。

其次，话语分裂体现为公众话语与其他主体话语的分裂。公众主要以新媒体平台为阵地进行诉求表达，他们拒绝“告知”式的单向话语，借助新媒体讲述自身近距离观察PX项目所得的地方性经验。这些地方性经验中，包含着“地方的、常民的、经验性与直观的知识”（local, lay, experiential and intuitive knowledge），但“更多是个人化的情感倾诉，有时甚至是情绪化、非理性的情感发泄”。[①]借助这些从平民视角展开的“小叙事”，公众传递自身对于PX项目的理解，运用相应的话语进行情感动员。由于新媒体平台具有开放性、匿名性、网络化等特点，许多公众话语采用包含着强烈情绪（多为负面情绪）的词汇，他人在阅读中会受到强烈的心理暗示，将这些负面情绪转化为对有关部门的责难和质疑，导致相关话语偏离议题核心。

公众对于争议性科技本身和科技风险的认知与思考能力，随着现代信息技术的发展不断提升。公众知识来源途径具有多样性，他们会对所接收的来自项目支持者的信息进行质疑或确证。公众能迅速找到争议性科技决策过程中存在的瑕疵，紧扣不放甚至将其放大，并在新媒体平台广泛传播。对于专家提供的风险解读，他们也能借助文献检索找到对应的反驳依据，虽然相应的反驳在专家眼中破绽百出。[②]

最后，话语分裂体现在不同媒体平台话语基调的差异上。从表达方式来看，微博、网络论坛等新媒体平台上的话语口语化色彩浓厚，碎片化的表达方式体现出去中心化的特点，传统媒体平台的各方话语则呈现出权威性、声明式的特点。不同媒体的特性影响了其平台上的话语所传递的情绪与感情内涵。传统媒体平台上的话语冷静、克制，呈现出较强的理性特征，而新媒体平台的话语形象、夸张，带有激烈的感情色彩。微博平台更是凸显了地方政府、专家、企业与公众的话语基调差异。政府客观、冷静的发言之下，是公众夹杂着明显情感色彩的留言，这些留言的话语中包含着猜测、曲解或过度解读，间或夹杂着调侃或谩骂。

三、竞争中的话语重构

以新媒体为平台，“点选的群众书写机制”实现了传统媒体话语与公众话语

① 高永亮. 社会转型期的网络媒介叙事：情绪宣泄与利益诉求的表达[C]. 见中国人民大学新闻与社会发展研究中心，中国人民大学新闻学院，《新闻学论集》编辑部. 新闻学论集（第24辑）. 北京：中国人民大学新闻与社会发展研究中心, 2010: 14.

② 卜玉梅. 邻避风险沟通场域中的话语竞技及其对冲突化解的启示[J]. 中国地质大学学报（社会科学版）, 2018, 18(05): 104-112.

的重构。在“点选的群众书写机制”下，专业的、理性的论辩并不受青睐，取而代之的是个人化、反身、感性的信息，从个体的经验感受出发对科技风险进行意义的操作与补遗。[①]“昆明 PX 事件”的新媒体话语中同样发现了类似的群众书写机制。

新媒体平台所流传的各种风险话语不仅是公众等主体的意见与交流，也是传统媒体话语的再编辑、再发送与再扩散。本书发现，论坛与微博中的许多帖文仅仅为转载或摘取新闻媒体的报道。网民援引传统媒体的报道，一方面借助媒体的话语表达自身观点，另一方面也进一步强化了媒体话语。传统媒体话语和公众话语在这里实现了交叉与融合。然而，许多网民仅摘取一些报道的部分内容用以支持、佐证自己的观点，或用来对抗某些地方政府与企业话语。传统媒体中所展示的地方政府话语、专家话语等话语类型被完全打散，重构进网民的自身话语之中。这一话语打散与重构产生的传播效果比较复杂，它混合了传统媒体文本所具有的意识形态特征，以及转载者个人的话语认同与社会网络关系。

第五节　建构基于话语协商的科技热点事件风险沟通策略

一、风险沟通中倡导具有可协商性的话语

无论是话语倾斜与话语缺失，还是话语分裂与话语重构，呈现的都是科技热点事件风险沟通过程中封闭的话语结构特征，在一定程度上反映了我国热点事件中争议性科技风险沟通存在的问题。表面上看，这只是传统媒体和新媒体场域中各主体在话语呈现上的差异，但更进一步分析就会发现，这反映出科技风险沟通的几个重要主体——政府、企业、专家、非政府组织与公众，在争议性科技项目上的需求、关切、利益诉求等方面的差异与分歧。上述差异与分歧有没有在风险沟通的过程中得到彼此的尊重与理解，是科技风险沟通成败的关键所在。话语倾斜、缺失与分裂现象既会把地方政府推向塔西佗陷阱，还会加剧公众的不信任感。这种不信任感会使公众对地方政府、企业、专家群体的话语产生抗拒心理，不断

---

① 吴筱玫. PageRank 下的信息批判：新二二八事件回顾 2009[J]. 传播与社会学刊, 2009(09): 121-152.

放大其风险感知，最终造成科技风险持续升级。倡导具有可协商性的沟通话语，有助于实现彼此的尊重与理解，进而帮助化解风险话语的分裂与冲突。

可协商性话语，指的是相关话语具有一种有进有退的话语弹性，而不仅仅在话语中展示主体的鲜明立场以及不容辩驳的态度。可协商性话语具有可扩充性，体现的是欢迎加入、协作、共享的话语主张。

可协商性话语为争议性科技议题保留了对话及延展的可能性。科技争议具有较高的知识门槛。从公众在论坛与微博的发言可以发现，不少人坦承自己对 PX 并不熟悉或了解，但是他们同时又对专家的观点不以为然。这呈现出一个颇为明显的内在矛盾：自己不懂，但是不相信他人的话。当然，PX 相关议题并非单一专家就能论断与决定，需要更多不同身份及专业背景的专家来参与扩充及修正。但是公众不能简单拒斥专家的话语，而科技专家也不能置身事外，对公众的拒斥视而不见，否则难以形成真正有助于解决问题的方案。因此，对话与协商要能有效地开启，需要更多主体的加入与辅助，并采用相对柔软的态度进行沟通。

可协商性话语体现出对于其他主体话语的尊重。不仅仅是地方政府、企业、专家对公众话语的重视与尊重，同样也需要强调公众话语对专家等主体话语的尊重。公众由于其知识限度和认知能力差异，通常被某些地方政府、部分专家等视为“外行”。“内行”看“外行”的眼光和姿态只会让公众的不满情绪与怀疑进一步滋生。但如果公众表达与传递出来的话语最终仍是不可协商的，那公众话语其实就成了另一种以公众为名的话语霸权，微博等新媒体平台仅仅成为科技热点事件发生时的社会情绪出口。本书发现，微博、网络论坛中许多公众的“信任话语”几乎宣告了不存在任何可以讨论的空间：因为如果认定专家或企业或某些地方政府不可信，那么任何沟通尝试都难以产生良好效果。在缺乏信任与认同的情况下，公众就科学争端与某些地方政府、企业或专家进行形式上的对话，并不会利于他们接受相应科学知识及其他沟通主体的主张。在这一情形下，专家所强调的基于现有科学证据解决科技争端的合理要求也会被拒绝，因为处于争议性科技相关语境中的公众往往倾向于认为专家们现有的证据不充分甚至可能有刻意隐瞒的部分。

要使彼此的话语具有可协商性，各个主体都要有针对性地采取各种措施，进行话语创新。

对于某些地方政府、企业与专家来说，要改变原本话语的倾斜状态，避免简单地从技术层面描述争议性科技，少谈些抽象的、普通民众难以理解的道理，而是将科技的风险与收益与公众能够感触到的现实生活有效结合起来，以关心、负责的态度等为风险沟通加上情感的色彩，以增强公众的关注度。牵涉公众利益的问题，改变以“通知”“告示”等形式进行平面的、单向度的信息传递，多借助新媒体平台来洞悉公众等主体对于争议性科技的风险感知与真实诉求，并以平易近人的沟通方式将科技知识、风险信息、人文关怀等有机匹配，及时传递。

为了说服当地公众接受 PX 项目，部分地方重点强调项目所能够带来的收益以及在技术上的成熟。这一话语所产生的效果经常会适得其反。只说 PX 项目的收益与好处，而公众已有“坏”的印象先入为主，他们只会对受益与好处的话语产生怀疑，沟通产生了错位。如果是可协商性话语，相关主体可放弃这种意图明显的劝服话语，而是坦率地承认 PX 可能会产生的风险、项目目前所面临的问题，表达与社会各界共同解决问题的希望。地方政府部门可以有理有据地指出，PX 项目既没有公众想象的那么可怕，也并非美好无瑕，把 PX 项目的利弊得失均诚实告知公众，并强调将通过提升科技含量和管理水平将危害降到最低。这样才能减轻公众的不信任感，获得较好的沟通效果。

传统媒体需要坚持话语创新，主动地、有节奏地输出客观、平衡、符合新闻基本规律的报道，从而建构与公众共通的意义空间和话语体系。

公众同样需要创新自身话语，改变情绪先行、理性迟到的话语表达方式。在新媒体平台上，公众需要从泛滥的信息中找到具有可信度和权威性的事实与评论，从情绪语言中抽身，生产出自己的独立判断。新媒体平台中的公众话语像是一个尚可以被不断修正的言论粗胚，虽然仍粗浅、不完善，但是为其他的风险沟通主体提供了一个可以思考与对话的指引或想象。要实现公众的风险话语不只是素朴的反对，而更多包含围绕重大科技争议所提出的具有建设性的意见与建议，借以协助社会累积更多的地方性知识，必须长期努力耕耘，朝公民素养提升的方向迈进。

二、基于话语协商的科技热点事件风险沟通策略框架

从时间维度来看，争议性科技热点事件的发展一般经历酝酿期、爆发期、后续期三个时期。在热点事件发展的不同时期，应考察不同时期各主体的话语竞争特点采取不同的风险沟通策略，并适当调整各个阶段的关注重点。风险沟通的各个阶段均应广泛应用各种类型的媒体，并结合各个媒体的特点，选择恰当的话语呈现方式与话语内容；风险沟通策略在应用时要围绕不同时期各个主体从风险话

语中流露出来的风险感知情况进行具体分析，适时调整风险沟通内容；在任何阶段均应强调公众的参与。

在酝酿期，由于科技项目的相关信息呈现并不完整，公众有很多疑惑与不解，同时由于担心安全、健康、环境风险等，很容易产生抗拒、担忧等负面情绪。这些负面情绪处于蛰伏状态，尚未引起社会的广泛关注。

这一时期是地方政府、企业、专家话语介入的最佳时机。此时地方政府和企业需将公众风险信息需求视为关注重点，通过广泛收集各主体话语，分析不同主体的风险感知情况及相关诉求，进行风险信息需求评估。按照风险感知程度、文化水平、对待项目的态度、距离项目远近等对公众等主体进行群体细分，据此制定风险沟通策略。

在爆发阶段，部分主体会通过一些激进的话语和行动来表达诉求，试图引发社会关注，上访、集会等是其常用手段。这一时期，科技热点事件引发了社会的广泛关注，不仅是当地民众，全国公众的眼光都聚集在此处。

此时是风险沟通介入的关键节点。地方政府和企业等需调动一切可以调动的沟通资源，积极主动传递信息，鼓励公众参与。特别注意要结合对于不同主体的风险感知分析确定话语内容。事件爆发阶段，各项矛盾激化，从众、法不责众、利益受到剥夺等社会心理因素相互叠加，公众情绪爆发，往往被非理性因素裹挟。如果在酝酿期忽略话语协商，迟至这一阶段才介入，就很难产生良好效果。

这一阶段，情绪、情感对个体的影响和作用巨大，因此仅仅依靠增加知识和信息的供给量，并不能有效消除或缓解公众的激烈情绪与不信任心理。此时的话语协商重点应放在缓和、疏导公众的对抗情绪，让公众感知到风险沟通机构的能力和善意。公众会根据有关部门发布信息的及时程度、所展示的态度以及采取的行动措施，来判断地方政府、相关企业是否有作为，从而决定对地方政府和企业的信任程度。要消除公众顾虑，首先要通过表现对于公众担忧的理解和尊重，通过聆听公众声音而不是一味传递新的信息，使公众有意愿接受地方政府、专家等主体的话语，由此创造修复信任的机会。地方政府和企业要以合作而非对抗的方式传递话语，适当放低身段，认真倾听公众反对的理由，满足其合理利益诉求。给予公众参与感、控制感和效能感，冷静、理性地与各方展开对话和协商，防止事态进一步升级。

在后续期，虽然聚集人群散去，公众的关注重心转移，但风险并未消除，而是蛰伏起来，一旦受到新的刺激，风险会继续升级。这一点在“昆明 PX 事件”

中的表现最为明显。此时应分析哪些问题仍悬而未决，正视并针对这些问题展开风险沟通，防止风险恶化，进入风险循环。风险沟通不是一次性的信息发布，而是持续性的协商对话。通过短期及长期信任建设，来重建公众的信任。基于信任而产生的对于争议性科技及其项目的接纳，才是最持久和稳固的。

定期评估在后续期仍然不可或缺。风险管理者需要定期披露并提供与争议性科技风险相关的信息，以满足公众需求，避免公众风险感知的不断放大。所以，在热点事件发展的后续期，地方政府、企业、专家等主体的风险话语不应消失，而应继续发挥各自的角色，服务于社会信任的重建及科技风险治理的大目标。

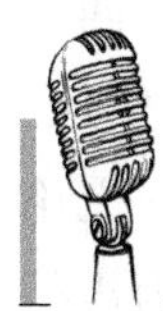

第八章　争议性科技风险沟通的对策探讨

新媒介时代，传统的风险沟通方式与风险治理手段不断面临挑战。传统上处理各种争议性科技问题大部分习惯于以实证的、科学理性的方式来进行评估与风险沟通。然而，伴随着争议性科技的是高度的社会争议与复杂的价值判断，科技风险决策面对的是多元、复杂的冲突，无法仅凭借单一的、科学的数据来进行。科技风险沟通也因为种种价值争议与复杂的社会语境，而必须进行理念和实践策略的变革和更新。

在争议性科技热点事件日益频发的当下中国，公众对某些地方政府、企业等日益增长的不信任已经成为影响科技风险沟通效果的一大障碍。缺乏信任的风险沟通，只会增加公众的不信任并放大社会风险，形成恶性循环。大量争议性科技热点事件爆发的共同原因之一在于信任的缺失，不信任导致不合作甚至生成对抗情绪和激烈的对抗行为。因此，本书认为，信任构建是争议性科技风险沟通的前提。就目前我国的争议性科技风险沟通而言，其首要任务，应当是重新建立各沟通主体之间的信任。

重建信任，需要长期、稳定、持续的沟通作为基础。① 争议性科技的参与式风险沟通具有鲜明的特征，其强调整体视野和综合性原则，强调社会主体的多元参与，更显现出透明性、公正性。参与式沟通致力于保障科技风险信息的顺畅流动，有利于塑造科技专家与公众、地方政府与公众等沟通主体之间持久、稳定的社会关系，建立及维系相互之间的信任。信任为参与式沟通实践提供了前提，奠定了基础，参与式沟通有利于信任的建立，二者的有效结合有助于实现争议性科技风险的社会治理。

① 曾繁旭，王宇琦. 新媒体时代的环境风险、环境事件和参与式沟通[J]. 世界环境, 2014(01): 19-20.

第一节 重建信任：构建良性科技风险沟通的前提

信任在内涵上是多维度的。心理学家认为信任是一种个体内在固有的东西，社会学家将信任看作是团体或群体的财富，认为整个社会的良性运行离不开信任。信任使个体能够在不熟悉或异常、不确定的情况下预测他人的动机与意图。无论是个体内部的心理活动，还是个体之间或者社会层面的互动，信任都被视为进行有效定位和行动的先决条件。

信任能够减少社会复杂性，提高社会生产效率，节约社会宝贵资源。[①]首先，信任涉及对他人的期待，具有指向未来的特点。信任使人们在缺乏充分了解他人或事物，或对未来不确定的情况下，仍能进行互动和合作。即使未来不确定，也不可预期，只要存在信任，人们还是会按照他人行为是可确定、可预期的方式行事。其次，信任涉及对他人和情势的客观感知。这包括对他人意图和特质（比如正直、能力、诚实）的感知，对他人动机的感知等内容。在充满信任的情形下，尽管存在不确定性，但人们对他人将会按照对其有利的方式行动具有信心。

信任是争议性科技风险沟通良性运行的前提，信任的构建与维系也是争议性科技风险沟通的关键要素与重要目的之一。基于自身在健康风险传播领域的诸多实践，世界卫生组织提出了风险沟通的五项原则：建立、维持、重建公众信任（build, maintain or restore public trust），尽早告知（announce early），透明化（be transparency），理解公众（understanding public），事先进行规划（plan ahead）。[②]在上述五项原则中，“建立、维持、重建公众信任”被放在第一位，建立信任被认为是进行有效风险沟通的关键要素。

争议性科技的风险沟通能否产生良好的效果，取决于公众与地方政府、企业、专家等主体之间是否相互信任。信任是预测人们对新技术持积极态度的主要指标之一。[③]公众对某项技术的信任意味着他们认可这项技术的合法性，并愿意接受其带来的一定程度的风险。我国学者发现，公众对地方政府的信任与他们接受化工

① 伍麟，万仞雪，曹婧甜．中国社会治理进程中的信任变迁[J]．中国科学院院刊，2017，32(02)：157-165.

② World Health Organization（WHO）. Outbreak communication: Best practices for communicating with the public during an outbreak. Report of the WHO expert consultation on outbreak communications[EB/OL]. http://www.who. int/csr/resources/publications/WHO_CDS_2005_32web.pdf[2017-03-01].

③ 范敬群，贾鹤鹏．极化与固化：转基因“科普”的困境分析与路径选择[J]．中国生物工程杂志，2015，35(06)：124-130.

厂和蓝藻污染的风险呈强烈的正相关关系。[①] 由于争议性科技本身所具有的不可避免的不确定性，专家之间观点的分歧，以及对风险的忧虑等原因，争议性科技风险沟通对社会信任的需求更强。信任产生合作，合作培育信任，争议性科技风险沟通的理想状况是通过促进社会信任来缓和社会争议，实现对科技风险进行有效治理的目的。基于信任的接纳和支持才会长久和稳固，不会轻易随外部环境的变化而波动。

信任难得却易失。自上而下的传播方式、缺乏回应、缺乏透明度以及过于强调或低估风险等都能摧毁信任。微小事件，甚至大意失言也都有可能会侵蚀信任。有学者针对有害物质填埋场选址与风险沟通中的社会不信任因素进行的研究发现，社会信任的缺失是一个宽泛的、根本性的社会现象，它会影响所有社会机构和特定政策或决策领域的公众取向。[②]社会信任一旦失去，其重建就是一个极其漫长且缓慢的过程。

信任的重建不可能一蹴而就，无法通过风险沟通在短时间内催生，只能基于长时间的实践来进行点滴累积。曾繁旭等将信任建设划分为“短期建设”和“长期信任建设”两种类型。对于企业来说，短期信任建设应致力于通过透明开放的信息发布、平等开放的态度、差异化的沟通策略等措施的实施，尽可能有效率地传递信息；长期信任建设应致力于通过科普、履行社会责任等方式传达对于民众切身利益的关切，以及对科技进行严格地掌控。[③]其实，“短期建设”只是信任建设的具体步骤之一，仍然服务于长期的信任培育目标。信任的短期建设和长期建设相互交织，多数情况下很难进行区分。

信任是在经过一段时间的观察或相处后，人们通过对方得体、适宜的行为而逐渐获得的。社会信任更多地源自公众对于风险沟通机构的厚望、信念和信心，而不信任则更多地源自公众对于风险沟通机构没有能力、负面动机和伤害行为的预期与担忧。[④]

如何在媒体报道、扩大参与、情绪沟通等一系列环节上进行改进，从而重建

---

① Huang L, Ban J, Sun K, et al. The influence of public perception on risk acceptance of the chemical industry and the assistance for risk communication[J]. Safety Science, 2013(51): 232-240.

② 珍妮·X.卡斯帕森，罗杰·E.卡斯帕森. 风险的社会视野（上）——公众、风险沟通及风险的社会放大[M]. 童蕴芝译. 北京：中国劳动社会保障出版社，2010: 29.

③ 曾繁旭，戴佳，王宇琦. 风险行业的公众沟通与信任建设：以中广核为例[J]. 中国地质大学学报(社会科学版)，2015, 15(01): 68-77.

④ 邓理峰，王大鹏. 重思邻避困境的风险沟通与治理问题：基于核电的讨论[J]. 南华大学学报(社会科学版)，2017, 18(03): 5-15.

信任，是风险沟通需要考虑的首要问题。理查德·彼得斯（Richard G. Peters）等在经验研究的基础上指出了信任的三大决定因素：对于开放性和诚实态度的感知，对于关切和谨慎的感知，对于知识和专家意见的感知。[①]本书认为，在风险沟通的过程中可以通过实施下述策略，帮助公众实现上述感知，弥合信任缺失。

第一，争议性科技风险沟通的整个过程始终保持公开、透明的“富信息”状态。

“富信息”指的是大量的、丰富的、多元化的信息。在争议性科技风险沟通过程中，公开、透明且诚实地分享已知信息非常重要。“富信息”可以满足公众多样化的信息需求，使他们充分占有真实信息，而不再转向其他并不可靠的信息来源。

从一开始，沟通各方就应该能够方便且快捷地获取尽可能多的与争议性科技相关的风险信息，并拥有快速与政策制定者和专家进行对话的路径。一旦风险信息缺失或供给不足，公众便会立即从其他途径寻求答案，来填补信息真空。而其他途径中通常包含了不确切的信息。同时，如果不及时向公众公开其想了解的信息，就会造成一种遮遮掩掩、不坦诚的印象。一旦个体或机构被认为不再是值得信任的信息来源，风险沟通已然失败。所以，与公众隔绝或向公众隐瞒相关信息会造成更多的不信任，并进一步损害政治与科学的权威。虽然公布尚未完全掌握或者正处于迅速变化状态的信息也可能会带来问题，但是从整体上看，及时公开已知风险信息所带来的损害要比因遮掩而导致的损害小得多，且相对更容易应对。因为遮掩直接损害了宝贵的信任关系。

第二，在沟通过程中需重点分析有哪些因素导致了公众的不信任，并提出有针对性的解决措施。

不信任一旦被激发往往呈现出不断被强化的状态，难以消除。人们会回避与不信任对象的沟通，或者由于最初的不信任而不相信其提供的风险信息。地方政府与企业等沟通者应具体分析到底是哪些原因损害了公众的信任，然后有针对性地设计风险沟通方案来重建信任。在这方面，国内已有较为成功的沟通实践。比如，大亚湾核电站开放核电基地，鼓励居民自带仪器测试辐射剂量，相关举措有效减少了居民主观的风险想象，降低了当地居民的不信任感。

第三，在沟通过程中重视表达同情心和同理心，传递善意感知。

采取人性化的态度与方式应对争议性科技风险，承认且认可公众面对风险或

---

① Peters R, Covello V, McCallum D. The determinants of trust and credibility in environmental risk communication: An empirical study [J]. Risk Analysis, 1997, 17(01): 43-54.

面临危机时所产生的各种风险感知与社会心理，不将其简单地视为“非理性”“过于情绪化”，而是怀着同情心与同理心去看待公众所具有的相应心理状态，采用对话的方式与其沟通，将有利于消除抗拒心理，减少不信任感的发生、发展。

开展人性化的风险沟通，在沟通中展示自身对公众所处风险或危机情境的感同身受式的关切。在沟通过程中，应允许社会情绪采用恰当的方式进行公开展示，并公开且坦诚地交换意见，只有这样，才能对负面社会情绪进行及时有效的疏导。

对企业来说，可以通过积极参与社区建设，承担社会责任等措施，塑造自身负责任的形象，使公众对其善意有明晰且准确的感知，并通过善意感知的传递，实现并强化价值认同，促成企业与社区的融合发展。企业只有主动沟通才能让居民安心，与居民友好相处才能让他们放心，而实现社区与企业的融合发展才是企业风险沟通的最终目标所在，才能“让居民暖心”。[①]

第四，风险沟通者可以采用传递准确、客观、完整、有效的信息等方式来展示自身的能力。个体或机构只有在历经多次考验，其行为和能力均被认可之后才能获取信任。因此，沟通者必须通过长期、扎实的实践来证明他们在相关领域所具有的专业能力。

风险沟通者所传递的信息除了要确保准确与客观，还应具有实用性且能产生效果，应包括那些能帮助公众提升自我效能感的信息。增进自我效能感的信息能增强公众的参与感和主人翁意识，让他们不再置身事外，而认为自己应该也能够做些什么，这是风险沟通过程中应重点思考的内容。在风险沟通过程中，要有意识地提供一些信息，这些信息能够使处于风险或危机情境中的利益相关者通过一些有效的行动来获得对于风险局势的把控感，并增强自身应对风险的信心，相信通过自己的参与和行动能够减轻风险或危机所带来的危害，最终实现危机的解决。而相应的参与行为信息包括如何开展和参与志愿者活动、捐献活动等。在风险沟通过程中，相关机构或组织应持续不断地推荐或组织类似的旨在促进普通公众参与的活动，并明确说明为什么推荐这些行为或活动。

第五，将科技风险沟通领域的信任建设与整体社会领域的信任文化建设同步推进。鼓励专家、媒体和其他社会机构参与到更广泛的信任文化建设之中。信任几乎无法被完全得到，也不能永远拥有，它需要不断地维护和加强。除了上面所列举的措施，风险沟通者还应转变风险沟通的思路，增加对科学的投入，而不是

---

① 曾繁旭，戴佳，王宇琦. 风险行业的公众沟通与信任建设：以中广核为例[J]. 中国地质大学学报（社会科学版），2015，15（01）：68-77.

单纯地强调对科学的理解和知识的普及，包括政府、大学、媒体和各种科技类场馆应不断地增加对于科学基础设施建设的投入，而不是仅仅关注增加科学知识的传播。对科学传播基础设施加强投入，是促进科学服务于公众的最佳实践。为科学传播基础设施提供资金并支持这些基础设施把现有的专业网络联系起来。只有将科技风险沟通领域的信任建设同社会、文化、科学等领域的建设同步推进，才有助于整个社会的信任文化建设。

最后，除了上述举措，还需要地方政府和企业等风险沟通者积极推进参与式科技风险沟通策略，通过切实保障公众的知情权、建议权、质询权等，以公开透明的风险沟通路径，使公众等主体参与争议性科技风险沟通项目决策并逐步培育信任关系。

第二节　参与式沟通：争议性科技风险沟通的优化路径

一、参与式沟通的概念与特点

近年来，在公众参与科学领域，西方社会发展出科学对话、科学听证会、共识会议等多种实践形式。公众参与科学重点关注公众的实践活动，相对忽略了其他主体在风险沟通过程中的角色与作用的发挥。曾繁旭等提出了在科技风险沟通领域进行“参与式沟通”的主张与建议，认为风险管理者应转变沟通思路，超越危机公关，采用“参与式沟通”的方式处理具有专业门槛的风险议题。但是他们并没有对什么是参与式沟通进行明确的概念界定与说明。

参与式沟通是公众参与科学在风险沟通领域的应用与进一步拓展，也是参与式文化在风险沟通领域的延伸。参与式文化是以 Web2.0 等为平台，以全体网民为主体，以积极主动地创作媒介文本、传播媒介内容、加强网络交往为主要形式创造出来的一种自由、平等、公开、包容、共享的新型媒介文化样式。①参与式沟通强调科技风险沟通是一个由多元主体共同参与的社会过程，政府、企业、媒体、非政府组织、公众等主体共同参与科技风险治理并享有平等的地位。参与式沟通关注通过风险各方的公平参与与协商合作来建立良好的社区关系，维系并增长社会信任，最终达成科技政策制定和科技风险应对的共识。风险沟通可以被视为一

① 岳改玲. 新媒体时代的参与式文化研究[D]. 武汉大学, 2010.

项公共管理活动，需要政府与公众、公共部门、个体之间开展合作与互动，以最大限度地增进公共利益。参与式风险沟通有助于引导政府、企业与公众之间建立新的伙伴关系，弥合彼此之间的认知鸿沟并促成良性对话。[①]

要围绕争议性科技进行有效的风险沟通，首先要认识到争议的解决是一个谅解达成的过程，只有各方通过充分沟通与参与，对涉及自身的公共事务表达意见，才能降低科技风险议题的争议性，并可能达成公众谅解，给相应的科学技术及其产品一个适当的社会容许度。

从参与式风险沟通的理念来看，参与式沟通力求为公众等主体提供开放的平台和参与的机会，提倡各沟通主体之间的密切合作，使各方在合作中得到科技风险信息的共享，公众不再只是被动地接受政府、企业或专家推送式传递的风险信息，而是更为主动地参与科技风险信息的传递与风险文化的塑造与传播。参与式沟通有利于促进各主体之间发展良性、积极的关系，同时，在推动公众、争议性科技和社会共同发展上产生积极作用。

美国学者沙伦・弗里德曼（Sharon M. Friedman）等提出，科学争议的传播在一定意义上是“传播不确定性”（communicating uncertainty）。[②]公众不喜欢充满了不确定性的争议性科技议题，许多科学家也不喜欢公众对科学指手画脚。但是，真正的科学就是在大量的争议和不断讨论中成长与发展的。在争议的过程中，或许存在各种不同的观点，但是总有一些观点对科技风险沟通的进程具有促进作用。让公众参与针对争议性科技的风险沟通，一方面政府、企业等主体可以了解公众最关心的问题和想要获取哪些方面的信息，有针对性地收集意见与反馈；另一方面，公众在参与的同时，不仅对其他沟通主体的情况有所了解，还能获得自身信息与情感等需求的满足，不断提升科学素养水平。

公众、非政府组织等主体参与争议性科技的风险沟通，有利于建立公众的需求表达机制，通过直接而规范的公众心理与行为调查，及时把握动态并提出有针对性的措施，从而提升政府、企业等主体的科技风险治理能力和水平，降低风险成本。

因此，所有受到争议性科技风险影响的主体，都应拥有参与科技风险沟通与风险决策的资格与路径。争议性科技背景下的风险沟通与风险治理本质上已经不

---

① 曾繁旭，王宇琦，戴佳. 超越危机公关：参与式沟通作为新范式[J]. 新闻界，2015(05)：17-22.

② 江昀，黄晓欢. 我国健康风险传播中的议程设置问题研究——以山东“疫苗事件”的报道为例[J]. 科普研究，2017，12(01)：22-26，107.

再是单纯的科学问题，而更多成为一个社会问题。相关法律制度和政府管理的正当性、合法性有赖于受影响的不同主体之间进行充分有效的沟通。

参与式沟通强调参与要贯穿科技风险决策的全过程，不能等由争议性科技引发的热点事件爆发后才介入。从本书第七章的分析可以看出，某些地方政府、企业等风险沟通者在前期并不重视公众参与，而一直到热点事件爆发后，才通过召开新闻发布会、恳谈会、组织民众参观考察等一系列危机应对策略进行回应并鼓励公众参与，使得风险沟通效果大打折扣。缺乏早期、持久的沟通行为，一直到危机爆发后才重视公众参与，是风险沟通失败的根源。

参与式沟通强调公开透明的参与。公开透明是化解不信任的最好方式。只有在公开透明的情况下，政府的决策、项目的推进与实施才能得到人们的信任，减少公众的猜疑。

参与式沟通呈现为一种合作互补的关系架构。参与式沟通强调建立有多元主体广泛参与的协商治理机制，由多元的利益相关者通过协商对话构建应对科技风险的合作机制。实现协商对话，就要在现有较为封闭的科技风险决策机制上建立和完善信息公开与公众参与制度，适当考虑和吸收社会公众对转基因、PX 等科技问题的意见和建议。

二、参与式沟通的实现路径

美国国家研究委员会 2008 年出版的《公众参与环境评估与决策》（*Public Participation in Environmental Assessment and Decision Making*）采用系统综述的方式分析了公众参与科学与环境事务的 1000 多项研究。报告指出，尽管大量实证研究表明公众参与这种方式有效，但要让这类活动取得实际成效，它们就必须具有明晰的目的、恰当的参与主体、周密的程序、充分的资金与人员、根据政策或科技发展的不同阶段对公众参与方式与形式的恰当把握、注重执行与评估以及充分融合相关领域最新的科技知识。[①]上述研究成果强调的几个方面，如明晰的目的、多元化的参与主体、周密的程序、根据政策或科技发展的不同阶段对参与式沟通方式与形式的恰当把握等内容同样也是参与式风险沟通实践的要求。

① US National Research Council. Public Participation in Environmental Assessment and Decision Making [R]. Washington, DC: National Academy Press, 2008: 223-244, 137-156. 转引自贾鹤鹏，苗伟山. 公众参与科学模型与解决科技争议的原则[J]. 中国软科学, 2015(05): 58-66.

（一）明确沟通目的

风险沟通者要转变对于争议性科技风险沟通的传统观念，认识到围绕着科技风险所产生的争议并不是一种“例外”或“特例”，而应被看作是一种“常态”。围绕着争议性科技所进行的风险沟通不应仅仅被视为一种应对策略，或者是舆论引导与控制的工具，而应被视作预防、消减和化解社会风险的长效机制。积极推进参与式风险沟通并不意味着要说服公众等主体接受政府或专家的意见，而是要帮助他们做出恰当的判断和决策。风险沟通不应仅是知识与信息的传播，其目的也不应仅为促进科技知识启蒙与行为改变，而应该寻求更广泛的公众参与，尽可能减少风险给社会带来的损害和风险的不公平分配。在这样的思路之下，来确立参与式科技风险沟通的目的。总体而言，参与式沟通致力于通过协商治理的探索性实践来培育公共理性，寻求争议性科技问题的社会解决之道。具体来说，其目的是将多元沟通主体的观点纳入争议性科技的社会决策中；调停利益相关方之间的风险争议；最后，逐步恢复与重建公众、政府、企业、专家、媒体等主体之间的相互信任。

（二）促进多元主体参与

所有受到争议性科技风险影响的主体，都应拥有参与科技风险沟通与决策的资格与路径。这是因为，争议性科技背景下的风险沟通与风险治理本质上已经不再是个单纯的科学问题，更多地呈现为社会问题，相关法律制度和政府管理的正当性、合法性有赖于受影响的不同主体之间所进行的充分有效的沟通。促进多元主体参与首先要明确各主体的角色，尊重各主体拥有的不同的风险感知与风险知识，还要重视提升各主体的科技风险沟通能力。

1. 明确各主体的角色

要实现参与式风险沟通，使其能实现各主体的充分参与，关键在于政府、企业、科技专家、公众、媒体等核心沟通主体作用的发挥。各个主体沟通协商的最终结果为科技相关举措与政策的出台奠定了合法、正当的基础。这是社会共同体对科技争议问题达成的妥协性共识，是公民美德和公共理性的体现。①

首先，参与式沟通模式下，政府在引导科技风险沟通，同样起着平台和媒介的作用。政府相关机构扮演着风险沟通组织者、协调者的角色，其能否有效组织、

---

① 王明远，金峰. 科学不确定性背景下的环境正义——基于转基因生物安全问题的讨论[J]. 中国社会科学, 2017(01): 125-142, 207.

引导相关者参与对争议性科技风险沟通参与模式能否实现具有重要影响。

其次，实现多学科领域专家的普遍参与。在体制内的专家委员会的组建和评审环节体现出开放性与包容性，改变科技专家完全占主导的现状，逐步提高社会科学及人文类专家，如法律、社会学、新闻传播学等领域专家的比例，避免出现封闭性和科学本位主义。改变仅接纳部分学科领域专家，而拒绝接受不同学科领域或持不同意见专家的情况。以转基因科技为例，全国农业转基因生物安全管理标准化技术委员会是我国农业转基因生物安全管理中的权威评价机构，负责转基因安全评价和转基因生物安全咨询工作，在整个转基因生物安全监管过程中处于关键地位。委员会成员的组成结构如何，在很大程度上影响着转基因生物食用安全和环境安全评价结果的科学性、公正性。第五届农业转基因生物安全委员会委员资格要求为，“具有转基因生物技术研究、食品安全、植物保护、环境保护、检验检疫等一项或多项专业背景，熟悉转基因生物安全评价法律法规”。2017 年 7 月公布的全国农业转基因生物安全管理标准化技术委员会内设成分、食用、环境等三个技术工作组，37 名委员全部是从事农业转基因生物研究、生产、加工、检验检疫、公共卫生、环境保护等方面的科技专家，而没有任何一名法学、管理学、心理学或社会学等领域的专家。①

最后，由于各主体的力量分布不均，所以尤其要注意确立公众在参与式沟通中的中心地位，不能仅仅从名义或形式上满足公众对风险沟通的需求。公众较善于获取科学知识与信息，只要有足够的心理动力，他们也会加入关于科技的讨论。很多因素能激发他们的参与，如与争议性科技的相关性，相应科技对其生活的影响等等。在诸多争议性科技热点事件中，普通公众不仅与时俱进，学习大量科技知识，很多情况下，他们还有助于扩展这种知识。

公众与某些地方政府、部分企业等风险沟通主体之间的信任缺失，造成公众对 PX 项目等争议性科技的风险感知与风险沟通不能仅靠直接的对话去完成。搭建风险管理者与公众等主体之间的信任桥梁，要有“中间人”的存在。“中间人”是指三者及以上关系中进行相互之间介绍、调停或作证的人。在我国争议性科技风险沟通场域中，大众媒介是社会各方的沟通桥梁，可以扮演“中间人”的角色。除此之外，非政府组织在扮演“中间人”角色上同样可以起到较大作用。因此，有必要从制度等层面赋予社会组织作为第三方在科技风险沟通中的主体地位，明

① 农业部关于组建全国农业转基因生物安全管理标准化技术委员会的通知[EB/OL]. http://www.moa.gov.cn/nybgb/2017/dqq/201712/t20171230_6133913.htm[2019-04-05].

确其作为风险沟通主体的合法性和独立性，推动社会组织参与科技风险沟通的制度化、法治化。

2. 尊重各主体拥有的不同类型的风险感知与风险知识

要实现有效的参与式风险沟通，需要意识到科技在广义上包括了对自然界的系统调查及其知识运用，对科技的解释涉及所有学科领域，科技属于所有人。科技与社会的交融，科学共同体与公众的对话和交流是使科技良性发展的重要保障。风险沟通中，个体和群体不但要关注自己的权益，而且要能够理解与尊重其他沟通主体的风险感知与意见。

现有的科学知识应该被融入有关科学争议的对话中，但在这一对话中不能仅有科学知识一种声音，还应有其他主体所持有知识类型的加入，如民众所具有的地方性知识与经验。在风险沟通的情境中，地方性知识指生活在一个地方的居民根据自身生活经验和文化传统而对风险产生的一些不言而喻的感知和理解。这些感知和理解通过居住者之间的交流在当地得以广泛传播。地方性知识不同于专业知识，它是一种植根于地方的经验总结。这种知识以实践为导向，也是集体智慧的结晶。基于地方性知识，当地居民会根据自己与争议性科技的关系以及对自身作为当地居民的身份认同来对科技风险事件做出特定的判断，相应的判断决定了他们对于科技的态度与行为。参与风险沟通的组织机构需要了解并尊重争议性科技风险所涉及的公众的风险感知、所在地的社群文化，因为这是决定公众的科技风险感知和风险应对行为的深层要素。

在争议协商的过程中，各类诉求应该展开平等对话。但这并不意味着每一种诉求都具有同等的权重。需要由科学证据来回答的特定问题，如转基因是否安全，垃圾焚烧会产生哪些有害气体、是否存在污染等，必须经由严谨的科学研究来回答。但是，科学知识拥有对于特定问题的解释权，并不等于它在科技风险沟通中具有垄断地位。科学并不能解决转基因推广、PX 项目建设、核电站建设等争议所涉及的全部议题，在对相关议题的探讨中，伦理价值、地方性知识等也具有重要地位。但需要注意的是，包括网络民意在内的包含地方性知识的公众呼声，不能被赋予颠覆科学权威的权力，争议性科技的应用与发展不能简单地依靠民意投票决定。

3. 注重提升各主体的科技风险沟通能力

政府、企业、媒体、公众等风险沟通机构与个体传递科技风险信息的能力，包含了建构风险的能力、沟通技巧的使用、沟通话语的选择、沟通工具的采用等多个方面。上述能力与各沟通主体的科学媒体素养密不可分。科学媒体素养体现了各主体所具有的科技风险沟通能力，影响着科技风险沟通效果的发挥。科学媒体素养涉及两方面内容，即科学素养与媒体素养，是二者的有机结合。科学媒体素养与媒体素养类似，但是又有自身的特点。公众等沟通主体的科学媒体素养涉及通过媒体搜索和学习相应的科学知识、形成对于科学的态度，以及实现相互的交流和互动等方面。

政府、企业等风险沟通者需要借助各类媒体，在信息传递中提供专业、可信的科技风险知识，降低风险的不确定性。与此同时，上述风险沟通主体也应认识到技术性风险评估与民众实际风险感知之间存在的巨大差异，并使用适当的沟通技巧对风险信息进行解释、呈现。换言之，政府与企业等主体的科学媒体素养体现在具体的科技风险沟通方案的制定与沟通策略的采用。在具体的实践中，应结合各种沟通策略，调节各沟通主体的竞争话语，甚至积极运用第三方搭建的沟通平台，将话语分裂与对抗，转变为协调与合作。

科技专家、公众、非政府组织等科学媒体素养的提升，不仅有利于科技风险信息或知识的传递，还能促进公众参与风险沟通与风险决策。通过提高风险沟通各主体的科学媒介素养，使其能以正确的态度看待媒体的科技报道，以开放包容的心态对待各主体所拥有的多元化的科技风险知识，并借助各种媒介手段传递自身认知与关切，将有利于实现风险沟通的良好效果。对于公众来说，科学媒体素养意味着对于各种媒体上，特别是互联网上传递的科技类信息或科学论据并不能仅仅单纯地理解或者接受，而要先对其进行分辨，甚至是批判性地理解或接受。培育和提升公众的科学媒体素养比只是简单地告诉他们科学事实或科学知识要困难得多。①

公众要增强参与科技风险沟通的主体意识，学习掌握参与沟通的基本知识和技能，打破科技风险沟通的知识壁垒，变被动、盲目参与为主动、理性参与。既拒绝做科技风险沟通中“沉默的大多数”，同时避免出现仅为发泄负面情绪的非理性言论和行为。政府也可以借助媒体宣传、讲座、培训等途径提高公众的参与沟通能力。一方面，注意降低行政权力对公众参与的影响；另一方面，不断规范公众的参与程序，提高公众参与的积极性，最终实现理想化、有序化的公众参与。

①《科学传播》主编：科学传播诸问题之我见[C]. 见中国科普研究所科学媒介中心. 科学媒介中心 2016 年推送文章合集. 北京：中国科普作家协会, 2016: 196-202.

（三）优化参与流程，确保有效参与

当前我国各地在重大科技项目的立项与建设过程中逐渐开始重视公众的意见与参与。项目开工前，有关部门会采用调查问卷或访谈等方式来征询公众意见。然而，部分地区把公众参与仅仅看作是民意的搜集工具，公众参与只限于在项目开工前参与问卷调研、参加座谈会等，缺乏更长期与持续的公众意见和诉求表达与有效回应机制。风险沟通沦为公众象征性参与，具有较强的形式主义特征。因此，除了从根本上提高公众等主体的科技风险沟通参与能力与科学媒体素养，还需要在技术上优化参与流程，确保各主体的有效参与。

《美国科学院院刊》（*Proceedings of the National Academy of Sciences of the United States of America*，*PNAS*）在 2013 年推出了"科学传播的科学"（the Science of Science Communication）专辑。整个专辑中，沟通被看作是一个双向的过程，在这个过程中，如果科学家要确定什么是最相关的信息并评估信息传递的效果，他们必须在倾听的同时发表意见。科学传播中所提供的信息应该基于现有的科学而不仅仅是直觉，要注意避免混淆相关性和因果关系。科学传播应该接受经验评估，同时应该认识到，即使是最好的行为科学研究和社会科学研究也难以自信地在复杂、新颖的环境中预测人类行为。[①]在专辑中，梵迪·布吕纳·德·布莱恩（Wändi Bruine de Bruin）等讨论了以受众需求和受众的认知特点为核心的科学传播方法。该方法包括，先由专家辨识出人们知情决策所需要的信息（建构起专家模型），随后通过开放式访谈了解人们已有知识及其决策模式（搭建外行模型），再比较专家模型和外行模型，依据两者差别并结合人们的认知特点设计传播方案。[②]这一方法的突出特点是紧密结合受众个人的知识状况和认知特点进行传播方案的设计。基于上述方法，本书认为，涉及争议性科技的参与式风险沟通，应当结合争议性科技风险发展的不同阶段特征与各主体的科技风险感知特点，执行以下相互关联的程序设计：鉴别出各主体进行知情决策时所需要了解的信息；了解各主体的已知内容与风险感知差异；设计沟通方案；评估沟通方案的效果。就目前我国的争议性科技风险沟通而言，其首要任务是在明确不同阶段风险沟通的重点的基础上，从下述几个层面优化科技专家和公众等主体依法参与科技风险沟通的过程，

---

① Fischhoff B, Scheufele D A. The science of science communication[J]. Proceedings of the National Academy of Sciences of the United States of America, 2013, 110(Supplement_3): 14 031-14 032.

② de Bruin W B, Bostrom A. Assessing what to address in science communication[J]. Proceedings of the National Academy of Sciences of the United States of America, 2013, 110(3): 14 062-14 068.

促进“专家知识”“公众关切”等的互动与对话。

第一阶段：充分听取意见。在这一阶段，风险沟通的重点在于准确识别各风险沟通主体，全面搜集各类风险信息。在建构参与式风险沟通策略的过程中，风险沟通者首先需要评估公众等主体所具有的有关特定科技的知识，以及各类沟通主体之间的关系，重点关注各主体之间的利益关系与信任关系。公众如果密切关注特定科技的潜在风险，就会出现相应的风险信息搜寻行为。通过分析公众信息搜索的大数据，能有效评估与预测公众的科技风险信息需求。除此之外，研究者还可以采用问卷调查、小团体讨论、面对面沟通、工作坊等方式，评估各沟通主体对于争议性科技风险的认知情况、认知差异、态度倾向，以及各主体之间的知识沟。

第二阶段：结合当地社会语境，设计沟通方案。在上一阶段意见搜集的基础上，展开全面的分析与论证，并结合当地社会语境，设计沟通方案。这一阶段的风险沟通应注重对于各沟通主体意见与建议的系统梳理，由主要的科技风险沟通主体通过对话与讨论，共同建立适用于当地社会语境的科技风险沟通路径及方法。部分争议性科技（如 PX、核电设施等）的风险具有高度不确定性并与地方情境紧密联结，风险沟通者应与地方社区和非政府组织等组织与机构共同合作，整合各领域专家（包括科技专家、社会科学及人文学科领域的专家）与意见领袖的意见与建议，并使用在当地影响较大的各类传播媒体，建构恰当且有效的风险沟通策略。

第三阶段：沟通方案的实施。在上一阶段分析与确立风险沟通方案的基础上，实施相应的沟通方案，并在实施过程中结合事态进展对方案进行调整。这一阶段的风险沟通实践主要是借助各类风险沟通路径，在各风险沟通主体之间反复进行讨论、对话与协商。

第四阶段：风险化解与防范。对风险沟通策略执行效果的反馈、评估，对公众等风险沟通主体诉求的有效回应是这一阶段风险沟通的重点。政府、企业、专家作为科技风险沟通中的权威信源和传播主体，需要不断地接收有关风险沟通效果的反馈信息，并进行科学的评估，根据沟通效果调整沟通的内容和形式。

（四）综合运用多种沟通方式，构建便捷、覆盖广泛的沟通平台

不管什么样的沟通方式，公开透明都是第一准则。公开透明的信息交换是风险沟通主体在参与式风险沟通中相互信任、达成共识的基础。当前科技风险沟通过程中许多问题产生的重要原因之一，就在于相关信息没有充分公开。甚至由于

各沟通主体之间信息不对称导致地方政府、企业、专家面临信任危机。因此，要实现在充分占有真实信息的前提下彼此间进行理性的对话，信息公开是前提。参与式科技风险沟通过程中，地方政府、企业等主体要坚持信息公开，在风险沟通的各阶段，及时、准确地发布相关信息，如前期调研结果、专家论证过程、承建单位的资质、环评报告等，确保公众的知情权、参与权和监督权。

参与式沟通需要超越单纯的信息公开，转向更为开放、包容的信息交流。信息公开所涉及的信息不仅仅是企业想要公众知晓的信息，信息公开也不是事无巨细，将所有内容一股脑公开了事。地方政府与企业需要调整风险信息披露的观念与做法，针对公众的关切来确定信息公开的内容，为公众提供他们想要知道的信息，而不仅仅是自己希望公众知道的信息。

1. 多种沟通方式共同构建参与式沟通平台

在沟通渠道的使用上，参与式沟通要求风险管理者综合运用不同类型的媒体，全方位进行风险沟通，提高沟通的覆盖面，采用多种形式保证良好沟通效果的实现。

参与式风险沟通的方式是多维度的，它不是行政机关或企业对普通公众进行的单向信息传递，而是通过多种路径促进参与者相互交流观点和意见，最终达成一致看法，从而为风险决策提供支持。目前国内外常见的风险沟通方式主要有问卷调查和焦点访谈小组，召开由来自不同背景的非专业人士组成的共识会议，公民陪审团，网络参与等方式。除此之外，媒体的风险信息构建与传递会影响公众对风险的认知以及其他沟通主体的态度，进而可能会改变公众的行为。因此，风险沟通过程中恰当的媒介运用，不仅有助于改善地方政府和企业的公众形象，也有助于社会信任的缓慢恢复。

新媒体时代，通过整合线上和线下的公众参与科学活动，可以构建相对便捷、低成本、覆盖广泛的参与式沟通平台。如采用线上投票等方式搜集公众感兴趣的话题，对线下活动进行在线直播，回答无法到现场的公众的疑问等方式进行沟通与对话；建立激励机制，使科学传播成为科学研究的组成部分，鼓励科学家通过新媒体平台与公众直接对话等。这方面，国内外的科学传播实践都需要不断进行开拓。

在参与式沟通中，传统媒体依然重要，但需要做出一些调整。在风险话语建构以及沟通平台的搭建方面，传统媒体扮演了重要角色。传统媒体对科技风险信息的建构较为客观，公众对传统媒体比较信任，因此，风险管理者依然可以将传统媒体作为争议性科技风险的协商平台。借助传统媒体平台进行争议性科技风险信息发布时，地方政府应避免垄断传统媒体平台的风险话语，允许多元风险话语类型之间相互竞争。同时，地方政府应采取更加开放的舆论管理举措，鼓励传统媒体在争议性科技风险议题报道中扮演更为灵活、主动的角色，充分利用传统媒体搭建各主体良性交流的平台，推动理性对话。

新媒体实现了直接而普遍的参与，促进了参与式沟通的发展。互联网的普及降低了科技知识获得的成本，提供了参与的路径。新媒体帮助公众实现自我表达，有助于改变传统媒体报道争议性科技风险议题时对异议声音的忽略现象。社交媒体与自媒体的兴起，除了让公众得以自主生产与传播有关科技的地方性知识与经验，也可以实现相互串联。微博、微信、论坛等新媒体应用使跨越时空界限的互动成为可能。地方政府、企业、科技专家等应充分利用新媒体平台，在发布信息的同时，更注重与公众开展沟通和对话，回应公众质疑。对风险管理者来说，拉近与民众的距离，加强与沟通对象的黏合度，是风险沟通的首要条件。而新媒体的开放互动特征，为风险管理者与公众的交流提供了良好的场所。

风险沟通者要全面认识新媒体为风险沟通带来的机遇与挑战，充分挖掘各类新媒体应用在科技风险沟通中的优势和潜能，同时防范风险放大效应的产生。目前，国内不少地方政府或企业虽然广泛运用新闻网站、微博、微信等平台进行风险沟通，但在沟通过程中采用较多的仍然是单向告知方式，缺乏对于公众留言的回应；其传递的风险信息更多是科普类的信息内容，未能结合公众的关切提供有针对性的信息；更缺乏根据多元沟通主体的风险感知情况进行沟通策略的调整。总的来说，如何实现真正的对话与分享，促进各主体广泛参与沟通与讨论，并确保参与渠道的开放性与透明性，仍然是参与式沟通面临的难题。在促进参与式沟通和培育社会信任领域，新媒体仍然存在不少需要调整的空间。

2. 关注公众情绪，表达人文关怀

情绪是“一种躯体和精神上的复杂变化模式，包括生理唤醒、感觉、认知过程以及行为反应”。[①]危机事件发生后，消费者对组织的责任归因越大，其愤怒情绪和幸灾乐祸情绪越强，同情情绪越弱。[②]尤其在具有争议性的科技议题上，科学知识的提升无法完全预测公众对于科技发展的态度。更多影响受众态度的因素来

① 理查德·格里格，菲利普·津巴多. 心理学与生活(第 16 版)[M]. 王垒，王甦，等译. 北京：人民邮电出版社, 2003: 352-357. 转引自蔡明威. 论情绪与情感的动机作用[J]. 才智, 2014(33): 295.

② Coombs W T, Holladay S J. An exploratory study of stakeholder emotions: Affect and crises[J]. Research on Emotion in Organizations, 2005(01): 263-280.

自情感层面，即公众对于公共政策决策的相关组织的信任。[①]

参与式风险沟通中，情绪与情感是一个无法被忽略的重要因素，必须充分关注公众情绪并表达人文关怀。

科学理性的科技风险分析与评价方式产出的是科学、客观的知识见解。表面上看，这些知识和见解能够避免政治与道德偏见，但是却将社会对于科技风险的关切仅仅归为制度或法律问题。在争议性科技风险沟通中，如果只有这些科学、客观的知识，将不能真正抚平科技风险给人们带来的焦虑，也不能满足人们对于安全等领域的心理需求。在我国当前的风险沟通过程中，某些沟通者常常忽视公众等主体的个性和情感，这容易加剧公众的不满和对立情绪，进而导致沟通败局。我国学者研究发现，中国舆论事件中最显著的特点是负面情绪突出。[②]

在信任缺失的语境下，要消除公众顾虑，风险管理者就必须理解和尊重公众的担忧与情绪，聆听来自公众的声音，而不是一味去传递新的信息。很多时候，情感比事实和知识更能影响一个人的态度。研究表明，如果专家或技术信息表现出与受众具有显著的价值相似性，将会在受众那里收获更多的信任。[③]在社交媒体、自媒体迅速发展的媒介环境中，舆论环境遭受非理性话语的侵蚀，网络社区缺乏谣言自洁机制、群体极化效应明显、传统"把关人"作用弱化[④]，导致陈述客观事实可能远不如诉诸情感更能影响人们的态度。面对公众的愤怒、焦虑等情绪，地方政府、企业需要采取的措施不仅涉及如何抚平这些负面情绪，同时也需要地方政府为公众提供更加开放的沟通空间、更加便利的参与路径。

关注公众情绪，需要承认且负责任地对待各主体的风险感知差异。要深入理解科技风险信息在不同文化背景中、不同民族群体中和不同社会经济地位的群体中如何被诠释。风险沟通者还应更多关注那些少数族群，包括贫困人群，或者媒体接触渠道有限的人，设计恰当的大众传播和人际传播渠道来与这些人群进行接触和沟通。

对企业而言，履行自身社会责任的过程，往往就是对公众表达人文关怀的过

---

① 游淳惠，金兼斌，徐雅兰. 公众如何看待科学家参与政策制定：从科学素养、社会网络和信任的角度[J]. 新闻大学，2016(06)：77-86.

② 张结海，吴瑛. 重大事件舆论引导的中国路径——一种基于公众情绪色谱的模型构建[J]. 现代传播(中国传媒大学学报)，2014，36(08)：31-37.

③ Siegrist M, Cvetkovich G, Roth C. Salient value similarity, social trust, and risk/benefit perception[J]. Risk Analysis, 2000, 20(03): 353-362.

④ 邹新，贺祥林. 网络公共讨论中网络理性的缺失与构建[J]. 理论月刊，2015(03)：174-178.

程。如何探索出可操作化的机制，进一步将企业社会责任的履行与风险沟通中信任重建的努力结合起来，应当成为企业风险沟通实践进一步努力的方向。

总的来说，科技风险沟通是双向、互动的过程，也是一项长期的工作。沟通过程中，多方因素影响着公众对科技风险的感知、判断及态度。信任、风险认知等心理因素影响着公众对于科技的态度，媒体架构起争议性科技的框架，整体的社会语境也在影响着公众对已经成为热点争议的转基因等科技议题的接纳或拒斥。在弄清各种复杂性的基础上，深入理解科技风险沟通过程及其所面临的挑战，并采用合适的方式，提升科技风险沟通效果，是科技风险沟通研究者和实践者面临的重要任务之一。

近年来，随着全球科技快速发展所带来的各种逾越疆界、跨越时间的风险冲击，权威式、中心式的传统风险沟通模式已无法有效应对当代各种不确定的科技风险给社会带来的巨大冲击。传统的科技决策方式也难以及时体察与应对风险冲击下的社会快速变动，仅依赖科学理性的科学风险评估模式无法面对充满了开放性、不确定性的生态、健康风险。因此，科技风险沟通必须在理念和实践层面进行革新。以平等、开放、包容和透明为原则的参与式沟通借助理性沟通和话语协商，提升科技风险沟通中各主体对于争议性科技风险给社会带来的冲击的承载力，有助于形成政府、专家和公众等多元主体共同参与的科技风险沟通与科技治理格局，达成整个社会对于争议性科技的批判性接受，为政府决策奠定基础。

当然，参与式沟通也存在一些不足。比如，不同的沟通主体均倾向于重点关注自身利益，而由利益分配引发的纷争可能会大大降低风险决策的效率，一些迫切需要政府出台的科技政策可能会因此被耽搁。政府与企业等除了要付出大量的时间、人力和财力为自己的决策辩护外，还要花费不少精力与财力帮助各主体了解科技决策相关的程序性规则与科技知识，不断提升各主体的参与能力。在一些特殊情况下，部分利益集团可能会利用参与程序故意拖延科技决策进程，并利用这种拖延为自己所属的小团体谋求利益。此外，公众、非政府组织等沟通主体内部并非铁板一块，而是涵盖了各种类型的个体、地方性利益团体、行业协会、劳工组织等，各自存在各不相同甚至完全对立的利益诉求。但是，参与式科技风险沟通乃是科技风险决策之正当性的一个重要来源，这已经成为许多国家科技风险沟通实践的重要发展方向。①

① 王明远，金峰. 科学不确定性背景下的环境正义——基于转基因生物安全问题的讨论[J]. 中国社会科学, 2017(01): 125-142, 207.

参 考 文 献

艾志强，沈元军．2012．科技风险与公众认知的关系研究[J]．中国人民大学学报，26(04)：107-114.

卜玉梅．2018．邻避风险沟通场域中的话语竞技及其对冲突化解的启示[J]．中国地质大学学报（社会科学版），18(05)：104-112.

陈刚．2014．“不确定性”的沟通：“转基因论争”传播的议题竞争、话语秩序与媒介的知识再生产[J]．新闻与传播研究，21(07)：17-34.

陈刚．2015．转基因争议与大众媒介知识生产的焦虑——科学家与新闻记者关系的视角[J]．国际新闻界，37(01)：101-113.

陈海峰．2013．我国主流媒体转基因报道的框架分析——以 2007 年—2012 年《人民日报》报道为例[J]．中国报业，335(22)：45-46, 48.

陈鹏．2015．科学传播研究[M]．北京：科学出版社.

戴佳，曾繁旭，郭倩．2015．风险沟通中的专家依赖：以转基因技术报道为例[J]．新闻与传播研究，22(05)：32-45, 126-127.

戴佳，曾繁旭．2016．环境传播：议题、风险与行动[M]．北京：清华大学出版社.

范敬群，贾鹤鹏，艾熠，等．2014．转基因争议中媒体报道因素的影响评析——对 SSCI 数据库 21 年相关研究文献的系统分析[J]．西南大学学报（社会科学版），40(04)：133-141.

范敬群，贾鹤鹏，张峰，等．2013．争议科学话题在社交媒体的传播形态研究——以“黄金大米事件”的新浪微博为例[J]．新闻与传播研究，20(11)：106-116.

范敬群，贾鹤鹏．2015．极化与固化：转基因“科普”的困境分析与路径选择[J]．中国生物工程杂志，35(06)：124-130.

郭小平．2008．风险传播的“公共新闻学”取向[J]．兰州学刊，(08)：178-180.

郭于华．2005．天使还是魔鬼——转基因大豆在中国的社会文化考察[J]．社会学研究，(01)：84-112, 247.

郝永华，芦何秋．2014．风险事件的框架竞争与意义建构——基于“毒胶囊事件”新浪微博数据的研究[J]．新闻与传播研究，21(03)：20-33.

何光喜，赵延东，张文霞，等．2015．公众对转基因作物的接受度及其影响因素：基于六城市调查数据的社会学分析[J]．社会，35(01)：121-142.

何苏六．张国平．2010．科技与传播策略及创新研究[M]．北京：中国传媒大学出版社.

何舟，陈先红．2010．双重话语空间：公共危机传播中的中国官方与非官方话语互动模式研究[J]．国际新闻界，32(08)：21-27.

胡百精．2014．危机传播管理（第三版）[M]．北京：中国人民大学出版社.

胡登全．2014．风险传播的场域研究[M]．北京：中国社会科学出版社.

黄季焜，仇焕广，白军飞，等．2006．中国城市消费者对转基因食品的认知程度、接受程度和购买意愿[J]. 中国软科学, 182(02): 61-67.
黄杰, 朱正威, 赵巍. 2015. 风险感知、应对策略与冲突升级——一个群体性事件发生机理的解释框架及运用[J]. 复旦学报(社会科学版), 57(01): 134-143.
黄俊儒, 简妙如. 2010. 在科学与媒体的接壤中所开展之科学传播研究: 从科技社会公民的角色及需求出发[J]. 新闻学研究, (105): 127-166.
贾鹤鹏, 范敬群, 彭光芒. 2014. 从公众参与科学视角看微博对科学传播的挑战[J]. 科普研究, 9(02): 10-17, 32.
贾鹤鹏, 范敬群. 2015. 转基因何以持续争议——对相关科学传播研究的系统综述[J]. 科普研究, 10(01): 83-92.
贾鹤鹏, 苗伟山. 2015. 公众参与科学模型与解决科技争议的原则[J]. 中国软科学, (05): 58-66.
贾鹤鹏, 苗伟山. 2017. 科学传播、风险传播与健康传播的理论溯源及其对中国传播学研究的启示[J]. 国际新闻界, 39(02): 66-89.
贾鹤鹏, 闫隽. 2015. 科学争论的社会建构——对比三种研究路线[J]. 科学与社会, 5(01): 91-103, 90.
简・格雷戈里, 史蒂夫・米勒. 2016. 科学与公众: 传播、文化与可信性[M]. 江晓川, 等译. 北京: 北京科学技术出版社.
李大光. 2016. 科学传播的重要阶段: 公众参与[J]. 民主与科学, (01): 37-41.
李大光. 2016. 科学传播简史[M]. 北京: 中国科学技术出版社.
刘春燕. 2015. 被塑造的转基因态度: 基于美国民意调查的分析[J]. 中国农业大学学报(社会科学版), 32(5): 91-101.
刘金平, 周广亚, 黄宏强. 2006. 风险认知的结构, 因素及其研究方法[J]. 心理科学, 29(02): 370-372.
刘金平. 2011. 理解・沟通・控制: 公众的风险认知[M]. 北京: 科学出版社.
龙强, 吴飞. 2016. 社会理性、日常抵抗与反专家话语——当代中国科学传播失灵及其调适[J]. 当代传播. (05): 48-50.
陆晔, 周睿鸣. 2015. 面向公众的科学传播: 新技术时代的理念与实践原则[J]. 新闻记者, (5): 4-11.
马奔, 陈雨思. 2018. 如何构建有效的风险沟通?——兼评 Risk Communication: A Mental Models Approach 与 Effective Risk Communication: A Message-Centered Approach[J]. 公共行政评论, 11(02): 176-186.
迈诺尔夫・迪尔克斯, 克劳迪娅・冯・格罗特, 2006. 在理解与信赖之间: 公众, 科学与技术[M]. 田松, 卢春明, 陈欢, 等译. 北京: 北京理工大学出版社.
苗伟山, 贾鹤鹏. 2014. 社交媒体中转基因食品的媒介框架研究——基于美国 YouTube 视频网站的案例分析[J]. 科普研究, 9(05): 14-23.
苗伟山, 贾鹤鹏. 2016. 科学传播: 化解现实争议及其研究前景——科学传播热点对谈录[J]. 新闻记者, (12): 44-51.
强月新, 余建清. 2008. 风险沟通: 研究谱系与模型重构[J]. 武汉大学学报(人文科学版), (04): 501-505.
邱鸿峰, 吴胜涛. 2013. 网络使用、公众信任与水污染风险传播[J]. 国际新闻界, 35(10): 117-130.
邱鸿峰. 2013. 环境风险的社会放大与政府传播: 再认识厦门 PX 事件[J]. 新闻与传播研究, 20(08): 105-117.

邱鸿峰. 2014. 新阶级、核风险与环境传播：宁德核电站环境关注的社会基础及政府应对[J]. 现代传播(中国传媒大学学报), 36(10): 26-32.

邱鸿峰. 2016. 技术安全框架还是环境正义框架?——从东山 PX 事件看政府风险传播的困局与破解[J]. 中国地质大学学报(社会科学版), 16(1): 91-101.

任杰, 刘萱. 2016. 我国科学传播的社会语境思考[J]. 科普研究, 11(02): 24-30, 96-97.

世界卫生组织. 2009. WHO 关于电磁场风险沟通的建议：建立有关电磁场风险的对话[M]. 杨新村, 苏磊, 李毅, 等译. 北京：中国电力出版社.

王明远, 金峰. 2017. 科学不确定性背景下的环境正义——基于转基因生物安全问题的讨论[J]. 中国社会科学, (01): 125-142, 207.

王宇琦, 曾繁旭. 2015. 谣言澄清与民众赋权——社会化媒体在风险沟通中的角色担当[J]. 当代传播, (02): 14-18.

韦敏. 2018. 科学传播困境背后的技治主义——以黄金大米的科学传播为例[J]. 科学与社会, 8(01): 88-99, 113.

吴国盛. 2013. 科学走向传播[M]. 长沙：湖南科学技术出版社.

吴国盛. 2016. 当代中国的科学传播[J]. 自然辩证法通讯, (02): 1-6.

杨洸, 郭中实. 2016. 新闻内容、理解与记忆：解读争议性事件报道的心智模型[J]. 新闻与传播研究, 23(11): 35-50.

杨嫚. 2014. 沟通的错位：公众风险认知与科学议题报道[J]. 科学学研究. (04): 481-485, 492.

杨鹏, 史丹梦. 2011. 真伪博弈：微博空间的科学传播机制——以“谣言粉碎机”微博为例[J]. 新闻大学, (04): 145-150.

英国皇家学会. 2004.公众理解科学[M]. 唐英英译. 北京：北京理工大学出版社.

游淳惠, 金兼斌, 徐雅兰. 2016. 公众如何看待科学家参与政策制定：从科学素养、社会网络和信任的角度[J]. 新闻大学, (06): 77-86.

詹正茂. 2017. 中国科学传播报告(2015-2016)[M]. 北京：社会科学文献出版社.

张海柱. 2016. 话语联盟、意义竞争与政策制定——以互联网“专车”论争与监管政策为例[J]. 公共行政评论, 9(05): 3-23.

张勇杰. 2018. 邻避冲突中环保 NGO 参与作用的效果及其限度——基于国内十个典型案例的考察[J]. 中国行政管理, (01): 39-45.

珍妮·X.卡斯帕森, 罗杰·E.卡斯帕森. 2010. 风险的社会视野(上)：公众、风险沟通及风险的社会放大[M]. 童蕴芝译. 北京：中国劳动社会保障出版社.

珍妮·X.卡斯帕森, 罗杰·E.卡斯帕森. 2010. 风险的社会视野(下)：风险分析、合作及风险的全球化[M]. 李楠, 何欢译. 北京：中国劳动社会保障出版社.

曾繁旭, 戴佳, 王宇琦. 2015. 风险行业的公众沟通与信任建设：以中广核为例[J]. 中国地质大学学报(社会科学版), 15(01): 68-77.

曾繁旭, 戴佳, 杨宇菲. 2015. 风险传播中的专家与公众：PX 事件的风险故事竞争[J]. 新闻记者, (09): 69-78.

曾繁旭, 戴佳. 2015. 风险传播：通往社会信任之路[M]. 北京：清华大学出版社.

曾繁旭, 王宇琦, 戴佳. 2015. 超越危机公关：参与式沟通作为新范式[J]. 新闻界, (05): 17-22.

曾繁旭, 王宇琦. 2014. 新媒体时代的环境风险、环境事件和参与式沟通[J]. 世界环境, (01): 19-20.

Beachy R N. 1999. Facing fear of biotechnology[J]. Science, 285(5426): 335.

Brossard D, Scheufele D A. 2013. Science, new media, and the public[J]. Science, 339(6115): 40-41.

Dudo A, Brossard D, Shanahan J, et al. 2011. Science on television in the 21st century: Recent trends in portrayals and their contributions to public attitudes toward science[J]. Communication Research, 38(06): 754-777.

Eyck T A T, Williment M. 2003. The national media and things genetic: Coverage in the New York Times (1971-2001) and the Washington Post (1977-2001)[J]. Science Communication, 25(02): 129-152.

Finucane M L, Holup J L . 2005. Psychosocial and cultural factors affecting the perceived risk of genetically modified food: An overview of the literature[J]. Social Science & Medicine, 60(07): 1603-1612.

Fischhoff B, Scheufele D A . 2013. The science of science communication[J]. Proceedings of the National Academy of Sciences of the United States of America, 110(Supplement_3): 14 031-14 032.

Fitzpatrick-Lewis D, Yost J, Ciliska D, et al. 2010. Communication about environmental health risks: A systematic review[J]. Environ Health, 9(01): 67.

Frewer L J, Howard C, Hedderley D, et al. 1996. What determines trust in information about food - related risks? Underlying psychological constructs[J]. Risk Analysis, 16(04): 473-486.

Frewer L J, Miles S, Marsh R. 2002. The media and genetically modified foods: Evidence in support of social amplification of risk[J]. Risk Analysis, 22(04): 701-711.

Gaskell G, Allum N, Bauer M, et al. 2000. Biotechnology and the European public[J]. Nature Biotechnology, 18(09): 935-938.

Gaskell G, Bauer M W, Durant J, et al. 1999. Worlds apart? The reception of genetically modified foods in Europe and the U.S.[J]. Science, 285(5426): 384-387.

Green J, Draper A, Dowler E, et al. 2003. Short cuts to safety: Risk and 'rules of thumb' in accounts of food choice[J]. Health, Risk & Society, 5(01): 33-52.

Gunter B, Kinderlerer J, Beyleveld D. 1999. The media and public understanding of biotechnology: A survey of scientists and journalists[J]. Science Communication, 20(04): 373-394.

McComas K A. 2006. Defining moments in risk communication research: 1996-2005[J]. Journal of Health Communication, 11(01): 75-91.

Nisbet M C, Goidel R K. 2007. Understanding citizen perceptions of science controversy: Bridging the ethnographic—survey research divide[J]. Public Understanding of science, 16(04): 421-440.

Nisbet M C, Lewenstein B V. 2002. Biotechnology and the American media: The policy process and the elite Press, 1970 to 1999[J]. Science Communication, 23(04): 359-391.

Nisbet M C, Scheufele D A, Shanahan J, et al. 2002. Knowledge, reservations, or promise? A media effects model for public perceptions of science and technology[J]. Communication Research, 29(05): 584-608.

Peters R, Covello V, McCollum D. 1997. The determinants of trust and credibility in environmental risk communication: An empirical study[J]. Risk Analysis, 17(01): 43-54.

Sandman P M. 1988. Risk communication: Facing public outrage[J]. Management Communication Quarterly, 2(02): 235-238.

Scholderer J, Frewer L J. 2003. The biotechnology communication paradox: Experimental evidence and the need for a new strategy[J]. Journal of Consumer Policy, 26(02): 125-157.
Wang Q. 2015. China's scientists must engage the public on GM[J]. Nature, 519(7541): 7-8.
Wynne B. 2001. Creating public alienation: Expert cultures of risk and ethics on GMOs[J]. Science as Culture, 10(04): 445-481.

附　　录

附录1　公众对转基因的态度及风险认知调查问卷

国家社科基金西部项目“新媒体语境下争议性科技的风险沟通研究”研究团队

A. 购物时如果看到转基因产品标签，您会______

1. 放弃购买　　2. 少买一些
3. 没有影响（选此项请跳至C部分）　　4. 买得更多（选此项请跳至C部分）

B. 请问

1. 如果转基因食品比普通食品更有营养，您是否会购买？	会	不会
2. 如果转基因食品比普通食品更少使用杀虫剂，您是否会购买？	会	不会
3. 如果转基因食品比普通食品更少使用化肥，您是否会购买？	会	不会
4. 如果转基因食品比普通食品味道更好，您是否会购买？	会	不会
5. 如果转基因食品比普通食品价格更低，您是否会购买？	会	不会

C. 对于下列有关转基因的说法，您的态度是：

1.“吃转基因食品对我和家人的身体健康有害”	非常赞同	比较赞同	既不赞同也不反对	比较反对	强烈反对
2.“转基因作物对环境的长期影响目前并不清楚”	非常赞同	比较赞同	既不赞同也不反对	比较反对	强烈反对
3.“转基因作物威胁了生物的自然发展”	非常赞同	比较赞同	既不赞同也不反对	比较反对	强烈反对

续表

4.“转基因食品对生态环境有害”	非常赞同	比较赞同	既不赞同也不反对	比较反对	强烈反对
5.“转基因生物可能会干扰自然界中的野生物种”	非常赞同	比较赞同	既不赞同也不反对	比较反对	强烈反对
6.“转基因食品会危害人类的长远发展”	非常赞同	比较赞同	既不赞同也不反对	比较反对	强烈反对
7.“转基因食品将会改善食品的品质或丰富营养”	非常赞同	比较赞同	既不赞同也不反对	比较反对	强烈反对
8. “转基因技术将会增加作物的产量”	非常赞同	比较赞同	既不赞同也不反对	比较反对	强烈反对
9.“转基因将会降低食品价格”	非常赞同	比较赞同	既不赞同也不反对	比较反对	强烈反对
10.“转基因将会增加市场中食品的选择”	非常赞同	比较赞同	既不赞同也不反对	比较反对	强烈反对
11.“有效地减少化肥、农药等对环境的污染”	非常赞同	比较赞同	既不赞同也不反对	比较反对	强烈反对
12.“从长期来看，转基因食品产业将有益于经济发展”	非常赞同	比较赞同	既不赞同也不反对	比较反对	强烈反对

D. 对于下列有关转基因的应用和说法，您的态度是

1. 对于转基因科技在食品领域的应用，您的态度是	强烈支持	比较支持	既不支持也不反对	比较反对	强烈反对
2. 对于转基因科技在医药领域的应用，您的态度是	强烈支持	比较支持	既不支持也不反对	比较反对	强烈反对
3. 对“科技让我们的生活变得更好”这一说法，您的态度是	强烈支持	比较支持	既不支持也不反对	比较反对	强烈反对

E. 下列有关转基因的说法，您认为是否正确?

1. 转基因食物是用辐射创造出基因突变	是	否	不知道
2. 动物基因可以转给植物	是	否	不知道
3. 普通番茄不含基因，转基因的才有	是	否	不知道
4. 转基因动物比普通动物大	是	否	不知道
5. 鲤鱼的基因转到番茄将使之出现“鱼味”	是	否	不知道
6. 即使人们吃了转基因水果，自身的基因也不会被转	是	否	不知道

F1. 您获取转基因信息的渠道是________________________（可多选）

1. 报纸　2. 杂志/图书　3. 电视　4. 广播　5. 网站

6. 微博/微信　7. 家人　8. 亲戚　9. 同乡　10. 同学

11. 邻里　12. 同事　13. 其他________（请注明）

F2. 其中您认为最主要的渠道是________________________（可多选）

G. 如果制作一个关于转基因食品的电视节目，对于下面的主题，请您根据您的感兴趣程度进行打分。　**（最不感兴趣为 1——最感兴趣为 5）**

1. 消费转基因食品对人的健康的潜在的危害	1	2	3	4	5
2. 消费转基因食品对人的健康的潜在的好处	1	2	3	4	5
3. 哪种食品或哪种品牌的食品包含转基因成分	1	2	3	4	5
4. 转基因食品对环境的影响	1	2	3	4	5
5. 有关转基因食品的科学知识	1	2	3	4	5
6. 转基因技术是否影响消费者用于食物的花费	1	2	3	4	5
7. 转基因食品是否会改善世界饥饿问题	1	2	3	4	5
8. 谁监管转基因食品	1	2	3	4	5
9. 生产转基因食品的企业	1	2	3	4	5

H. 下列发布和提供转基因相关信息的来源，请您依照可信程度对其打分。

（最不可信为 1————————————最可信为 5）

1. 科学家	1	2	3	4	5
2. 地方政府机构	1	2	3	4	5
3. 中央政府机构	1	2	3	4	5
4. 环保组织（如绿色和平组织）	1	2	3	4	5
5. 传统媒体（报纸、广播、电视）	1	2	3	4	5
6. 互联网	1	2	3	4	5
7. 生产、销售企业	1	2	3	4	5
8. 消费者组织	1	2	3	4	5
9. 崔永元等公众人物	1	2	3	4	5

I. 请问您对下列媒体中科技新闻报道的关注程度：

1. 报纸	非常关注	比较关注	一般	不太关注
2. 广播	非常关注	比较关注	一般	不太关注
3. 电视	非常关注	比较关注	一般	不太关注
4. 互联网	非常关注	比较关注	一般	不太关注

J1. 请问您的性别______　　1. 男　　2. 女

J2. 请问您的出生年份：_____年

J3. 请问您的受教育程度______

1. 初中及以下　　2. 高中/中专/技校
3. 本科或大专　　4. 硕士及以上

J4. 请问您在本地的居住时间_____

1. 一年以内　　2. 一年到三年　　3. 三年以上

J5. 请问您目前所属行业是_____

1. 无业
2. 农业
3. 采掘/制造/能源/建筑/勘探等第二产业
4. 运输/仓储/批发/零售/金融/房地产等第三产业
5. 科教文卫
6. 党政机关/工青妇等社会团体
7. 其他

J6. 请问过去一年中，您家庭的平均月收入：____________元（请精确到千元）

访问结束，谢谢！

附录2 科技工作者的科学传播情况调查问卷

尊敬的受访者：

您好，您所参加的调查由西南科技大学“新媒体语境下争议性科技的风险沟通研究”研究团队组织开展。问卷中问题的回答，没有对错之分，您只要根据平时的想法和做法回答就行。我们希望通过此次调查，为提升转基因等争议性科技的社会沟通水平建言献策。

本调查约需要花费 10 分钟时间。对于您的回答，我们将按照《中华人民共和国统计法》的规定，严格保密，并且只用于学术分析，请您不要有任何顾虑。感谢您的支持和协助！

西南科技大学“新媒体语境下争议性科技的风险沟通研究”研究团队

A. 请问您对国内媒体上有关您所研究领域报道的评价是什么？

1. 报道数量	很少	较少	适量	较多	很多
2. 报道质量	很差	较差	一般	较好	很好

B. 对于下列说法，您的意见是：

1. 电视的科学报道做得很好	非常赞同	比较赞同	不赞成也不反对	比较反对	强烈反对
2. 报纸的科学报道做得很好	非常赞同	比较赞同	不赞成也不反对	比较反对	强烈反对
3. 新闻媒体在对公众进行科学教育方面做得很好	非常赞同	比较赞同	不赞成也不反对	比较反对	强烈反对
4. 媒体报道将对科学工作者的声誉产生正面影响	非常赞同	比较赞同	不赞成也不反对	比较反对	强烈反对
5. 新闻将有证据的科学发现与无证据的科学事件混为一谈	非常赞同	比较赞同	不赞成也不反对	比较反对	强烈反对
6. 新闻报道将科学发现简单化	非常赞同	比较赞同	不赞成也不反对	比较反对	强烈反对
7. 记者科学知识的缺乏导致科学报道水平低下	非常赞同	比较赞同	不赞成也不反对	比较反对	强烈反对
8. 在报道发布前，记者应允许科学家核对报道内容	非常赞同	比较赞同	不赞成也不反对	比较反对	强烈反对

续表

9. 公众对科学所知甚少	非常赞同	比较赞同	不赞成也不反对	比较反对	强烈反对
10. 与公众交流是科学家的社会责任	非常赞同	比较赞同	不赞成也不反对	比较反对	强烈反对
11. 只有在正式发表后，科学家才能与公众交流其研究成果	非常赞同	比较赞同	不赞成也不反对	比较反对	强烈反对

C. 请问您是否有过下述活动？

1. 为媒体撰文介绍本领域研究	从不	很少	经常
2. 与记者谈论新科学研究发现	从不	很少	经常
3. 与公众交谈科学发现	从不	很少	经常
4. 阅读与科学有关的博客	从不	很少	经常
5. 写科学博客	从不	很少	经常
6. 在微博或微信上谈论本领域的新研究发现	从不	很少	经常
7. 在微博或微信上谈论其他领域的新研究发现	从不	很少	经常

D. 请问您对国内媒体上有关转基因报道的评价是什么？

1. 报道数量	很少	较少	适量	较多	很多
2. 报道质量	很差	较差	一般	较好	很好

E. 您眼中国内报纸及广电媒体对于转基因相关议题的报道情况是：

1. 报道足以满足公众对于转基因相关信息的需求	赞同	不赞同也不反对	反对
2. 报道涉及的科学内容不够充分或者不够精确	赞同	不赞同也不反对	反对
3. 报道回避了围绕转基因问题的科学争议	赞同	不赞同也不反对	反对
4. 对收益关注很多，对转基因所带来的风险报道不足	赞同	不赞同也不反对	反对

F. 您觉得转基因传播过程中主要存在下列哪些问题？____________（可多选）

1. 媒体对这个问题缺乏报道热情
2. 媒体报道的倾向性过强
3. 记者缺乏专业和精确的知识
4. 科学家与媒体交流不够
5. 科学家缺乏与媒体的交流技巧

6. 科学家缺乏与公众的交流技巧
7. 公众对转基因具有偏见
8. 公众缺乏科学素养

G. 请问您所在单位对于员工就所研究的内容接受新闻媒体采访的态度是：

1. 强烈反对　　2. 比较反对　　3. 不支持也不反对
4. 比较支持　　5. 非常支持　　6. 不知道

H. 购物时如果看到转基因产品标签，您会______

1. 放弃购买　　2. 少买一些　　3. 没有影响
4. 买得更多　　5. 不确定

I. 对于下列说法，您的态度是：

1. 吃转基因食品对我和家人的身体健康有害	非常赞同	比较赞同	既不赞同也不反对	比较反对	强烈反对
2. 转基因作物对环境的长期影响目前并不清楚	非常赞同	比较赞同	既不赞同也不反对	比较反对	强烈反对
3. 转基因作物威胁了生物的自然发展	非常赞同	比较赞同	既不赞同也不反对	比较反对	强烈反对
4. 转基因食品对生态环境有害	非常赞同	比较赞同	既不赞同也不反对	比较反对	强烈反对
5. 转基因食品会危害人类的长远发展	非常赞同	比较赞同	既不赞同也不反对	比较反对	强烈反对
6. 转基因食品将会改善食品的品质或丰富营养	非常赞同	比较赞同	既不赞同也不反对	比较反对	强烈反对
7. 转基因技术将会增加作物的产量	非常赞同	比较赞同	既不赞同也不反对	比较反对	强烈反对
8. 转基因将会降低食品价格	非常赞同	比较赞同	既不赞同也不反对	比较反对	强烈反对
9. 有效地减少化肥、农药等对环境的污染	非常赞同	比较赞同	既不赞同也不反对	比较反对	强烈反对
10. 从长期来看，转基因食品产业将有益于经济发展	非常赞同	比较赞同	既不赞同也不反对	比较反对	强烈反对

J1. 请问您的性别______　　1. 男　　2. 女

J2. 请问您的出生年份：________年

J3. 请问您的专业领域____________

1. 理学（数理化） 2. 生物学 3. 医学

4. 工学 5. 农学 6. 其他

J4. 请问您所在单位属于______________

1. 高校 2. 科研院所

3. 企业 4. 其他

访问结束，谢谢！